Aldo Naouri

Wenn der Partner fremdgeht
Die Ursachen der Treulosigkeit in der Partnerschaft

Aldo Naouri

Wenn der Partner fremdgeht

Die Ursachen der Treulosigkeit in der Partnerschaft

Aus dem Französischen von Karola Bartsch,
Maria Buchwald und Karin Schreiner

Kreuz

Inhalt

Für alle Paare,
die in stürmische See gerieten
und kämpften, ohne die Hoffnung aufzugeben,
auch für solche, die bisweilen Schiffbruch erlitten,
weil ihre Geschichten ihnen
nicht genügend Halt gaben.

Vorwort

Wozu sich noch mit Ehebruch befassen? Ist das Thema nicht zur Genüge breitgetreten worden? Hat man nicht schon alles darüber gesagt?

Vorbehalte wären angebracht, wollte man nur die Spuren bis in die Antike zurückverfolgen und die Frage anhand von Mythen und sakralen Texten behandeln, oder wenn man sich bei der Manneskraft eines Casanova, der Legende von Don Juan und den Gepflogenheiten berühmter, herrschender oder nicht herrschender Männer und Frauen aufhielte, die Ehebruch in großem Stil betrieben haben. Müßig wäre es auch, dem Beispiel der Klatschpresse folgen zu wollen, um sich an prahlerischen Eroberungen auf Seiten der Männer und pathetischen Beichten auf Seiten der Frauen zu weiden: hier die verliebte Schriftstellerin, da der betrogene Filmstar, dort – noch pikanter – die Intellektuelle, die ihre Kunstfertigkeit in der Domäne offenbart.

Aber der Leser darf beruhigt sein: Das ist nicht mein Anliegen. Weder geht es mir darum, Strategien auf diesem Gebiet zu erörtern oder zu rechtfertigen, noch darum, ein Urteil darüber zu fällen.

Ich bin und bleibe Kinderarzt. Tatsächlich habe ich mich immer wieder eingehend damit beschäftigt, was aus den jungen Paaren wurde, deren Kinder ich zu behandeln hatte. Ich habe versucht herauszufinden, welche Gründe den einen oder anderen Mann, die eine oder andere Frau mitunter veranlassen, den impliziten Treuepakt der Ehe zu brechen, den beide vor dem Abenteuer eingegangen sind, und vorübergehend Neuland zu erkunden, ohne je zu wissen, woher dieses Bedürfnis kommt, was es bedeutet und schon gar nicht, wohin es führt. Kurz, ich stelle mir die Frage, was diese Partner und einstigen Kinder dazu treibt, sich darauf einzulassen und sich dabei in der Illusion zu wiegen, eigenständige Menschen zu sein, die sich frei entscheiden.

Seit jeher wurde Ehebruch angeprangert und brachte Schmach und Schande; dennoch hat es ihn immer gegeben. Es ist, als sei es eine verlockende Erfahrung für den Menschen, die er früher oder später einfach machen muss. Das gibt der Psychoanalytiker Lucien Israël humorvoll zu verstehen, wenn er schreibt, dass »nur Paranoiker von der Treue ihrer Frauen überzeugt sind«.[1] Damit wird man auch an das berühmte Gleichnis von der Ehebrecherin erinnert, die Jesus vor dem Tod durch Steinigung rettet, indem er sagt: »Wer unter euch ohne Sünde ist, der werfe den ersten Stein.«[2]

Was aber hat es heute mit der Vorstellung vom »Fremdgehen« auf sich? Ist sie in der Form überhaupt noch gültig, wenn jeder im Namen einer allgemein anerkannten Freiheit, auf die man sorgsam bedacht ist, für sich das Recht beansprucht, zu tun, wonach ihm gerade ist, ohne irgendjemandem Rechenschaft zu schulden?

Ganz so einfach ist es dann doch nicht. Ein Blick auf den Alltag in der Praxis genügt. Im Verlauf meiner langjährigen Tätigkeit habe ich zahlreiche Paare kennen gelernt, die alle möglichen Wege gegangen sind, und doch nicht ein einziges Mal erlebt, dass Untreue und Trennung nicht unsäglichen Schmerz und erhebliche, zum Teil anhaltende Störungen verursacht hätten. Man könnte meinen, unsere Zeitgenossen glaubten immer noch an Märchen, Frauen warteten immer noch auf den Traumprinzen und Männer jagten immer noch dem heiligen Gral nach. Dass Ehebruch nicht mehr strafbar ist, macht ihn jedenfalls noch lange nicht zu einer harmlosen und schnell überwundenen Erfahrung.

Tatsächlich stoßen auf diesem Gefilde radikal gegensätzliche Meinungen mit ungleichem Potenzial aufeinander, wie es in vielen Bereichen der Fall ist. Eine winzige Minderheit preist lautstark ihre Ansichten, auch ohne sie immer auf sich selbst angewendet zu haben, und kann sie gegenüber einer schweigenden Mehrheit durchsetzen. Diese ist bereit, sich einer geradezu terroristischen Logik zu unterwerfen und von den Propheten ihrer Träume lenken zu lassen, ohne deren grundfalsche Annahmen überprüfen zu wollen.

Denn was steckt in den Ehebruchsgeschichten noch, außer den bisweilen pikanten Anekdoten oder schmerzlichen Geständnissen? Die Rechtfertigung einer Übertretung? Der zwanghafte Vorwand für eine Rückversicherung? Ein bequemes Alibi für den Abbruch einer Trauerarbeit? Eine neue Art, Eigenständigkeit zu verherrlichen? Die Forderung nach Gleichberechtigung im Sexualverhalten? Die oberflächliche Wiederherstellung eines angeknacksten Narzissmus? Der hartnäckige Verweis auf eine vergessen geglaubte Stigmatisierung? Der rachsüchtige Protest gegen eine bestimmte Art von Liebe?

Dies alles und vieles mehr, was auch hinlänglich bekannt und bis zum Überdruss behandelt worden ist. Doch gibt es in allen Bindungsformen, gleich welcher Art, immer auch eine Vision vom Abenteuer Liebe, dessen blaues Firmament kein Wölkchen zu trüben hat, eine Hoffnung, die im Prinzip unter keinen Umständen enttäuscht werden darf, eine trotzige Erwartungshaltung und die verzweifelte Suche nach irgendetwas, das man nie gekannt hat, aber mit Sicherheit sofort erkennen würde, sollte man ihm begegnen.

Eine Illusion? Vielleicht. Allerdings eine, die wohl nicht zu tilgen ist und derart tief zu wurzeln scheint, dass sie einen Menschen ins Abenteuer zu stürzen vermag und dabei, wenn auch nicht immer bewusst, in der Überzeugung handeln lässt, keine andere Wahl zu haben.

Diese Illusion zieht alles in ihren Bann und löst beim Betroffenen ein Verhalten gegen alle Vernunft aus, für das er jedoch manchmal noch eine Art logische Rechtfertigung ersinnt. Das ist nicht außergewöhnlich und auch nicht perfide. Es handelt sich schlicht um einen Mechanismus, den die

Psyche entwickelt, wenn tiefere Beweggründe verschleiert werden sollen.

Meine Untersuchungen zu dieser umfänglichen Problematik erheben keinen Anspruch auf Vollständigkeit. Ich möchte sogar einräumen, dass meine Arbeit in ihrer ganz eigenen Struktur eher einem analytischen Prozess denn einer distanzierten, rein wissenschaftlichen Betrachtung gleicht. Das hat zweifellos den Vorteil, dass der Leser meinen Ansatz und seine Darstellung ohne Vorbehalte und moralische Kriterien vor dem Hintergrund seines eigenen Empfindens unter die Lupe nehmen und ohne Weiteres in Zweifel ziehen, verwerfen, ja vehement verurteilen kann, wenn er nicht im Innersten angesprochen ist. Womit ich auf meine Weise ein ähnliches Ziel verfolge, wie Maurice Maeterlinck es für sein Stück *Pelléas und Mélisande* beschrieb; es sei »eine Dichtung, welche nicht über Geistes-, sondern über Schwingungskraft ins Innerste des Menschen vordringt«.[3]

Nichts ist so nah wie das Ferne und ... umgekehrt!

Ihr braucht eine Weite, wie ich sie nicht kenne
Ich gehöre zu denen, deren Begehren an Land
zu Hause ist
Das Säuseln, das euch trunken macht, erfüllt
mein Herz mit Schrecken
Doch vernehm' ich spät abends euer Locken,
bin ich untröstlich
Denn vieles in mir verlangt nach Aufbruch.

Jean de la Ville de Mirmont, *L'Horizon chimérique*

Der lockende Ruf

Der Ruf, der unwiderstehliche Ruf: Immer war er da, verhalten, im Verborgenen auf seine Stunde wartend.

Eines Tages nimmt man ihn wahr, so verschämt, dass man ihm keine Beachtung schenkt. Man schiebt ihn beiseite und würdigt ihn, bis man sich an den Zustand gewöhnt hat, wenn möglich nicht einmal eines Blickes. Man wäre froh, wenn man ihn vergessen könnte, man wäre ihn gern wieder los, so sehr schwant einem, dass er die Sicherheit bietende Routine des Alltags gefährden könnte. Aber da ist er wieder und schert sich nicht im Geringsten darum, dass man sich ihm verweigern wollte. Und wieder und wieder drängt er sich auf, bis er irgendwann bedrohlich wird, wie auch der Dichter es beschreibt.

Man leistet ihm Widerstand, so gut es geht. Man stellt sich taub und verschließt sich die Ohren. Man hofft, dass man sich, wenn er erst vorbei ist, wieder seiner Hände und seines

Verstandes bedienen kann. Dann wartet man ab, bis man sich schließlich eingestehen muss, dass das eigentlich Problematische weniger seine Existenz ist – schließlich zielt er auf niemand Konkretes –, als vielmehr die Empfindsamkeit, die sich daran festmacht, ohne dass der Gegenstand immer greifbar wäre.

Also setzt man sich mit ihm auseinander, bemüht sich, ihn in Worte zu fassen; man will ihn dingfest machen, bändigen, besänftigen, sich nicht von ihm einschüchtern lassen und ihn hinhalten, um erst einmal zum Nachdenken zu kommen, und befürchtet dabei doch, dass dies ein Ding der Unmöglichkeit ist, so sehr wird man von ihm übermannt. Man versucht, ihn umzufunktionieren und in alle möglichen Abläufe einzubinden, um ihn herauszufordern und, sei es nur ansatzweise, zu befriedigen, damit er wenigstens Ruhe gibt. Er aber triumphiert ein ums andere Mal und spottet gleichermaßen über die Verrenkungen, die man seinetwegen veranstaltet, wie über die Versuche zu seiner Entschlüsselung. Seine Macht und Maßlosigkeit beruhen auf dem, was er heraufbeschwört und was man nur mit größter Mühe identifiziert, was eigenartigerweise wohl aber auch nur durch den Zaun zu dringen vermag, den man eines Tages selbst rund um alles errichtet hat, was mit der Liebe und ihren Bestandteilen zusammenhängt.

Warum also muss er sein Folterwerkzeug um die noch lästigere Dimension der Erotik erweitern? Ist beides eins? Bedient er sich ihrer, wie man sich eines Motors bedient? *Ist* er ihr Motor? Eine ihrer vielen Manifestationen? Oder handhabt er sie als Mittel zur Steigerung seiner Verführungskraft?

Man wird sich wohl damit abfinden müssen, dass eben dies sein Stil ist! Mit Macht hereinzubrechen, sich über Grenzen und Tricksereien zu mokieren, alles hinwegzufegen, was sich ihm in den Weg stellt, damit sein Opfer von ihm Notiz nimmt und er es spüren lässt, dass sich mit der Unterwerfung unter ihn Bewegung, Wandel, Wachheit und

Lebendigkeit einstellen. Die Lebendigkeit der prägenden Momente, da der Sexus seine Hoffnung auf sinnliche Befriedigung herausschreit, um der quälenden Lust ein Ende zu bereiten.

So ist der Verlauf, unabhängig von den äußeren Umständen.

Die Verse, die diesem Kapitel vorangestellt sind, erinnern in gewisser Weise auch an die Gefühle, wie sie Verliebte gegenüber ihren Angebeteten zum Ausdruck bringen; doch ihr Verfasser wendet sich an die Ozeane, die zu befahren seit jeher sein Traum war.

Nur ein Beispiel unter vielen. Die Zahl reizvermittelnder Objekte ist so hoch, ihre Beschaffenheit so verschiedenartig, dass man sie weder auflisten noch gesicherte Aussagen bezüglich ihrer Wirkung treffen könnte. Das zeigt sich schon an den vielfältigen Formen künstlerischer Verarbeitung, wobei die Dichtung wohl am erhellendsten ist. Der Gehalt der Worte, deren sie sich bedient, ihre Anordnung, ihr Rhythmus, ihre noch bis in die Stille hinein vernehmbare Musik können jedem, gleich in welcher Phase des Lebens und ohne bewusstes Dazutun, unmittelbar Zugang zu den rätselhaften Sphären seines Wesens verschaffen, in denen er eine Sehnsucht vermutet und auch entdeckt, ein drängendes, ungestilltes Verlangen, an das sich eine hartnäckige, jederzeit abrufbare Hoffnung knüpft. Diese Sehnsucht zeigt uns, dass wir offenbar alle ausnahmslos und naturgemäß einer regelrechten Faszination für das »Noch-Unbekannte« unterliegen, dessen Ruf wir ständig vernehmen und das wir als Versprechen, wenn nicht gar Anrecht erleben.

Wie aber ist zu erklären, dass wir mitunter beachtliche Energien für ein »Noch-Unbekanntes« freisetzen und dabei doch Gefahr laufen, uns zu irren? Das widerspricht der strengen Ökonomie, die unserer gesamten Vorgehens- und Verhaltensweise zugrunde liegt. Denn alles, was die Physiologie wie auch die Affekte betrifft, gehorcht einer eisernen Logik, die auf Vorsicht, kleinstmögliches Risiko und Sorge um Stabilität – Garant der unübertroffenen Homöostase, dem Gleichgewicht der physiologischen Körperfunktionen – angelegt ist. Um Symptombildungen zu verhindern, wird jeder Verlust alsbald durch einen Vorteil, jede Akkumulation durch Elimination kompensiert. Jede Aggression wird identifiziert, und zu ihrer Bekämpfung werden umgehend entsprechende Mechanismen in Gang gesetzt. Wir verfügen über die natürliche Gabe, einmal Erworbenes mit allen Mitteln zu verteidigen und uns selbst zu schützen, ja zu regenerieren. Wenn wir schlafen, weil unsere Wachsamkeit nachlässt, und wir dadurch Angriffen ausgesetzt sind, kommen uns Träume, an die wir uns zwar nicht immer erinnern, die jedoch als »Wunscherfüllung« fungieren, wie Freud sie definiert hat[1], und sämtliche Hormone und sonstigen Substanzen, die uns eine sofortige Reaktion ermöglichen, befinden sich in maximaler Ausschüttung. Selbst die Schlaflosigkeit ängstlicher Menschen rührt von einem Verteidigungsmechanismus her, der im so genannten Reptiliengehirn angesiedelt ist: Das Erwachen wird durch eine biologische Uhr herbeigeführt, die wir von unseren entferntesten Vorfahren geerbt haben; schon sie erwachten zu jener nächtlichen Stunde, um für den Angriff wilder Tiere gewappnet zu sein, die sich zu eben diesem Zeitpunkt auf die Jagd machten. Unser Körper und unsere Psyche kommen in der Regel bewundernswert gut zurecht, wenn es darum geht, das gesundheitliche Wohl zu erhalten und Täuschungsmanöver abzuwehren, die es gefährden könnten.

Der scheinbare Widerspruch, in den wir uns begeben, wenn wir unsere Kräfte für ein »Noch-Unbekanntes« aufbieten, erklärt sich demnach nur dadurch, dass Letzteres so unbekannt gar nicht sein kann. Es ist uns im Gegenteil sogar recht vertraut, ein »Freund des Hauses« sozusagen, dem wir eng verbunden waren und dessen Existenz wir eines Tages unter dem Druck dessen, was uns offenbar abgelenkt hat oder unvermutet im Griff hatte, glaubten vergessen oder verheimlichen zu müssen. Vergessen haben wir ihn deshalb aber noch lange nicht. Wir haben ihn beiseite geschoben – »verdrängt«, wie die Psychoanalytiker sagen – und wissen nicht mehr, wohin. Seine Spur aber ist irgendwo im Gedächtnis erhalten. Und weil wir ihn nicht wirklich wiederfinden können, begnügen wir uns lange mit irgendeiner seiner Abwandlungen oder einer stellvertretenden Metapher. Das Phänomen ist mehr als offenkundig, was wiederum in besonderer Weise im künstlerischen Schaffen deutlich wird: Ein Künstler, gleich aus welchem Bereich, sucht, bis er fündig geworden ist, ununterbrochen nach dem, was er als den Gegenstand seiner Suche wiedererkennt. Das dauert manchmal ein Leben lang, manchmal so lange, bis ein Werk entstanden ist – etwa, um ein Beispiel zu nennen, bei Rimbaud, bei dem man sich nach wie vor fragt, warum er sein geniales Schaffen so früh eingestellt hat. Wie also sollte dieser Künstler etwas erkennen, das er nicht schon zuvor gekannt hat? Wenn es ihm nicht immer erklärlich ist und er das Ergebnis seines Vorgehens schließlich als wirkliche Entdeckung betrachtet – »Ich suche nicht, ich finde«, sagte Picasso –, so ist das nicht weiter verwunderlich und stellt seine Glaubwürdigkeit nicht in Frage. Dann hat seine Arbeit lediglich vermocht, ihn auf die verschlungenen Pfade einer Erinnerung zu führen, deren er sich nie bewusst war, in jene »verdrängten« Sphären, von denen er nicht einmal wusste, dass es sie irgendwann schon einmal gab. Lacan hat in diesem Zusammenhang nachdrücklich darauf hingewiesen, dass man sein Leid nicht überwinde, weil man sich erinnere, sondern umgekehrt sich erinnere, weil man sein Leid überwinde. Diese paradox anmutende Feststellung erstaunt nicht, wenn man weiß, dass Lacan diesen verlorenen Gegenstand, dessen irgendwann »verdrängte« Existenz Auslöser aller möglichen Begierden war, als »Objekt a« (gesprochen »Objekt klein a«) bezeichnet hat; in der Folge hat sich dieses

Begehren dann stets in Form dessen zu erkennen gegeben, was ich als lockenden Ruf veranschaulicht habe. Das berühmte »Rosebud«, das letzte Wort, das der Milliardär Kane in Orson Welles' *Citizen Kane* auf dem Sterbebett verlauten lässt, verdeutlicht auf filmische Weise Verquickungen dieser Art.[2] Am Ende der Suche nach der Herkunft dieses rätselhaften Wortes entdeckt man es als Inschrift auf dem Schlitten, den der Held der Geschichte als kleiner Junge benutzte, um seinen heftigen Widerstand gegen die befürchtete Trennung von der geliebten Mutter zum Ausdruck zu bringen. Das Wort vereint in sich sämtliche Emotionen, die sich in der Beziehung zur Mutter angestaut haben. In den Sequenzen, die der Schlussszene vorausgehen, erlebt der Zuschauer, wie das Verhalten der Hauptfigur von einer Sehnsucht geleitet wird, die damals geprägt wurde, aber aus dem unmittelbar Erlebten heraus nicht zu erklären ist.

Sicher ist es kein Zufall, dass das Beispiel »Rosebud« auf einen engen und prägenden Bezug zur Mutter zurückführt. Denn mit ihr fängt alles an, und diese Anfänge kehren ständig wieder.

So geht es uns allen, ausnahmslos. Wir glauben, sämtliche Verhaltensweisen und Entscheidungen vom Verstand her zu kontrollieren, und sind doch, ohne es zu wissen und oder etwas dafür zu können, ständig hin und her gerissen zwischen Gewissheiten und Zweifeln – zum Glück, wie ich hinzufügen möchte: zum einen, weil das die Vielschichtigkeit und Beständigkeit unserer Identität belegt, die sich von jüngster Kindheit an entwickelt und uns zum Garanten und Akteur unserer ganz eigenen Geschichte macht; zum andern, weil darin unsere Verschiedenartigkeit und unsere jeweiligen Ressourcen begründet sind, die uns von der Welt der Roboter unterscheidet, die unsere westlichen Gesellschaften so gern nach standardisierten Kriterien fabrizieren möchten. Ist es also erstaunlich, dass wir mitunter Situationen erleben, die uns überraschen und die wir nicht in den

Griff bekommen, aber genauso wenig umgehen oder beenden können? Dass es sich so verhält, können wir nur dann mit einem Minimum an Nachsicht mit uns selbst hinnehmen, wenn wir zugeben, dass wir, angetrieben durch die ständige Suche nach dem verlorenen Objekt – die möglicherweise nie zum Ziel führt oder unendlich, unter Umständen auch ein Leben lang dauern kann, wenn man sämtliche Umwege miteinbezieht –, der Spielball eines Unbewussten sind, zu dem wir nicht den geringsten Zugang haben. Das macht uns, wonach wir auch streben, zu Wesen, die zutiefst und ausschließlich von ihren Trieben gesteuert werden, in ihren spezifischen Verbindungen und ihrer Kombination einem Stromkreislauf mit etlichen Leitungen und Schaltern vergleichbar. Abfolge und Anordnung sind durch die Geschichte definiert, die uns übertragen wurde, wobei das verlorene Objekt der Hauptschalter ist.

Vom lockenden Ruf zum Treuebruch

»Ich gehe regelmäßig fremd. Und immer, wenn ich der Versuchung erliege, sage ich mir, dass es das letzte Mal ist.« Die Dame, die sich so äußerte, gab an, nicht aus unbändiger Lust den Avancen nachzugeben, sondern weil sie sich von einer Erwartung getrieben fühlte, die, wie sie durchaus einschätzen konnte, enttäuscht wurde, so dass sie sich jedes Mal aufs Neue von einem »letzten« Mal überzeugte. Diese vertrauliche Mitteilung mir gegenüber erinnert an die rührende, aber vergebliche Entschlossenheit von Kindern, auf die man böse ist, die aber gleich wieder anfangen, Unsinn zu machen, obwohl sie gerade erst versprochen haben, es nie wieder zu tun. Einem knapp fünfjährigen Kind habe ich einmal die Frage gestellt, warum es wieder Dummheiten machte, obwohl man ihm erklärt hatte, warum es sie unterlassen solle. Es antwortete mir, wie man es in diesem Alter so gut kann: »Ich kann nichts dafür, es passiert mir eben!«

Was ein Kind auch auf Anhieb antworten mag, früher oder später kann es ein Verbot auch als solches verinnerlichen. Aber was fängt das Kind damit an und wer darf das Verbot aussprechen? Vielleicht landet das, was ein Kind umtreibt, in der Schublade »Nie wieder tun«, vielleicht aber auch in einer mit der Aufschrift »Nur, wenn keine Gefahr droht«, »So schnell wie möglich wieder«, »Sobald mir danach ist« oder gar »Ohne mit der Wimper zu zucken noch einmal«.

Wer wäre nicht geneigt, die erwähnte Dame vorschnell als Nymphomanin zu stigmatisieren oder hinter ihrer Aussage ein Verführungsmanöver zu vermuten, das meiner Person galt, auch wenn sie freimütig bekannte, dass sie, was sie als Wiederholungstat erkannt hat, eher erleidet als genießt?

Man könnte die ganze Bandbreite ähnlich gelagerter Fälle auffächern, wie sie in den Verhaltensweisen unserer Mitmenschen zum Ausdruck kommt. Am Ende stünde eine relativ klare und einfache Trennlinie. In der Tat würde man die kleine Marotte des Schmetterlingsfängers, der weite Reisen unternimmt, um zu finden, wovon er träumt, nicht unter dieselbe Rubrik einordnen wie den Exhibitionisten oder den Pädophilen, obwohl alle Trieben unterworfen sind, die sie nicht unterdrücken können. Und eine solche Unterscheidung träfe man mit vollem Recht, aus dem einfachen Grund, weil die Sammeltätigkeit des Erstgenannten niemandem Schaden zufügt und ihrem Urheber sogar ein hohes Maß an Befriedigung verschafft, während die beiden anderen ihre Opfer belästigen oder quälen. Wie aber ist der Ehebruch der erwähnten Dame einzuordnen? Ist er deswegen zu verurteilen, weil er für seine Urheberin Nutzen und für deren Partner Leid bedeutet – was im betreffenden Fall nicht einmal erwiesen scheint? Muss man alles Schuldhafte daran zurückweisen, weil er vielleicht doch niemandem weh tut, oder unter Berufung auf den berühmten Ausspruch Jesu beim Anblick der Ehebrecherin den Menschen, der nie gesündigt hat, auffordern, den ersten Stein zu werfen?[3] Sollte man überhaupt nicht darüber reden, mit der Begründung, dass dadurch jeglicher Anreiz für Literatur, Theater und Oper in Frage gestellt würde? Oder davon ausgehen, dass das Interesse der Kunst am Ehebruch eine drängende Frage aufwirft, auf die noch keine befriedigende Antwort gefunden wurde? Oder sollte man gar zu dem Schluss kommen, man habe es mit einem Verhalten zu tun, dessen Wurzeln tatsächlich so undurchdringlich sind und so viel Triebhaftes zutage fördern, dass es vergeblich wäre, ihm auf die Spur kommen zu wollen?

Letzteres scheint mir persönlich eine Frage der Bequemlichkeit zu sein. Warum das Handtuch werfen? Immerhin handelt es sich um ein Thema, das so alt ist wie die Menschheit selbst und keine Gesellschaft gleichgültig gelassen hat. Warum sollte man darauf verzichten, sich damit auseinanderzusetzen, auch auf die Gefahr hin, trotz des so umfangreichen Materials, auf das man zurückgreifen kann, enttäuscht zu werden und zu keinem gültigen Schluss zu kommen?

Von Zeus zum Dekalog

Wir befinden uns mitten in einem Prozess mit langer Geschichte, dessen Voraussetzungen man zumindest grob skizzieren muss, um ihn ansatzweise verstehen zu können.

Als frühester, schriftlich niedergelegter Gesetzestext, der erhalten ist, gilt der sumerische Kodex Hammurabi (1792–1750 v. Chr.), der keine Ver-, sondern Gebote enthält; von den 282 aufgeführten Paragraphen betreffen 55 die Familie. Letztere setzen zwar erst mit Paragraph 129 ein, doch sind gleich die ersten sieben dem Problem des Ehebruchs gewidmet. Einige Bestimmungen zeugen übrigens von einem für die damalige Zeit erstaunlichen Gerechtigkeitssinn.[4]

Die Gesetze im alten Ägypten waren dagegen viel strenger und betrafen lediglich den Ehebruch der Frau; der Mann durfte neben seiner rechtmäßigen Ehefrau beliebig viele Konkubinen haben. Diese Ungleichbehandlung in antiken Gesellschaften scheint mit dem Status der Frauen zusammenzuhängen, die als Eigentum der Männer betrachtet wurden; letztere kauften sich ihre Frauen auch, wie es im Übrigen bis heute in zahlreichen, vor allem arabisch-muslimischen Gesellschaften unseres Planeten der Fall ist. Ehebruch kam, ob die Frau einwilligte oder nicht, einem Angriff auf das Eigentumsrecht gleich. Das alles stimmte mit dem Buchstaben, wenn nicht gar dem Geist des Gesetzes der Art überein, das dem anthropologischen Diskurs zufolge den Frauentausch unter den Männern etabliert hat.

Anders verhielt es sich im alten Griechenland. Ehebruch war – als Vergehen gegen die Polis[5] – zwar ein sträflicher Akt, auch hier vor allem, wenn Frauen ihn verübten, doch ansonsten durchaus toleriert. Die Olympischen Gottheiten und insbesondere Zeus persönlich wirkten als Vorbild. In der Tat wimmelt es in der griechischen Sagenwelt nur so von seinen Verstößen gegen seine rechtmäßige Verbindung mit Hera, die sich als gestrenge Hüterin der Ehe sogleich in Szenen mit exemplarischen Vergeltungsmaßnahmen erging und ihren treulosen Ehemann zwang, Besserung zu geloben – bis zum nächsten Mal! Die anderen Götter standen ihm in nichts nach und schraken ebenso wie ihr Herrscher auch nicht davor zurück, sich mit Sterblichen einzulassen und sie dadurch zu Müttern von Halbgöttern zu machen. Auf Seiten der Göttinnen tat sich vor allem Aphrodite (bei den Römern Venus) hervor. Sie war mit Hephaistos vermählt, dem Gott des Schmiedefeuers (Vulkanus bei den Römern), teilte aber ihr Lager mit etlichen Göttern des Olymp.[6] Allen voran Ares (Mars bei den Römern) schenkte ihr zwei Söhne, Eros und

Anteros, und eine Tochter, Harmonia; vom sterblichen Prinzen Anchises empfing sie Äneas, einen der Stammväter Roms. In den Texten ist wenig vom Ehebruch anderer Göttinnen die Rede, ausgenommen natürlich die Göttinnen, für die Zeus Interesse zeigte. Waren Letztere, vor allem unter ihrer gestrengen Herrin Hera, zur Treue ermuntert oder gar bestimmt? Das wäre denkbar, wenn man davon ausgeht, dass der Pantheon möglicherweise die Funktion hatte, die Männer, die ihn ersonnen hatten, durch Spiegelung über die Misslichkeiten des Lebens hinwegzutrösten, weil selbst die unsterblichen und mit vielerlei Macht ausgestatteten Götter von ihnen heimgesucht wurden.

Im hebräischen Monotheismus kam dem Verbot des Ehebruchs, das eines der Zehn Gebote wurde, ein neuer Status zu, der bis heute die Gesetzgebung unserer monotheistischen und insbesondere jüdisch-christlichen Gesellschaften beeinflusst. Unter dem Aspekt, dass den strafenden Gesetzen damit ein abschreckendes Gebot an die Seite gestellt wurde, ist diese Entwicklung durchaus interessant.

Mit dem zeitlichen Abstand und unter anthropologischen Gesichtspunkten kann man sagen, dass dieser Monotheismus in den Dienst eines im Übrigen noch immer unvollendeten Projekts gestellt wurde: Es galt, eine Versuchsanordnung herzustellen[7], die unter Rückgriff auf die Transzendenz das Verhalten der Menschen von Grund auf ändern könnte, indem sie sie dazu bringen würde, ihre Triebe, die dem Wesen nach schädlich für die Bildung gesellschaftlicher Bindungen waren, radikal zu unterdrücken.

Bekanntlich wurde diese Vision auf mehrere Arten bekämpft – leider nicht ohne Erfolg, wofür wir noch immer den Preis zahlen, und insbesondere von Jean-Jacques Rousseau, der die Ansicht vertrat, der Mensch komme gut zur Welt; er sei kein selbstbezogenes, dem Druck seiner Triebe unterworfenes Wesen, wie die Psychoanalyse hinlänglich belegt hat, sondern durch die Gesellschaft verdorben. Allzu wenig weiß man hingegen über die Schwierigkeiten, denen das Unterfangen des hebräischen Monotheismus bis heute begegnet ist, sowohl mit Blick auf diejenigen, die es zu überzeugen suchte, als auch auf seinen lokalen Kontext. Die Kommentatoren, die über die Jahrhunderte versucht haben, um einer besseren Vermittlung willen den Inhalt der monumentalen Botschaft zu entschlüsseln, haben gezeigt, dass aus den fünf ersten, ethisch hergeleiteten Geboten[8] die fünf nachfolgenden, gesellschaftlich orientierten logisch hervorgehen.[9] Das erklärt auch die gängigen Darstellungen der beiden nebeneinander stehenden Gesetzestafeln, auf denen je fünf in der beschriebenen Weise aufgeführt sind. Eine solche Anordnung erscheint als hochwirksam, wenn beispielsweise das erste mit dem sechsten Gebot in Verbindung gebracht wird und damit der Mord an seinem Nächsten mit der Negierung, ja dem Mord des Göttlichen.[10] So gesehen käme der Ehebruch, um den es im siebten Gebot geht[11], also einer Glaubensverfälschung gleich, von der im zweiten Gebot die Rede ist, denn es hieße, in trügerischem und verbotenem Gehege vergeblich nach etwas zu suchen, das bereits in Reichweite ist und das man unter keinen Umständen verraten darf. Erweitert man den intertextuellen Bezug auf die Rangfolge der Gebote, stellt sich heraus, dass das Verbot des Ehebruchs, das auf das der Tötung folgt und dem des Diebstahls vorausgeht, zusätzlich zur Bildung des gesellschaftlichen Zusammenhalts beiträgt, denn konkret würde seine Missachtung schlimmstenfalls als Mord und bestenfalls als Diebstahl an den Pranger gestellt.

Der Andere und Ich, Ich und der Andere

Das siebte Gebot des hebräischen Dekalogs steht gleichberechtigt neben den anderen und unterscheidet sich darin grundsätzlich von den einfachen Bestimmungen früherer

Gesetzbücher, die vom *vulgum pecus* ohne weiteres auch ignoriert werden konnten – man weiß, wie es selbst heute um den Grundsatz »Unkenntnis schützt vor Strafe nicht« bestellt ist! Das Gebot dagegen wurde bei jeder Gelegenheit wiederholt und bekam dadurch den Charakter einer vorbeugenden Strafmaßnahme. Wer dagegen verstieß, konnte sein Vergehen ebenso wenig ignorieren wie die sich daraus ergebenden Konsequenzen.

Das Gebot richtete sich an das gesamte jüdische Volk, in erster Linie jedoch an die Männer, die in Alleinregie über das Schicksal der Gesellschaft entschieden. Das geht aus sämtlichen Kommentaren hervor, die dazu verfasst worden sind, allen voran dem des Gaon R. Saadia, einer theologischen Autorität des 10. Jahrhunderts.[12] Er wendet sich ausschließlich an die Männer und erinnert daran, dass das Verbot nicht nur den eigentlichen Akt betrifft, sondern noch verschärft wird durch das im zehnten Gebot ausgesprochene Verbot des Begehrens, dort bezogen auf die Frau des Nächsten. Von Anfang an war klar, dass die Triebe, die mit Hilfe der Gebote unterdrückt werden sollten, hier, wie in anderen Bereichen auch, noch lange lebendig sein würden. Die Schalter eines Stromkreislaufs, um auf den Vergleich zurückzukommen, lassen sich eben nicht ohne Weiteres umlegen – durch die Beschäftigung mit dieser Problematik hat sich nicht zuletzt die Psychoanalyse ihren Namen gemacht. So wurden unterstützende Strafmaßnahmen getroffen, um den Verstand zu wappnen.

Konsultiert man den Levitikus[13], der gesetzliche Regelungen zum Thema festschreibt, stellt sich allerdings heraus, dass zwischen männlichem und weiblichem Ehebruch deutlich unterschieden wird. Macht sich die Frau des Ehebruchs schuldig, wird sie gesteinigt – vorausgesetzt, es liegen entsprechende Beweise vor, die beizubringen wohl nie ganz einfach war. Anders beim Mann. Wie in vielen anderen polygamen Gesellschaften in dieser Region damals auch[14], wurde nur demjenigen Mann eine schwere Schuld angelastet, der mit einer verheirateten Frau Ehebruch beging, und zwar vor dem Hintergrund, dass das Kind, das aus einer solchen Verbindung entstehen könnte, als *mamzer*, also als Bastard, in der Gesellschaft, aus der es doch hervorgegangen war, keine Zukunft hätte. Keine Bagatelle, wenn man bedenkt, was Kinder für ihre Väter bedeuteten. In jener Gesellschaft, in der es keine Vorstellung vom Paradies, von der Hölle und einem Leben nach dem Tod gab, war es die Zukunft der Kinder, die die Männer in die Pflicht nahm: »[…] der du beweisest Gnade in tausend Glied […] der du die Missetat der Väter heimsuchest auf Kinder und Kindeskinder bis ins dritte und vierte Glied«.[15] Im Zusammenhang mit den Kindern stoßen wir damit auf eine der großen Universalien, die in der Beziehung zwischen Mann und Frau nach wie vor debattiert wird. In der Tat stellt sich die zweifache Abstammung der Kinder merkwürdig kompliziert dar: Frauen gebären konkret und eindeutig, während Männer in einer Ungewissheit zeugen, der sie durch die Schaffung gesellschaftlicher Bestimmungen entgegenzuwirken suchten. Françoise Héritier hat die nachhaltigen Folgen dieser hochbrisanten Problematik beschrieben.[16] Man mag ihrer These, wonach die Männer, die ihre Nachfahren nicht zur Welt bringen konnten, die Abstammung von Kindern beiden Geschlechts für sich beanspruchten, zustimmen oder nicht – unstrittig scheint jedenfalls, dass Regelungen zum Ehebruch seit jeher auch dazu dienten, das Recht jedes Menschen auf die Bestimmung seiner Abstammung und Identität sicherzustellen und in der Logik des Gesetzes der Art festzuschreiben. Tatsächlich ging aus dem Gesetz zum Inzestverbot nicht nur der Frauentausch unter den Männern hervor, sondern daraus folgte auch, dass jeder Mensch klar durch seine Beziehung zu einem Vater definiert war.[17] Das mag heute, da die Gesetzeslage im Abendland sich weiterentwickelt hat, belanglos erscheinen, aber vor nicht allzu langer Zeit wurde ein uneheliches Kind auch hier noch geächtet und hatte bei weitem nicht dieselben Rechte wie ein »legitimes« Kind. Was im Übrigen in zahlreichen Ländern bis heute der Fall ist, auch in solchen mit starken westlichen Einflüssen wie Japan oder Korea.

Interessant erscheint mir in dem Zusammenhang, dass vergleichbare Vorsichtsmaßnahmen auch am anderen Ende der Welt galten, und zwar schon mehrere tausend Jahre zuvor. Davon zeugt beispielsweise eine mündlich tradierte, undatierte Erzählung, in der ein Vater aus dem neukaledonischen Volk der Kanak, zur Flucht gezwungen, seiner Frau Empfehlungen für die gemeinsamen Kinder gibt: »Wache über unsere Kinder, kläre sie darüber auf, wie unsere Verhältnisse sind, welche Ländereien wir besitzen und wer zu unserer Familie gehört, wer unsere Verbündeten sind und wer unsere Verwandten mütterlicherseits. Warne sie, ja nie Ehebruch zu begehen [*sic*] und niemandem Schaden zuzufügen, weil ihnen sonst Unheil widerfahren würde: Man würde sie töten und aufessen.«[18]

Afrika und Asien unterscheiden sich diesbezüglich im Übrigen nicht grundsätzlich von westlichen Gesellschaften, wobei auch hier, mehr oder weniger ausgeprägt, immer wieder dieselben Unterschiede in der Behandlung von Männern und Frauen anzutreffen sind.

Die Universalität der Vorschriften zum Ehebruch lässt also den Schluss zu, dass eine dem Wesen nach als triebhaft erachtete Handlung, wie andere auch, mit Hilfe vernunftorientierter Verbote unterdrückt werden sollte, um den sozialen Zusammenhalt zu fördern, in dessen Rahmen dem Anderen eine wesentliche Rolle zukam.

Der Text der Thora bringt auf den Punkt, welche Geisteshaltung die Beziehung zum Anderen prägen sollte: »Du sollst deinen Nächsten lieben wie dich selbst«[19] – was in den Kommentaren folgendermaßen klingt: »Was dir selbst verhasst ist, das tue nicht deinem Nächsten an.« Eine pädagogisch unmissverständliche Botschaft, anwendbar auf sämtliche Situationen des Alltags, beispielsweise wenn es darum geht, dass man Eltern und Verwandte nicht in ihrer Blöße sehen darf. Aber warum eigentlich? Aus dem einfachen Grund, weil sich dazu im Zusammenleben vermehrt Gelegenheiten ergeben, und der nackte Mensch – Erziehung hin oder her – fragiler ist, weswegen der Blick auf ihn dazu angetan ist, seine Andersartigkeit zu verzerren: Der Betroffene kann sich nicht zeigen, wie er sich zeigen möchte, und erst recht nichts verbergen. Der auf seine Nacktheit gerichtete Blick wäre ein Übergriff, weil er ihn zu einer Transparenz verdammt, die er möglicherweise nicht wollte und die ihn beeinträchtigen könnte. Dazu passt auch, dass die möglichen Konstellationen, das Inzestverbot betreffend, in der Thora als das Verbot formuliert sind, die jeweilige Person »in ihrer Blöße zu sehen«.[20]

Ähnlich verhält es sich mit dem Verbot der Selbstbefriedigung, das ebenfalls in der Thora enthalten ist. In der Anthropologie wird sie zum inzestuösen Akt schlechthin; sie definiert Inzest als Selbsterhaltung »durch sich selbst und für sich selbst« und betrachtet Masturbation als radikale Art, diejenigen Anteile zum Zuge kommen zu lassen, welche die Wirklichkeit des Anderen ausblenden. Wenn man daran denkt, dass Eltern heutzutage aufgefordert sind, ihren Kindern, die sich diesem Tun zum Teil gänzlich ungezwungen hingeben, freizügig, ja wohlwollend zu begegnen, darf man sich wundern. Die Befürchtung, das Kind in seiner künftigen Sexualität zu beeinträchtigen, ist so groß, die Grundmaxime sexueller Befriedigung derart allumfassend, dass man auf jede Art von Verbot verzichtet, auch auf die Gefahr hin, das Kind tendenziell darin zu bestärken, den Anderen zu verneinen und lediglich als Instrument zur eigenen Befriedigung zu begreifen.

Dabei muss man sich, zu einem Zeitpunkt, da die Vermittlung eines Sittenkodex, wie sie früher auch über die Schule erfolgte, als unnötig und reaktionär betrachtet wird, darüber im Klaren sein, dass die Menschheit sich im Laufe ihrer Evolution immer um die Akzeptanz des Anderen und die Schaffung verlässlicher Bindungen bemüht hat. Und die Entwicklung erfolgte ausschließlich über Verbote, die immer auf ein Ziel gerichtet waren: einvernehmlich jedem Einzelnen zu helfen, seine Triebhaftigkeit zu bekämpfen.

So lässt sich auch nachweisen, dass Inzestverbot und Ehebruchsverbot sich in ihrer Zielsetzung erstaunlicherweise überschneiden.

Als unsere entfernten Vorfahren das Gesetz der Art in Kraft setzten, bewirkten sie gleichzeitig, dass ein Bewusstsein für den Generationenunterschied geschaffen wurde: Frauen, die getauscht wurden, waren Töchter ihres Vaters, der sie nicht länger selbst sexuell in Anspruch nehmen konnte und durfte. Sie konnten nur deshalb getauscht werden, weil sie anerkanntermaßen von diesem Vater abstammten, der einer Generation über ihnen angehörte. Der so hervorgehobene Generationenunterschied wiederum beförderte allmählich das Bewusstsein für die Vektorisierung der Zeit.[21] Man begann, Zeit als etwas wahrzunehmen, das immer in derselben Richtung verlief und deshalb auch nicht gebremst, umgelenkt oder zurückgedreht werden konnte. Die Zeit hat den Menschen irgendwann mit seiner Sterblichkeit konfrontiert und dazu gezwungen, diese Wirklichkeit anzuerkennen und Konsequenzen daraus zu ziehen. Von diesem Zeitpunkt an kann man jede Form von Inzest als Verweigerung der Vektorisierung der Zeit und der Sterblichkeit deuten. Aus dieser Perspektive läge jedem Inzest dasselbe Muster zugrunde. Tatsächlich führt er, zumindest beim ersten Mal, zur Wiederholung der einst mit dem Partner erlebten auguralen Erfahrung und ist in dieser illusorischen Aufhebung der vergangenen Zeit gleichbedeutend mit dem Leugnen der Sterblichkeit – man denke nur, einmal mehr, an den berühmten zweiten Frühling! Dass die Sterblichkeit geleugnet wird, hat jedoch

Folgen, denn das Wissen um die eigene Sterblichkeit, das auch mehr Lebendigkeit bewirken kann, verbessert die Beziehung zum Anderen und stärkt den sozialen Zusammenhalt.

In diesem Sinn *ist Ehebruch gleichbedeutend mit einer Beeinträchtigung der elementarsten sozialen Bindung, wie man sie als Paar mit dem Anderen geschaffen hat. Diese Beeinträchtigung wiegt umso schwerer, als sie nicht nur denjenigen betrifft, der die Initiative dazu ergreift, sondern auch das Opfer, das den Treuebruch, wenn es darüber unterrichtet wird, zu Recht als Verrat empfindet.* Da dieser nicht nur versehentlich geschieht und in der Regel nicht nur in gut gemeinter Absicht verheimlicht wird, ist zudem Vorsatz im Spiel – das also, was Mord von Totschlag unterscheidet. Normalerweise arrangiert der Partner, der einen Dritten in die Ehe einführt, es so, dass davon nichts bekannt wird; manchmal gelingt es ihm sogar, die Verbindung, die er eingegangen ist, zu beenden, ohne dass etwas nach außen dringt – was noch am wenigsten Schaden verursacht.

Kommt man jedenfalls angesichts der Häufigkeit und Banalität dieser Situationen auf die eingangs zitierte Bewertung Lucien Israëls zurück, wonach nur Paranoiker von der Treue ihrer Frauen überzeugt sein können[22], dann *wäre Ehebruch eine so verlockende Erfahrung, dass jeder praktisch dazu gezwungen wäre, ihr nachzugeben, und zwar nicht nur wegen des Akts an sich, sondern weil damit das Triebhafte desjenigen berührt ist, der sich davon, häufig unbewusst, Abhilfe für das Unbehagen verspricht, das von seinen Schwierigkeiten in eben diesem Bereich rührt. Demnach würde es sich also nur um die Spitze eines Eisbergs handeln, dessen tatsächliche Größe immer schwer zu ermessen ist.* Tatsächlich bin ich geneigt zu zeigen, dass er, gesteuert durch einen Mechanismus der Verlagerung, häufig nur die schlechte und stets erotische Antwort auf eine gute Frage ist, die mit Erotik meistens nichts zu tun hat. Das verdeutlicht vielleicht der berühmte Witz von dem, der im Dunkeln unter einer Straßenlaterne nach etwas sucht, das er verloren hat und wovon er genau weiß, dass es woanders sein muss, der aber seine Suche dort damit rechtfertigt, dass unter der Laterne immerhin Licht ist.

Wenden wir uns also der Beherrschung beziehungsweise Unterdrückung des Triebhaften zu! Hat die Menschheit, seit sie sich daran versucht, irgendwelche Fortschritte erzielt oder ist es ihr auch nur geglückt, dem Gedanken mehr Geltung zu verschaffen? Wohl eher nicht. Selbst die Religionen, die alle Kräfte und Mittel auf diesen Punkt konzentriert haben, gaben sich keinen Illusionen hin, sondern bekannten sich dazu, dass ihr Unterfangen mit enormen Schwierigkeit behaftet ist und selbst kleinste Ergebnisse lange auf sich warten lassen. Ihren Anspruch haben sie mit Maßnahmen flankiert, welche die Menschen in ihren guten Veranlagungen nicht entmutigen sollen, und sie also dazu angehalten, sich ihrer Schwächen bewusst zu werden und um Vergebung zu bitten. Dem hebräischen Jom Kippur (Große Vergebung) mit seinem Eingeständnis der menschlichen Fehlbarkeit (Kol Nidré)[23] und dem allgemeinen öffentlichen Reuebekenntnis entspricht im Christentum die private Beichte mit der anschließenden Absolution. Das zeugt von einem Realitätssinn mit langer Geschichte, wie ihn, mit etwas mehr Abstand, auch der Anthropologe Frazer unter Beweis stellt, wenn er humorvoll darauf hinweist, dass wir erstaunlicherweise ein Gesetz benötigen, das uns Inzest verbietet, wohl aber keines, das uns untersagen würde, die Hand ins Feuer zu halten. Eine anspielungsreiche Feststellung: Zugegebenermaßen verrät ein Gesetz, das Inzest verbietet, dass wir verhängnisvollerweise geneigt sind, diesem einen gewissen Genuss zuzuschreiben. Nicht weniger beachtlich ist, dass wir, von wenigen pathologischen Ausnahmen abgesehen, das Gesetz der Art zumindest seinem Wortlaut nach anerkennen. Bei näherem Nachdenken kommt man jedoch zu dem Schluss, dass wir alle einer Täuschung erliegen. Es stimmt zwar, dass wir mit unseren Eltern und unseren Kindern keinen Geschlechtsverkehr haben, seit uns dies eingeschärft wurde, doch verstoßen wir nach wie vor auf jede erdenkliche Weise gegen den Geist dieses Gesetzes, der über den reinen Wortlaut weit hinausgeht. Man erinnere sich nur an die anthropologische Definition von Inzest als Selbsterhaltung »durch sich selbst und für sich selbst«, um festzustellen, dass der neue, zunehmend individualistische Geist, der unsere heutigen Gesellschaften prägt, der Geist, der unseren Handelsbeziehungen – oder vielmehr Handelskriegen? – zugrunde liegt, unseren industriellen Massenvernichtungswaffen oder dem mit allen Mitteln geführten Krieg, dass dieser Geist Andersartigkeit weitestgehend ausschließt. Haben die von den alten Kulturen geprägten Verbote, an deren Stelle der Dekalog getreten ist, irgendetwas bewirkt? Wir laufen zwar zumindest in unseren westlichen Großstädten für gewöhnlich nicht Gefahr, gleich umgebracht oder sexuell belästigt zu werden, sobald wir das Haus verlassen, aber abgesehen von diesem minimalen – und keineswegs universalen – Fortschritt, den man darauf zurückführen kann, dass entsprechende Verbote ein Mindestmaß an Vernunft hervorgebracht haben, machen wir ungeniert weiter, wenn es darum geht, zu töten, die Ehe zu brechen, zu stehlen, falsch Zeugnis abzulegen und das Hab und Gut des Nächsten zu begehren, wenn wir es uns nicht gleich einverleiben. Sollte dieses Elend, wie es Rousseau gern gesehen hätte, einzig und allein auf die Gesellschaft zurückzuführen sein? Und können wir uns der Errungenschaften unserer Technik rühmen und behaupten, wir hätten gegenüber unseren Stammvätern Fortschritte erzielt? Müssten wir nicht in aller Bescheidenheit gestehen, dass wir, nicht anders als sie, das trübe Bewusstsein unserer Existenz noch längst nicht hinter uns gelassen haben?

Genau damit aber beschäftigt sich die Psychoanalyse, die

seit ihren Anfängen bemüht ist, dem Menschen, der sich auf sie einlässt, Ausmaß und Verhängnis seiner Triebe zu erkennen zu geben, damit er sie sowohl im eigenen Interesse als auch um seiner Umwelt willen, ohne die er nicht leben kann, möglichst gut in den Griff bekommt. Ist es da verwunderlich, dass sie aus eben diesem Grund von den einen der Subversion und von den anderen des Konservatismus bezichtigt wird?

Was aber ist überhaupt dieses »Miteinander«, dieses »Zusammensein« und »Zwei-Sein« – »zwei«, woraus schließlich »eins« werden soll? Eine Annehmlichkeit? Ein Mittel? Ein Ziel? Eine Suche? Alles zugleich? Und was verlangt man ihm ab, wo man doch weiß, dass es sich um ein riskantes Abenteuer handelt? Vor allem eine Art Verlässlichkeit, die seinen Fortbestand selbst sichern soll. Zweisamkeit funktioniert jedenfalls nicht, wenn sich ein Dritter einmischt und sie für sich selbst beansprucht.

Zwei-Sein

Seit wann gibt es die – wohlgemerkt heterosexuelle und monogame – Zweierbeziehung als Institution? Präzise lässt sich das wohl nicht sagen, aber sie dürfte relativ spät in der Menschheitsgeschichte aufgetaucht sein. Möglicherweise fallen erste Ansätze dazu in die Entstehungszeit der Kulturen. Zwar soll das Gesetz zum Inzestverbot, das sich die Gattung Mensch mehrere zehntausend Jahre zuvor verordnet hatte, den Tausch von Frauen unter Männern verschiedener Gruppen eingeleitet haben, was jedoch nicht heißen muss, dass damit unmittelbar auch eine strikte Paarbildung verbunden war; jedenfalls ist nichts dergleichen erwiesen. Möglicherweise genügte es anfangs, dass die Männer ihren Sexualtrieb befriedigen konnten, ohne Gefahr zu laufen, deshalb getötet zu werden. Wahrscheinlich dauerte es dann, je nach den Lebensbedingungen, erneut recht lange, bis sich Verwandtschaftssysteme herausbildeten. Deren Hauptaugenmerk lag auf den verbotenen Verbindungen; die Zahl der gleichzeitigen Beziehungen eines Individuums wurde großzügig ausgeklammert. Das ist nicht weiter erstaunlich, denn selbst wenn man davon ausgeht, dass diese Entwicklung an die Entwicklung des Erkenntnisvermögens gekoppelt war, dürfte kaum auf Anhieb ein komplexes Regelwerk auf den Weg gebracht worden sein. Vermutlich ging alles sehr langsam vonstatten, unter dem Eindruck der Errungenschaften, die aus der allmählichen Reifung des Bewusstseins resultierten. Es ist schwer vorstellbar, dass Menschen, die über mehrere zehntausend, ja hunderttausend Jahre hinweg instinktgesteuerten Mechanismen ausgesetzt waren, diesen Druck plötzlich beherrscht und ausgehend von ihren Erfahrungen im Handumdrehen eine Ordnung geschaffen hätten, um ihr Zusammenleben in feste Bahnen zu lenken.

Die Stille mit Leben erfüllen

In diesem Zusammenhang sind die Erkenntnisse der Primatologen höchst aufschlussreich.[1] So gibt es bei manchen Arten im Verhalten gegenüber den Jungen erhebliche Unterschiede zwischen den Weibchen und Müttern einerseits und den selbstbezogenen, der Tyrannei ihres Geschlechtstriebs ausgesetzten Männchen andererseits. Die Weibchen sorgen für Bindung und Schutz und entsprechen darin genau dem, was der Kinderarzt und Psychoanalytiker Donald W. Winnicott[2] als »primäre Mütterlichkeit« bezeichnet hat. Die Männchen dagegen nehmen sogar den Tod eines Jungen in Kauf und stoßen es brutal beiseite, wenn es um ihren sexuellen Zugriff auf die Mutter geht. Diese präzise Beschreibung hält in einer Art Momentaufnahme auch Verhaltensweisen aus einer Zeit fest, die bereits weit zurückliegt. Paläontologen kommen an ihr nicht vorbei, wenn sie die sukzessiven Phasen der Entwicklung unserer Gattung über riesige Zeiträume hinweg beschreiben. Allerdings legen sie strengste Maßstäbe an ihre Schlussfolgerungen an und wagen sich darüber hinaus beispielsweise nicht an die Erklärung von Prozessen, die die Hominiden jeweils von einer Phase in die nächste geführt haben. Wie ist es unseren entfernten Vorfahren, die lange unseren Vettern, den heutigen Primaten, ähnelten, gelungen, ihre Evolution so weit voranzutreiben, dass sie gedankliche Prozesse steuern, soziale Bindungen herstellen und Entwicklungen in Gang setzen konnten, aus denen Hochkulturen hervorgingen? Die einzige wissenschaftliche Antwort auf diese Frage ist der Darwinismus. Hat sich diese Form der Anpassung aber nur über anatomische und physiologische Veränderungen vollzogen? Warum sollten nicht auch weniger offenkundige Prozesse beteiligt gewesen sein, die keine nachweisbaren Spuren hinterlassen haben? Warum konnten sich manche Menschen anpassen und dadurch überleben, während andere, die ihnen exakt ähnelten, ausgestorben sind?

Ich selbst tendiere, ohne jede Prätention, zu einer Hypothese, die vermutlich niemanden erstaunen wird. Als unverbesserlicher Kinderarzt führe ich diesen langen Evolutionsprozess nämlich in erster Linie auf die Mutter-Kind-Dyade zurück, die ich für dessen unermüdlichen Motor halte.

Beschäftigt man sich mit dem Tierreich und insbesondere mit den großen Landsäugetieren, stellt man fest, dass zwar viele von ihnen – etwa Löwe, Tiger, Luchs und andere große Fleischfresser – mehr oder weniger Einzelgänger sind, andere hingegen – Zebras, Gnus, Büffel, Elefanten und ähnliche – in Herden leben, was auf den gleichnamigen Trieb zurückgeführt wird. Diese Erklärung ergänzen Verhaltensforscher um den klugen Hinweis auf die funktionelle Zweckbestimmtheit der Herde, die deren Chancen erhöht, Raubtieren zu entkommen. Es ist nicht ausgeschlossen, dass die menschenähnlichen Wesen, die Fleisch- und Pflanzenfresser zugleich waren, Jäger und Beute, ein Gen besaßen, das ein identisches Herdenverhalten begünstigt hat und die Hordenbildung erklären könnte. Nach meiner Vorstellung war da jedoch noch etwas, vom Wesen her anderes, das neben dem genetisch determinierten Verhalten eine Rolle spielte und das Entstehen und die Akzeptanz sozialer Bindungen im weitesten Sinn bewirkt hat. Und dieses Etwas hat für mein Dafürhalten mehr von einem Trieb als von einem Instinkt. Ich meine, dass dieser Trieb einer Erinnerungsspur entspringt, welche die nutzbringende Wirkung der dyadischen Phase über eine Jahrtausende währende Evolution hinweg beim Menschen hinterlassen hat. Wenn er in Not war, mag er eine Art Sehnsucht nach solcherart Beistand verspürt haben, und nachdem sich diese vage Sehnsucht über die Jahrtausende gespeichert hatte, konnten unsere Hominiden die primäre Mütterlichkeit ihrer Weibchen möglicherweise besser dulden und, statt wie früher in wilder

Manier gegen sie anzugehen, ihnen gestatten, noch wirksamer jene Spur zu vertiefen, die sie zweifellos in jeder Generation hinterließen. Ein paar Jahrtausende später war diese Spur vielleicht schon so präsent, dass die ebenfalls noch vage Vorstellung entstand, Beistand könne, wenn nicht von der gerade nicht greifbaren, geschwächten, manchmal auch toten Mutter ersatzweise von »jemand« anderem kommen. Auf diese Weise könnten innerhalb von einigen (Dutzend) Jahrtausenden soziale Bindungen im heutigen Sinn entstanden sein und den Weg frei gemacht haben für das, was Sozialisation bis heute leisten soll.

Demnach hinge nicht nur die Zukunft des Menschen an der Frau, sondern auch dessen Vergangenheit. Waren deshalb vielleicht auch die ersten menschlichen Kulte, von denen man weiß, weibliche Kulte? Und ist es ein Zufall, dass uns heute – und damit ist ein gewaltiger Zeitsprung gemacht – der Medikamentenkonsum so große Probleme bereitet, weil wir sämtlichen rationalen Methoden, die in diesem Zusammenhang zum Einsatz gekommen sind, getrotzt haben? Da der soziale Zusammenhalt in unseren übertriebenen Wohlstandsgesellschaften angesichts eines siegreichen Individualismus immer weiter abnimmt, suchen unsere Zeitgenossen, die sich nach den Wohltaten der verloren gegangenen Bindung sehnen, diese am einzigen Ort, wo sich noch etwas davon bewahrt hat: bei den Ärzten, deren Verhalten vom Grundmuster her auf Betreuung angelegt ist, wie das Gesundheitswesen überhaupt – ein Faktor, den, nebenbei bemerkt, unsere Sozialversicherungsträger auf keinen Fall berücksichtigen können.

Mit dieser beträchtlichen Zeitspanne vor Augen wäre es also denkbar, dass die erfolgreiche Anpassung der Menschen auch auf den Nutzen zurückzuführen ist, den sie aus ihrer dyadischen Erfahrung gezogen hatten. Demnach hätten tatsächlich nur diejenigen Individuen überleben, gedeihen und die Entwicklung ihrer Umwelt vorantreiben können, die in ihrer frühesten Kindheit die maximale Zuwendung ihrer Mutter genossen hätten, worauf Freud großen Wert legte; er hat gezeigt, dass der unermessliche Schatz der Mutterliebe dem Individuum, dem er zugute kommt, immer einen Lebensweg mit Ausnahmecharakter ermöglichen kann. Diese Tatsache, die seither tief im Unterbewusstsein verankert ist, erklärt auch die erdrückende physiologische Schuld, die auf den Müttern lastet: Ihnen schwant ihre mögliche Verantwortung für entsprechende Ergebnisse bei ihrem Kind, und während sie beklagen, dass sie die Parameter der Geschichte, die sie übertragen, nicht beherrschen oder auch nur erkennen können, geben sie sich von vornherein die Schuld daran, dass sie möglicherweise an ihrer Aufgabe scheitern.

Indes steht fest, wie wichtig bei meinem Ansatz für jeden, unabhängig von seinem Geschlecht, die Beziehung zur Mutter ist. Im psychoanalytischen Diskurs von Lacan ist diese Mutter schließlich auch die groß geschriebene Andere und der Schatz der Signifikanten, denen der Mensch sein Leben lang verhaftet ist.

Sind nicht alle Ehen angebahnt?

Wenn ich meine Hypothese weiterentwickle, betrachte ich auch das, was die dyadische Spur bei beiden Geschlechtern hinterlassen hat, als entscheidenden Faktor für die Paarbildung. Diese Spur hat im Laufe der Zeit zweifellos bewirkt, dass der Blick auf das andere Geschlecht sich grundlegend gewandelt hat, was nicht die geringste ihrer zivilisatorischen Wirkungen ist.

Bei der Frau hat sie vermutlich zu einer intensiveren und vielschichtigeren Beziehung zum Kind beigetragen, die bis dahin einzig dem Mutterinstinkt zu entspringen schien. Im Laufe der Evolution, als auch mehr und mehr ins Bewusstsein rückte, welche Rolle der Geschlechtsakt für die Zeugung spielt, wurde der Mann nicht mehr nur als Jäger wahrgenommen, sondern als potenzieller und damit attraktiver Samenspender.

Beim Mann hingegen muss der Evolutionsprozess anders und weitaus langsamer verlaufen sein, denn seit Anbeginn der Menschheit war er durch den fehlenden Oestrus, den Sexualzyklus seiner Gefährtin und deren ständige sexuelle Verfügbarkeit getrieben, seiner im Vergleich zur Frau weitaus niedrigeren Reizschwelle nachzugeben. Etwa zu dem Zeitpunkt, als erste Kulturen entstanden, verinnerlichte er vermutlich dennoch, welche Bedeutung diese Gefährtin als Mutter für die Nachkommenschaft hatte, die er allmählich auch als die seine betrachtete.

Diese tief greifenden Veränderungen, die bei beiden Geschlechtern durchaus einem weltanschaulichen Wandel gleichzusetzen sind, haben sehr wahrscheinlich mitbewirkt, dass das Gesetz der Art und insbesondere die von den Verwandtschaftssystemen[3] abgeleiteten Vorschriften weiter akzeptiert und internalisiert wurden. Durch die Akzeptanz, die Umsetzung und die Kontrolle über die Einhaltung dieser Systeme wurde zwar die Paarbeziehung eingeführt, für die eine genaue Zuordnung ebenso unabdingbar war wie die Dauerhaftigkeit, doch deutet, wie bereits angemerkt, nichts darauf hin, dass die Verbindung dadurch auch definitiv und strikt auf nur zwei Personen beschränkt wurde. Dass es Polygamie (die Ehe mit mehreren Partnern) bis heute gibt, spricht dafür, dass dem nicht so war. Auch Polyandrie (die Ehe einer Frau mit mehreren Männern), ein allerdings schon immer selteneres Phänomen, wird bei den Nayar an der Malabarküste Indiens oder bei den Pahati in Nepal noch praktiziert.[4] Die Tatsache, dass Polygynie (die Ehe eines Mannes mit mehreren Frauen) – in der arabisch-islamischen Welt, in vielen afrikanischen Gesellschaften und, in exotischerer Ausprägung, bei den Mormonen – weit verbreitet und legal ist, legt den Schluss nahe, dass die Männer ihren Wunsch, mehrere Frauen gleichzeitig zu haben, der das biologische Erbe ihrer Hominiden-Vorfahren ist, noch immer nicht überwunden haben. Es ist durchaus vorstellbar, dass die nur allmähliche Unterdrückung dieses Wunsches auf die Sehnsucht nach der Befriedigung zurückgeht, die einst die Beziehung zur Mutter verschaffte, eine Sehnsucht, die nur durch den Besitz mehrerer Frauen gleichzeitig eventuell behoben werden konnte. Allerdings dürften sich viele dieser Vorfahren schon bald für die Monogamie entschieden haben, wovon die Imago eines Urpaares in vielen Mythologien zeugt, angefangen bei der, die uns zu den Nachfahren Adams und Evas macht.

Dass wir uns zu diesem minimalen – aber noch immer nicht universalen – Fortschritt beglückwünschen dürfen, durch den Männer und Frauen sich auf gleicher Augenhöhe begegnen, wirft dennoch die Frage auf, was ihn eigentlich verursacht hat. Wodurch wurde er gedanklich und praktisch möglich, was hat bewirkt, dass er sich immer mehr ausgebreitet hat und in jeder Generation erneut in Umlauf gebracht wurde, so dass er sich nach diesen langen Perioden paläonotologischer Entwicklung nunmehr weitestgehend durchgesetzt hat?

Die Frage könnte als akademische Übung aufgefasst werden, würde sie nicht, wovon ich überzeugt bin, auf genau das zielen, was jeden von uns im Innersten bewegt. Tatsächlich betrifft sie alles, was ich zuvor über die langfristige Wirkung der Spur gesagt habe, welche die dyadische Beziehung hinterlässt. Darüber hinaus gibt es auf sie keine eindeutigen Antworten, denn ganz ohne Zweifel verweist sie auf die von Claude Lévi-Strauss erwähnte Debatte zwischen den »vertikalen« und den »horizontalen« Anthropologen, wie er sie nennt: Bei Ersteren sind Familie und Nachkommenschaft die Kettfäden der Gesellschaft, bei Letzteren steht die Gesellschaft für das Schussgarn, auf dem die Familien angesiedelt sind; diese Debatte darf weiterhin als offen bezeichnet werden.

Haben die Gesellschaften wirklich bewusst ein Modell durchgesetzt, dem sich alle Familien anschließen sollten, oder hat der Erfolg eines Familienmodells seine Anhänger gefunden und die Gesellschaft insgesamt überzeugt?

Um das herauszufinden, kann man sich in der jüngsten, uns unmittelbar präsenten Geschichte ansehen, welche Wechselwirkung zwischen großen Persönlichkeiten und großen Ereignissen einerseits und weniger großen Persönlichkeiten und weniger großen Ereignissen andererseits besteht. Die Beatles beispielsweise mussten nur ein paar Mal im Fernsehen auftreten, und schon hatte sich bei einem Gutteil der Jugend die Mode der langen Haare durchgesetzt.[5] *I have a dream*: Die Rede Martin Luther Kings hat für sich allein mehr bewirkt als jahrhundertelange Kämpfe, die ihr vorausgingen. Auch die unablässigen Kommentare der Klatschkolumnisten über das Unglück der reizenden Sophia Loren und des mächtigen Carlo Ponti, die in den sechziger Jahren ein illegales Paar bildeten, haben letztlich mehr für eine Lockerung der Scheidungsgesetze in Italien bewirkt als alle thematischen Kampagnen zusammen. Was die französische Gesetzgebung zum Schwangerschaftsabbruch betrifft, weiß man vielleicht gar nicht, wie viel sie den Frauen verdankt, die 1975 das Manifest der 121 unterzeichnet haben. Deren Aufruf erging mitten aus einer scheinheiligen Gesellschaft, die sich mit ihrem Wohlwollen gegenüber den Frauen brüstete, für deren Nöte sie ein offenes Ohr zu haben vorgab, die sich aber bis dahin taub gestellt hatte, wenn es um heimliche Abtreibungen ging, deren Verantwortliche regelmäßig auf radikalste Weise bestraft wurden – die letzte Frau, die 1924 in Frankreich guillotiniert wurde, war Engelmacherin. Man könnte noch viele Beispiele dieser Art anführen und untersuchen, was bedeutende Persönlichkeiten für den Gang der Geschichte bewirkt haben, von Christoph

Kolumbus über Ludwig XIV., die Anhänger der Terreur und Napoleon bis hin zu Mao Tse-tung, Gandhi, Hitler, Stalin, de Gaulle und vielen anderen. Der Mechanismus ist immer derselbe.

Wichtige Entwicklungen vollziehen sich immer nur unter dem Druck eines Kräfteverhältnisses, das nicht immer zu entschlüsseln und erst recht nicht vorhersehbar ist. Und zu einem Umschwung kommt es immer, weil die Anhänger eines Lagers unter dem Druck einer oder einiger weniger Personen die Oberhand über die des anderen Lagers gewinnen. Aus Sicht der Soziologen gebe ich wahrscheinlich nur eine Banalität zum Besten. Ich tue es dennoch, damit nachvollziehbar wird, unter welchen Voraussetzungen die Erfinder der Urpaarmythologien möglicherweise eines Tages ihr Werk vollbrachten. Das geschah vermutlich erst zu einem Zeitpunkt, als sich innerhalb einer Bevölkerung die Meinung durchgesetzt hatte, das Intimleben sei einer näheren Betrachtung wert, und man begann, über dessen Ursprünge nachzudenken. Mehr oder weniger unbewusst – intuitiv, könnte man sagen – wurde es dann mit der berühmten dyadischen Spur in Verbindung gebracht. Der Umschwung könnte unter dem Einfluss einer kleinen Gruppe erfolgt sein, deren Botschaft sich die Gesellschaft zu Eigen gemacht und in der Folge auch durchgesetzt haben könnte, als sei es nie anders gewesen. Wie viele Algerier wissen heute noch, dass ihre Vorfahren im Jahrhundert des Heiligen Augustinus Christen waren? Die dyadische Spur hat sicher noch weitergewirkt und sich nach und nach als ergiebig genug erwiesen, um eine Neubesinnung bewirken zu können.

Warum sollten Denkmechanismen zu Beginn der Humanisierung weniger affektgeladene Widerstände hervorgebracht haben als in unserer Zeit? Selbst heutzutage gibt es, unabhängig vom Geschlecht, kein Kind, das sich, wenn es mehr über den Ablauf sexueller Beziehungen erfährt, nicht heftig gegen die Realität sträubt. Wenn es diese mit der Zeit schließlich anerkennt, durchläuft es stets eine Phase, in der es diese Beziehungen zunächst als möglich, dann als normal, ja unverzichtbar für alle Erwachsenen begreift – mit Ausnahme seiner Eltern und insbesondere seiner Mutter.[6] Es wäre also denkbar, dass die Vorstellung von den Beziehungsmechanismen eine Art Evolution durchlaufen hätte, an deren Ende ein gedankliches Konstrukt stand, das dazu diente, für die Mutter, die längst nicht mehr dauerverfügbar für anonyme Geschlechtsbeziehungen war, eine Verbindung zu einem alleinigen Partner zu akzeptieren. Etwas von dieser Entwicklung ist in der Art und Weise enthalten, in der Machos noch heute bekunden, alle Frauen seien »Nutten, außer meine Mutter« (und »meine Schwester«, sofern eine vorhanden ist). Möglicherweise hat sich dieser Prozess – erneut in Zeitspannen von vielen Millionen von Jahren – ausgehend von der Phantasie »meine Mutter treibt's mit keinem« über die nachfolgende »sie hat es nur gemacht, um Kinder zu kriegen« bis hin zu »sie hat es nur mit einem gemacht« entwickelt, bis schließlich das elterliche Paar erfunden und hinreichend internalisiert war, so dass Urpaarmythologien entstanden. Woraufhin alles seinen Gang ging und die partnerschaftlichen Beziehungen innerhalb der sich ständig neu bildenden Gesellschaften verfeinert werden konnten.

Kommt man auf den sozialen Zusammenhalt zurück, vor dessen Hintergrund sich das monogame Paar also etabliert haben könnte, stößt man auf einen Mechanismus, der schon im vorangegangenen Kapitel eingehend behandelt wurde und bis heute darin besteht, mit Hilfe von immer mehr Verboten jeden einzelnen dabei zu unterstützen, das eigene Triebsystem zu unterdrücken. Tatsächlich war es ausgeschlossen, diesen Prozess zu korrigieren, solange der soziale Zusammenhalt nicht solide genug schien. Da nun die Triebe – die vielfältiger Natur sind und deshalb auch als »Partialtriebe« bezeichnet werden, insofern man sie als Teil des Sexualtriebs betrachtet – sich dadurch auszeichnen, dass sie den direktesten, also den geschlechtlichen Weg gehen, wäre man wieder beim so genannten Pansexualismus der Psychoanalyse. Dieser hat den Vorteil, dass er ein besseres Verständnis von Triebkräften ermöglicht, deren Logik sich in der Regel nicht unmittelbar erschließt. Zur Beförderung des zivilisatorischen Prozesses war es also, wie Freud hervorhebt, unerlässlich, ein Ausleben der Sexualität so gut es ging zu unterdrücken. Um die Menschen nicht leichtsinnig dem Druck von Trieben auszusetzen, die die Zielsetzung der Verbote zu sprengen drohten, kam man zu dem Schluss, dass man den Menschen relativ früh die Ausübung von Sexualität ermöglichen würde, indem man sie nach einem Modus vereinte, über den die obersten Hüter dieser Ordnung, mit anderen Worten die Eltern befanden. Auf diese Weise kamen vermutlich die Verbindungen zustande, in denen um die Neigungen der Betroffenen kein Aufhebens gemacht wurde; eine solche, so genannte angebahnte Ehe galt bei ihren Verfechtern als beste Garantie für den inneren Zusammenhalt und die soziale Ordnung.

Aus den verschiedenen Schriften geht hervor, was es mit diesen Verbindungen in einer Zeit, die relativ weit zurückliegt und doch präsent ist, auf sich hatte. So wissen wir beispielsweise, dass die Verbindung von Menschen, die ein Paar bilden und sich fortpflanzen sollten, schon zu einem sehr frühen Zeitpunkt der Menschheitsgeschichte ausschließlich von der Entscheidung und mitunter regelrechten Strategien ihres Umfelds oder ihrer Verwandten abhing. Es war ausgeschlossen, dass der dem Wesen nach göttliche Pharao eine andere heiratete als seine eigene Schwester. Als Isaak, wie es in der Thora steht, das Alter erreichte, da er verheiratet werden konnte, schickte sein Vater Abraham seinen Knecht aus, der in der Großfamilie eine Frau für ihn finden sollte.[7] Jakob suchte, während er auf der Flucht vor seinem Bruder war, bei einem Verwandten seiner Mutter nach einer Frau und war, obwohl er seine Liebe für Rachel entdeckte, aufgrund einer List seines Schwiegervaters doch gezwungen, zunächst deren ältere Schwester Lea zu heiraten. In den Gesellschaften, aus denen uns Schriften überliefert sind, heirateten auch Freigelassene und Sklaven nicht untereinander. Das war den Familien, den Clans vorbehalten, sei es, um Konflikte zu beenden – »mit seinen Feinden muss man sich verbünden«, heißt es bei den Naturvölkern[8] –, sei es, um Bündnisse zu schmieden oder Vermögen, Jagdgebiete und Ländereien zusammenzulegen und zu mehren. Die zukünftig Vereinten, die einander oft schon von Geburt an versprochen waren, wussten über die sie betreffenden Pläne kaum Bescheid und hatten oft nicht das geringste Mitspracherecht.

In diesem Zusammenhang hatte Vorbildcharakter, was an höchster Stelle in der Gesellschaft praktiziert wurde; hier lag es schließlich auf der Hand, sich entsprechender Strategien zu bedienen. Im Geschichtsunterricht haben wir viel über die konkreten Ziele gelernt, die mit den Eheschließungen unserer Fürsten und Könige stets verfolgt wurden. Für den Adel war es nur schicklich, dieser Maxime zu folgen, und das Bürgertum tat es ihm natürlich gleich. Persönliche Zuneigung spielte dabei nicht die geringste Rolle. Damit gab man sich nur im gemeinen Volk ab, das keinerlei Einfluss auf die gesellschaftliche Entwicklung und damit auch nichts zu gewinnen oder zu verlieren hatte; hier wurde Rücksichtnahme auf die Vorlieben des Einzelnen als Vorteil, ja Privileg betrachtet.

Bedenkt man diese Tatsache und erinnert sich, wie aufschlussreich der Schulunterricht auch im Hinblick auf die Interpretation literarischer Vorlagen zu dem Thema war, kommt man zwangsläufig zu der Einschätzung, dass wir in unserer unbewussten Prägung in diesem Punkt wohl eher die Armen beneiden als die Reichen. Eine solche Prägung, und mag sie noch so subtil sein, vermag die jakobinische

Ideologie, auf die die Lehrpläne an französischen Schulen zurückgehen, jedoch kaum zu verschleiern: Sie nämlich gibt vor, das Streben jedes Einzelnen auch in seinem Extrem anzuerkennen, allerdings nur unter der Voraussetzung, dass er darauf verzichtet, entsprechende autoritäre Methoden in Frage zu stellen. Seit man durch Rabelais die Schafe des Panurge kennt, weiß man, dass das Volk anfällig für Mitläufertum ist und umso besser zu regieren, je mehr man ihm vormacht. Wenn ich die Dinge unter diesem Gesichtspunkt und mit dem Hinweis auf die schulische Erziehung beleuchte, dann nur deshalb, weil wir alle, die wir wahrscheinlich erschüttert sind bei dem Gedanken, dass Verbindungen völlig unabhängig von der Entscheidung der Betroffenen zustande kommen konnten und noch immer können, gelassen über dieses – unter uns gesagt, heikle – Thema nachdenken sollten. Denn wie wir sehen werden, unterscheiden sich die Verbindungen, die auf gegenseitiger Zuneigung beruhen, sowohl was ihr Zustandekommen als auch ihre Zukunft angeht, unter Umständen gar nicht so sehr von denen, die auf Absprachen beruhen.

Strategien der Eheschließung sind im Übrigen nicht gänzlich überholt. Im arabisch-islamischen Raum und in zahlreichen, vor allem afrikanischen Bevölkerungen sind sie nach wie vor an der Tagesordnung.[9] In Großbritannien werden sie von Abgeordneten aus Emigrantenkreisen befürwortet, Männern und Frauen, die bestens in die westliche Gesellschaft integriert sind und eine lange Universitätskarriere durchlaufen haben. Selbst in unseren Breiten sind sie üblicher, als man meinen möchte: Mitunter sind Bekanntschaftsanzeigen, Partnerschaftsagenturen und Single-Börsen im Internet an die Stelle der Familien getreten und vermitteln die Illusion, man treffe eine persönliche Entscheidung.

Ungeklärt ist die Frage, wie es in den arrangierten Ehen um die Liebe bestellt ist.

Darum geht es in dem sehr schönen Film *Tilaï* aus Burkina Faso, freilich in einem ganz anderen Universum und einer ganz anderen Zeit.[10] Saga, ein junger Mann, kehrt nach zwei Jahren, die er in der Stadt verbracht hat, in sein Dorf zurück und erfährt von den jüngsten Ereignissen. Er will nicht hinnehmen, dass sein Vater ein weiteres Mal heiratet, und zwar die junge Nogma, die er als seine eigene Verlobte betrachtet. Als er weggegangen war, hatte er weder sie noch sonst jemanden in seine Pläne eingeweiht; er ging jedoch davon aus, ein Anrecht auf sie zu haben, sobald er zurück wäre, weil er sie noch immer liebte. Im Namen der Freiheit und des persönlichen Glücks verstoßen Saga und Nogma gegen Gesetz und Brauchtum, treffen sich heimlich und werden ein Liebespaar. Schließlich kommt alles heraus und sie werden des Inzests beschuldigt, weil Nogma die zweite Frau von Sagas Vater ist. Wegen der Schande, die seine Tochter über ihn gebracht hat, erhängt sich Nogmas Vater. Saga ist gezwungen, aus dem Dorf zu fliehen. Man hält ihn für tot. Nogma und ihre Mutter kennen indes die Wahrheit, und Nogma trifft ihn bei seiner Tante wieder, bei der er Zuflucht gesucht hat. Als er erfährt, dass seine Mutter schwer krank ist, kehrt Saga ins Dorf zurück, entschlossen, seinem Vater die Stirn zu bieten und ihm Nogma zu nehmen. Es kommt zu einer heftigen Auseinandersetzung, in deren Verlauf sein Vater ihn daran erinnert, dass dies das Gesetz sei, »*ya tilaï*«, das Gesetz des Clans, das für jeden gelte und wichtiger sei als jede andere Art der Zusammengehörigkeit. Und er zögert nicht, ihn in dem anschließenden Handgemenge zu töten.

In dem Film werden die verheißungsvollen Begriffe Freiheit und persönliches Glück, für die Respekt eingefordert wird, Gesetz und Brauchtum gegenübergestellt, die als überholt, erdrückend und unheilbringend gelten. Unabhängig von meiner Bewunderung für diesen Film, dessen Machart nicht zuletzt an griechische Tragödien erinnert, erwähne ich ihn wegen einer Szene, in der Nogma, noch bevor ihr Vater sich erhängt, ihre Mutter für sich und ihre Liebe zu gewinnen versucht. Am Ende eines langen, zärtlichen Dialogs zwischen den beiden Frauen macht die Tochter, um die Mutter zu überzeugen, geltend, diese habe ihren Vater sicher auch geliebt, weil sie ihn schließlich geheiratet habe. Ihre Mutter aber klärt sie über diesen Irrtum auf und sagt der erstaunten Tochter mit unverwandtem Blick: »Ich habe ihn ohne Liebe geheiratet. Ich habe gelernt, ihn zu lieben. Und ich habe ihn geliebt.«[11]

So war es vermutlich in den allermeisten Verbindungen, die nicht aus Zuneigung entstanden. Der Partner, den man manchmal kaum kannte – eine lange Verlobungszeit war nicht die Regel –, war indes sehr genau definiert. Man wusste auch um die Geschichte der Strategien, die schließlich zum Ziel führten, und von Liebe war anfangs anerkanntermaßen auf beiden Seiten nicht die Rede. Alles stand fest, unter anderem auch, welchen Umgang die Familien vielleicht schon zwangsläufig miteinander pflegten, weil das Vorhaben ja erfolgreich sein sollte. Die gemeinsame Verantwortung für die Verbindung und deren Zweckbestimmtheit leiteten über zur Intimität eines Lebens zu zweit, in dem jeder der Partner zweifellos guten Willen unter Beweis stellte. Die Interaktion verlief nicht auf einer Ebene, auf der jeder als Liebesobjekt des Anderen die Überzeugung hegte, ihm stünde alles zu, sondern auf der Ebene des Gebens und Nehmens. In dem Bewusstsein, dass sie mit der bestehenden Situation klar kommen mussten, gingen beide Partner vorsichtig und mit einem Minimum an Zuwendung vor und hofften auf Erwiderung; war das Prozedere erfolgreich, wurde es wiederholt. Der unbekannte und damit unberechenbare Partner zwang einen dazu, nicht nur auf das triebgesteuerte Ich zu setzen und daraus auch keine feste Größe zu machen. Er bot sich dar als Auffangort für eine Liebe, von der man sich üblicherweise vorstellt, sie falle vom Himmel; dabei ist es lediglich die Liebe, die man in frühester Kindheit für seine Mutter empfunden hat und auf einen Dritten projiziert. Nicht umsonst heißt es in der Psychoanalyse – und alle Erfahrung bestätigt dies –, jede Liebe sei eine Liebe der Übertragung. Jedenfalls lernte man sich auf diese Weise allmählich kennen, allein schon weil man sich wegen der sexuellen Beziehung, die man unterhielt, gar nicht fremd bleiben konnte.

Aus meiner Kindheit sind mir zwei Aphorismen im Gedächtnis, die durch die eben beschriebene Logik gut veranschaulicht werden, die sich aber auch auf etliche andere Situationen anwenden ließen. Der erste lautet: »Wenn du nicht hast, was du liebst, liebe, was du hast.« Und der zweite: »Wenn du zwei siehst, die sich verstehen, denke immer daran, dass einer von ihnen viel erträgt.« Andere Zeiten, andere Sitten; damals gründete sich viel auf Verbote. Gewiss war es eine Zeit, die Neurosen begünstigte, was auch Freud, der in dieser Epoche lebte, ihr angelastet hat. In dieser Hinsicht liegt das einzige Verdienst gegenüber der heutigen Zeit, die wohl kaum weniger Neurosen hervorruft, darin, dass diese auf das Körpergeschehen zurückgeführt wurden und man die Illusion der Normalität preisgab.

Sollte jungen Menschen trotz meiner Ausführungen die Vorstellung schwer fallen, dass man eine Verbindung ohne Liebe eingehen kann, sollten sie einmal ihre Eltern und Großeltern befragen. Und mit Sicherheit werden sie eine Menge Geschichten von Eheschließungen hören, die ohne die geringste Zuneigung zustande kamen und einem harmonischen Eheleben dennoch nicht im Weg standen.

Ohne diese Form der Anbahnung zu verherrlichen, möchte ich hinzufügen, dass aus diesen Ehegemeinschaften, die von Anfang an eine Art Gerüst umgab, durch den Faktor Zeit meist solide Altersehen wurden, geprägt von Weisheit und liebevollem Umgang für den Nachwuchs. Die

Eheleute schrieben natürlich keine Bücher über ihren Alltag und mussten sich auch nicht in Hasstiraden ergehen, wie es Jouhandeau in seinen Werken mit Blick auf seine Frau tat.[12] Sie ähnelten den Paaren, über die auch Élisabeth Badinter – über deren Urteil man sich schwerlich hinwegsetzen kann – voll des Lobes ist und die es sogar heute noch gibt.[13]

Wenn man darüber nachdenkt, wie es, von den relativ glücklichen Ehen einmal abgesehen, bei den Paaren aussah, die damals gezwungen waren, zusammenzubleiben, weil es Scheidungen praktisch noch nicht gab, kann man sich leicht ausmalen, dass ein unzufriedener Partner, gleich ob Mann oder Frau, sich wohl als unglückliches Opfer eines Systems sah, dem er sich nicht widersetzen konnte. Er fand sich dann entweder damit ab, so gut es ging, unter Umständen auch unter Zuhilfenahme sexueller Phantasien (der universalen und verbreitetsten Form des Treuebruchs), oder er gönnte sich beliebigere Kompensationen. Wenn es bei den Männern mit einem außerehelichen Verhältnis nicht so klappte, boten die Bordelle deren flüchtigere Variante in ihrer ganzen Vielfalt – wie großartig sind die diesbezüglichen Beschreibungen Maupassants! Bei den Frauen wurde der Wunsch, aus der Ehe auszubrechen, viel stärker verdrängt und war demzufolge sehr viel seltener; nicht alle waren wie Emma Bovary: Man erinnere sich nur an den Skandal anlässlich der Veröffentlichung dieses Werks von Flaubert, der deshalb vor Gericht erscheinen musste. Für Frauen gab es auch kein Bordell[14], dafür aber eine ganze Literaturgattung, die Phantasien beförderte – und an deren Stelle heute die Groschenromane getreten sind[15] –, und natürlich Ablenkung durch die Religion, von der man gemeinhin annahm, sie könne gegen die Versuchung wappnen. Das alles gab es schon lange, und es wirkte mit der Kraft einer unumstößlichen, natürlichen Gesetzmäßigkeit, wenn nicht gar Tradition. Erst wenige Jahrhunderte zuvor hatte es schließlich noch die »höfische Liebe« gegeben, mit allem, was man in sie hineininterpretieren konnte und was von der Kirche letztlich unterbunden wurde. Und natürlich gab es die Fürsorge für die Kinder, vor allem für die Jungen, deren Ältester für die Mutter beinahe den Status eines Liebhabers hatte.

Natürlich behaupte ich nicht, dass diese Form der Ehe die Schwierigkeiten zwischen den Eheleuten aufgehoben und eine von Erkenntnis geprägte Atmosphäre zwischen ihnen hergestellt hätte. Ganz ohne Zweifel hat der betrogene Partner reagiert, und auch heftig reagiert – die friedliche Ehe ist immer schon eine Utopie gewesen. Ich erwähne diese Dinge nur, um eines zu unterstreichen: Was man als reine Ablenkung oder Kompensation betrachten könnte – selbstverständlich ohne die himmelschreiende Ungleichheit zwischen Männern und Frauen zu beschönigen –, genossen diejenigen, die sie in Anspruch nahmen, wahrscheinlich ohne Angst oder Depression und meistens sogar mit relativ gutem Gewissen. Ist das nicht grundsätzlich so, wenn man sein Unglück einer Sache zuschreiben kann, die außerhalb der eigenen Person und des eigenen Handlungsspielraums liegt? Und haben unsere Mitmenschen nicht auch deshalb den Sündenbock erfunden? Ich werde darauf noch an späterer Stelle zurückkommen, wenn es um die unbewusste Dynamik des Phänomens geht, das ich bislang nur unter soziologischen Aspekten und unter dem Gesichtspunkt der Zweierbeziehung behandelt habe.

Das Paradox der Zuneigung

Angebahnte Ehen standen in unserer Kultur immer in Verruf, im Gegensatz zu den Lebensgemeinschaften, die angeblich als einzige diese Bezeichnung verdienen, weil sie den Menschen respektieren und auf seiner Zuneigung und seinem freien Willen beruhen. Ich werde mich an dieser Stelle nicht in minuziösen Beschreibungen ergehen oder Fallbeispiele anführen: Wir alle wissen über die äußeren Bedingungen ihrer Entstehung, ihres Alltags und ihrer Entwicklung hinlänglich Bescheid. Kann man deshalb aber behaupten, sie entstünden rein zufällig? Ist nicht auch bei der gegenseitigen Anziehung, aus der sie hervorgehen, ein gewisser Determinismus im Spiel, der, ob man will oder nicht, etwas von einem Arrangement hat, das beide Partner getroffen haben?

Untersucht man beispielsweise, wie sich Paare für gewöhnlich finden, stellt man fest, dass von Zufall keine Rede sein kann. Die Begegnungen kommen immer in einem eingegrenzten Kontext zustande, sowohl geographisch als auch das Milieu betreffend, je nach Umgang, Beruf und etwaigen Vorlieben.[16] Gemeinsamkeiten, die sich auf diesen Feldern auftun, haben mehr Gewicht als Arrangements nach gesellschaftlichen Kriterien. Allein ausschlaggebend sind für beide Partner die eigenen Determinanten, die sie sich vom jeweils anderen zu bestätigen suchen. Da dies natürlich in einem interaktiven Prozess geschieht, erwartet jeder vom anderen, dass er ihn narzisstisch aufwertet, und ist zutiefst davon überzeugt, durch seine alleinige Existenz umgekehrt auch den anderen narzisstisch aufzuwerten. Es handelt sich, mit anderen Worten, nicht um eine Begegnung in wechselseitiger Selbstentäußerung, sondern um einen wunderbar getarnten Doppelegoismus. Entspricht nämlich nur ein einziges Detail nicht den Erwartungen, die beide aneinander haben, scheitert das gesamte Projekt.

Vom gläsernen Pantöffelchen, das sich nur einem einzigen Fuß perfekt anschmiegt, erfahren wir bei Aschenputtel, und dahin, in die Welt der Märchen nämlich, gehört auch das Ideal. Denn wie groß Anziehung und Zuneigung auch sein mögen, für wie attraktiv und faszinierend man das auserwählte Wesen auch halten mag, fällt einem doch oft, wenn nicht immer, etwas auf, das stört oder Probleme bereitet, irgendetwas, das gar nicht passt und von dem man auf Anhieb wusste, dass man es nicht ohne weiteres würde ignorieren können. Nicht umsonst heißt es wohl im Volksmund, man solle die Fehler der Person, die man liebe, genauso lieben wie deren Vorzüge.

Wie viel Weisheit man jedoch auch bemüht: Irgendetwas hakt. Man tröstet sich darüber hinweg, indem man sich sagt, dass nichts perfekt und Perfektion nur eine Täuschung sei und die Bilanz aus Erfüllung und Enttäuschung auf jeden Fall positiv ausfalle. Dennoch kommt man irgendwann an den Punkt, wo man ein Ungleichgewicht zwischen der Wirklichkeit und dem lang gehegten Traum feststellen muss. Genau das ist der Moment, in dem man den Partner als einen anderen wahrnimmt, der außerhalb der eigenen Person liegt, ein anderer, der in unablässiger Interaktion die Mission erfüllt, die er unbewusst in jeder Verbindung erfüllen würde. Ein Verhängnis, von dessen Wucht die berühmte surrealistische Erzählung »Der Opernball« eine Vorstellung vermittelt: Sie haben sich zum Maskenball verabredet und tanzen die Nacht durch, selig vor Glück; als sie aber im Morgengrauen die Masken lüften, stellen sie mit Entsetzen fest: Er ist es nicht, und sie ist es auch nicht.

Nun ist bei Paaren, die durch Zuneigung und freien Willen zueinander gefunden und diese Kriterien zum wesentlichen Antrieb für ihr Abenteuer gemacht haben, nichts schwieriger als dieser Erkenntnisprozess in Bezug auf den anderen. Wie erklärt sich dieses Paradox?

Versuchen wir, uns einer Antwort im Analogieschluss zu nähern und dabei auf das zurückzugreifen, was wir aus der Untersuchung der Partnerschaften wissen, deren Zusammenkommen auf Anbahnungsstrategien beruht. *Nachdem wir es heute in unseren westlichen Gesellschaften mit Paaren zu tun haben, die einzig aus ihrer Anziehung füreinander und ohne jedes Einwirken von außen entstanden sind, müsste es*, entsprechend der Logik, wonach arrangierte Heiraten und das durch sie verursachte Unglück vehement angeprangert wurden, *inzwischen glückliche, stabile und zufriedene Ehen zuhauf, ja im Überfluss geben.* Das Gegenteil ist der Fall. Die Institution Ehe hat ordentlich einstecken müssen, noch nie waren Scheidungen so gefragt[17], und die zum Teil mehrfach neu zusammengesetzten Familien sind inzwischen gang und gäbe, wie auch die Familien mit nur einem Elternteil, deren exponentielles Wachstum den Paarbegriff selbst radikal ins Abseits gerückt hat.

Das leitet auch zu Freuds gravierender Fehleinschätzung bezüglich der Entwicklung von Neurosen über. Neurosen gibt es mehr denn je, trotz des rasanten Booms der gänzlich tabulosen Geschlechtsbeziehungen. Tatsächlich hat binnen zwei oder drei Jahrzehnten die Sexualisierung der Gesellschaft stattgefunden. Das Schlimmste daran ist, dass die Ergebnisse nicht nur nicht überzeugen, sondern die Entwicklung zudem in eine merkwürdige Sackgasse geführt hat. Denn nachdem man zur Kenntnis genommen hat, dass das Prinzip, ein Höchstmaß an amourösen Abenteuern auszuschöpfen, einigermaßen gescheitert ist, stellt man nun fest, dass Männer massiv auf die Pornografie und Frauen auf Sexspielzeug zurückgreifen. Auf die Instrumentalisierung und Herabsetzung der Frau durch die Pornografie – deren Industrie explosionsartig expandiert ist – folgte die Einführung einer durchdeklinierten Palette an Dildos, die inzwischen bereits in den Untergeschossen der Damen-Nobelboutiquen erhältlich sind.[18]

Nachdem die Polygamie verworfen wurde, ist sie nun zurück, mit dem einzigen Unterschied, dass sie nicht mehr synchron, sondern diachron praktiziert wird. Man bindet sich eben nicht mehr, um »in guten wie in schlechten Tagen« zusammenzuhalten. In einer Art Gnädigstimmung soll nur noch von guten Zeiten die Rede sein. Und wenn die schlechten Tage da sind, verspürt man eine ununterdrückbare Lust, die Beine unter die Arme zu nehmen – was man dann auch tut, wobei man sich der erhofften Bestätigung im eigenen Umfeld sicher sein darf. Natürlich hat man, von Ausnahmen abgesehen, noch nicht mehrere offizielle Partner gleichzeitig, sondern einfach mehrere nacheinander in seinem Leben. Und natürlich beklagt sich niemand, auch wenn man manchmal, häufig auch mehrfach, zu dem Schluss kommt, dass die Hoffnung, die man auf eine Beziehung setzte, die man der vorangegangenen vorgezogen hatte, enttäuscht wurde. In unserer Zeit des Konsumierens und Wegwerfens, da stumpfsinnige Gutlaunigkeit dazu ermuntert, sich nicht mit Enttäuschungen aufzuhalten und auf jeden Fall »positiv« zu denken, fühlt sich auch niemand bemüßigt, sich mit etwas so Belanglosem abzugeben. Der Haken bei der Sache ist nur, dass, auch wenn man sie – allein oder mit aller erdenklichen Hilfe im persönlichen Umfeld – zu verdrängen versucht, die Angst doch wiederkehrt, einen packt und nicht mehr loslässt, immer stärker wird und alles nur noch schlimmer macht.

Denn während die einen, deren Heirat durch Anbahnung oder zur Wahrung der Form zustande gekommen ist, sich als Opfer eines Systems sehen, gegen das sie auch aufbegehren konnten oder von dem sie sich, ohne Angst haben zu müssen, eine Gegenleistung versprechen durften, fühlen sich die anderen, die von niemandem zu irgendeiner Entscheidung gezwungen wurden, zutiefst für das Scheitern ihrer Beziehung verantwortlich. *Und sie entwickeln nicht nur eine Angst, wie sie dem Ausmaß ihrer Enttäuschung angemessen wäre, sondern eine regelrechte Depression, die sie, angesteckt von der Logik des Konsums, jedoch leugnen.* Wenn sie darauf zu sprechen kommen, was ihrer Ansicht nach den Ausschlag für ihr Abenteuer gegeben hat, hört man lediglich zwei Antworten: Sie geben entweder an, sich getäuscht zu haben, oder aber, ihr Partner habe sich plötzlich verändert und sei nicht mehr der, der er einmal war. Es liegt auf der Hand, dass beide Begründungen haltlos sind. Denn das Unbewusste führt die Zügel, wenn es um den Kontakt, die Kommunikation und letztlich die Entscheidung für jemanden geht, und es irrt nie. Der auserwählte Partner war immer und zweifelsfrei der zu diesem Zeitpunkt bestmögliche. Was an ihm konnte also derart enttäuschen, dass er schließlich abgelehnt wurde? Die Antworten auf diese Frage, die an geeigneter Stelle noch näher behandelt wird, sind relativ eindeutig. In aller Kürze sei nur vorweggenommen, dass *diese Zuneigung als fundamentales und nicht nur vorherrschendes Element, die aus dem tiefsten Innern kommt, prinzipiell nicht in Frage gestellt oder enttäuscht werden kann.* Nun ist sie von ihrer Substanz her komplex und vielgestaltig und kann schon allein deshalb nur schwer hinterfragt werden, auch und gerade wenn der Partner sie in dem unvermeidlichen Prozess, in dem er den anderen als anders wahrnimmt, zu ergründen sucht.

Tatsächlich steht diesbezüglich die gesamte Logik der Interaktion in Frage. Meistens hat sich, wie geschildert, jeder in dem sicheren Gefühl in das Abenteuer begeben, seine Zuneigung gebe ihm das Recht, sich in egoistischer Weise hemmungslos und ausschließlich seinen Trieben gehorchend am anderen Genuss zu verschaffen. Eine Weile mag das System in der erwarteten Form funktionieren; früher oder später aber wird es zu ersten Einbrüchen kommen, die an Intensität und Häufigkeit zunehmen, wenn nicht beide die Wirklichkeit des anderen berücksichtigen. Das wird mit jedem Tag etwas schwieriger, denn der individualistische Geist unserer Gesellschaften fördert, gelinde gesagt, nicht gerade diese Art der Anpassung.

Das hieße also, dass die Vision der jungen Generation von der Liebe mit der Weigerung verbunden ist, über eine unmündige Position hinauszugehen. Sie verweigert sich der erwachsenen Auffassung von Liebe als einem Prozess, in dem es Phasen der Veränderung und des Sichverständigens gibt, und der Einsicht, dass eine Ehe nur in einem ständigen

Anpassungsprozess überdauern kann; und dass, nicht zuletzt, diese Arbeit kein Indiz für ein Scheitern ist, sondern vielmehr die gesunde Umsetzung der Funktion, die der Partnerschaft zukommt und die für jeden der beiden in erster Linie darin besteht, sich selbst in Frage zu stellen. Es fällt einem schwer, sich den Widerstand von Partnern vorzustellen, die lieber auseinandergehen, als eine solche Sicht der Dinge zu akzeptieren. Es ist, als könnten sie sich nicht von der Rastlosigkeit verabschieden, die sich ihrer bemächtigt hat, als müssten sie ausschließlich der Tyrannei ihrer Triebwelt gehorchen. Wenn man weiß, wie groß in der Adoleszenz die Todesangst ist, kann man nicht umhin, hier Parallelen zu erkennen und festzustellen, wie viel von dieser Angst bei Trennungen im Spiel ist.

Irren ist menschlich, lehrt uns der Volksmund, der uns gleichzeitig davor warnt, auf dem Irrtum zu beharren, es sei denn, man wolle dem Teufel seine Seele verkaufen. Wenn es heute aber einen Bereich gibt, in dem sich die Menschen allem Anschein nach dem Teufel verschrieben haben, dann ist es der Bereich der Partnerschaft. Denn wirft man, wie ich es soeben getan habe, einen Blick auf die Modalitäten von Paarbeziehungen, stellt man fest, dass, wie auch immer es gestaltet sein mag, *jedes Abenteuer zu zweit mit einer statistisch erdrückenden Wahrscheinlichkeit bei einem von beiden, wenn nicht bei beiden, zu bitterer Enttäuschung führt.* Was aber für Soziologen und Statistiker klar auf der Hand liegt und sich durch sämtliche Schichten der Bevölkerung zieht, hält junge Leute, auch solche aus Familien, die Enttäuschungen erlebt haben, erstaunlicherweise nicht davon ab, sich ausdrücklich auf eine Beziehung einzulassen und hartnäckig an diesem Konzept festzuhalten – in einer Zeit, da eine umfassende Verhütung, die Liberalisierung der Sitten es ihnen ermöglichen würden, täglich den Partner zu wechseln. Und sie sind nicht allein. Denn die Älteren, die eine Trennung hinter sich haben oder aus anderen Gründen allein sind, verhalten sich genauso. Das erklärt vermutlich, warum die Zahl der Internet-Partnerschaftsbörsen so rasant zugenommen hat. Ich bin weit davon entfernt, dieses beharrliche Bemühen abzuqualifizieren oder mich als alter Mann mit unspektakulärer, monogamer Vergangenheit darüber lustig machen zu wollen. *Ich respektiere und bewundere diese Hartnäckigkeit. Sie hat ihren Sinn. In ihr zeigt sich, was an Würde und Lebendigem in jedem Menschen steckt.* Tatsächlich hat man den Eindruck, als sei jeder, der diesen Weg einschlägt, seiner eigenen Wahrheit auf der Spur und betrachte Partnerschaft als ein individuelles Experimentierfeld, in dem er in Ruhe testet, ob er sich an jemanden binden kann, dessen Versuchsanordnung der seinen entspricht. Die innere Stimme, die ihm die Sicherheit dazu gibt, war schon immer da. Sie stammt aus frühester Kindheit, aus jener dyadischen Phase, der ich so viel Einfluss zuschreibe, aus dieser seligen und flüchtigen Zeit, da er sich als Ich wahrgenommen und gespürt hat, dass die Verbindung zu der großen Anderen, die seine Mutter war, beide zu einer unzertrennlichen Einheit machte – eine Einheit, die so viel Stärke und Potenzial in sich barg, dass nichts in der Welt ihr etwas anhaben konnte.

»Meine Mutter ist mein Leben«

Man kommt nicht passiv und geschichtslos auf die Welt. Man kommt auf die Welt und ist bereits mit einem erstaunlich ausgeklügelten neuronalen Synapsensystem ausgestattet, das sich über lange Zeit im Uterus entwickelt hat. Das sensorische Register des Gehirns hat, der Datenbank eines Computers vergleichbar, lauter Zusammenhänge gespeichert, die alle aus dem Körper der Mutter übermittelt wurden. So ist einem dieser Körper bestens vertraut; er wirkt höchst beruhigend, und man kann von Geburt an auf ihn setzen. Jedes Neugeborene ist nach nur acht Stunden in der Lage, seine Mutter auf einem Foto wiederzuerkennen, obwohl das Sehfeld seines Gehirns in der dunklen Umgebung des Uterus nie den geringsten Reiz empfangen hat. Dieses System also bildet die Grundlage für eine auch über die Geburt hinausgehende Verbindung zur Mutter, deren erstes Kennzeichen die Dauerhaftigkeit ist. Die Beziehung zur Mutter wird so zu einer Grundvoraussetzung für das Leben.

»Meine Mutter ist mein Leben« – ein universaler Lehrsatz, dem alle Neugeborenen der Welt zustimmen würden. Das Verhängnis besteht darin, dass dieser Satz sich, gemessen an der Länge eines Menschenlebens, ziemlich rasch als obsolet erweist, zunächst wegen des Reifungsprozesses, dann wegen des allmählich sich entwickelnden Bewusstseins für eine Umwelt, die einen mit etlichen Situationen und Menschen konfrontiert, die die scheinbar definitiv verfügbare Mutter vereinnahmen. Und gerade diese Zeit ist eine des intensiven Erlebens. Jeder Tag bringt eine Fülle an unermesslichen Glücksgefühlen und grässlichen Qualen, und auf beide reagiert man gleichermaßen heftig. Als erstes lernt man Gefühlsregungen kennen, ohne sie auch nur ansatzweise zu begreifen. In einem weiteren Schritt experimentiert man damit und findet heraus, wodurch sie ausgelöst werden und sich unterscheiden, wie intensiv sie sind und welchen Verlauf sie nehmen. Das alles aber kann nicht vom Hauptgegenstand der Aufmerksamkeit ablenken, im Gegenteil. Mit Begeisterung erlebt man Tag um Tag, wie die Bindung stärker wird. Man glaubt sie für die Ewigkeit geschaffen, mit der man jede Sekunde des Daseins verwechselt. Die Wonnen scheinen sich grenzenlos aneinanderzureihen. Und das ist auch gut so, denn sie vertreiben das, was sich hinter einer wiederkehrenden Pein als abgrundtiefes Grauen bemerkbar gemacht hat.

Niemand von uns kann sagen, er hätte diesen Abschnitt, den wichtigsten im ganzen Leben, ausgelassen. In dieser

Zeit, in der wir auf der Grundlage der Beziehung zu unserer Mutter das Muster unserer ersten Liebe entwickelt haben, mussten wir uns auch der Tatsache bewusst werden, dass der Tod auf uns lauert und nur darauf wartet, uns zu holen, was auch immer wir tun oder für uns getan wird. *Mors certa, hora incerta* (der Tod ist gewiss, die Stunde ungewiss), hieß es bei den Römern; in Sizilien, wo der Tod nicht erwähnt wird, heißt es lediglich *la certa*.

Und an diesem Punkt setzt in der Regel die Geschichte ein, die jedem widerfährt und die man auch nicht ignorieren kann. Denn selbst wenn man sie sich nicht ausgesucht hat, wird sie sich einem in Erinnerung rufen und deutlich machen, dass man ihr unausweichlich etwas hinzufügt, um sie dann seinerseits weiterzugeben. Eine Geschichte, die sich automatisch und ganz ohne Worte überträgt, allein über die mütterliche Gestik, die getreu wiedergeben kann, was die Mutter und was der Vater sagt, sofern dieser als solcher akzeptiert wird.

Die Bindung an die als so mächtig empfundene Mutter kann, je nachdem, was sie für die Mutter selbst bedeutet, mehr oder weniger entfremdend wirken. Wenn sie zärtlich und gefühlsbetont ist, gleichzeitig aber auch vor dem Hintergrund gelebt wird, dass sie eines Tages naturgemäß endet, wird sie unendlich weniger entfremdend sein, als wenn sie von Beginn an als so elementar empfunden wird, dass sie niemals aufgelöst werden darf.

Bezüglich dieses Punktes vertrete ich, gestützt durch viele Ergebnisse aus meiner Praxis, einen zumindest eigenwilligen Standpunkt, der, wie mir scheint, noch nicht viel Anklang gefunden hat. Ich bin nämlich der Ansicht, *dass das Kind, insbesondere das noch sehr kleine Kind, sich immer in den Dienst der Mutter stellt und mit einer Loyalität, wegen der es mitunter eine regelrechte Symptomatik ausbildet, streng über ihre Seelenruhe wacht*. Das ist an sich kein Wunder und kann ohne Weiteres auf den Instinkt zurückgeführt werden: Das Kind weiß schon seit langem ganz genau, dass sein Überleben von der Mutter abhängt. Entsprechend sorgt es dafür, dass sie nicht in alle Richtungen entschwindet. Spürt es, dass sie besorgt ist oder sich nicht wohl fühlt, versichert es sie seiner Sympathie und bietet ihr an, sich bei ihm die Zuwendung zu holen, die vielleicht nicht heilen, aber doch trösten oder zerstreuen kann. Wie viele Schlafstörungen habe ich nicht auf »wundersame« Weise noch am Abend eines Hausbesuchs geheilt, indem ich die Mutter nur veranlasste, ihr Baby vor dem Schlafengehen auf den Arm zu nehmen und ihm zu sagen: »Heute Nacht kannst du ruhig schlafen, ich brauche dich nicht.«

Wie es weitergeht, weiß man. Die Mutter ist das wichtigste Liebesobjekt, und jeder, ob er will oder nicht und unabhängig von seinem Geschlecht, ist dazu verurteilt, alle späteren Liebesbeziehungen nach diesem Muster aufzubauen.

Hier ist erneut die Interaktion von Bedeutung. *Denn wenn die Mutter zu intensiv auf die Neigung ihres Kindes eingeht, das sie zum neuralgischen Zentrum seines Lebens machen will, entwickelt sich aus der Liebesprägung ein gieriger Monstermechanismus. In diesem Fall wird später kein Partner und keine Partnerin je Erfüllung schenken können.* In dieser Phase, allgemein als »ödipale« Phase bekannt, kommt der Vater als Regulativ ins Spiel, der, sofern die Mutter seinen Status entsprechend anerkennt, allein aufgrund dieser Tatsache seinen Sohn davon abhalten kann, vergeblich hinter der Mutter herzulaufen, auf die er keinen Anspruch hat; seiner Tochter, die fürchtete, sich nie von ihrer Mutter lösen zu können, kann er das Bewusstsein geben, sich von dieser zu unterscheiden und eine eigene Identität zu haben.

Es folgen einige ruhige Jahre, bevor im Zuge der Pubertät auf sehr viel heftigere Weise die Fragen gestellt werden, die noch immer unbeantwortet sind.

Was sind das für Fragen, die zu formulieren und vorzubringen den Fragenden so schwer fällt, wie umgekehrt auch die fassungslosen Eltern sich schwer tun, sie sich anzuhören, wo sie doch glaubten, ihr Kind zu einem liebenswerten, vernünftigen Wesen erzogen zu haben, und sich plötzlich einer Bombe mit erheblicher Sprengkraft gegenübersehen?

Die Fragen drehen sich schlicht um den Sinn des Lebens und die Furcht beziehungsweise panische Angst vor dem Tod.

Dieses Stadium, das zu durchlaufen seit jeher als schwierig galt, ist in vielen Kulturen auf verschiedene Art ritualisiert worden. Heute, da diese Rituale verschwunden sind, ist es mit noch mehr Schwierigkeiten verbunden. Und wenn sich seine Eigendynamik mit mangelndem Selbstbewusstsein und der allgemeinen Ungewissheit in unserer Gesellschaft paart, sind demonstrierende Schüler, Gewalt und brennende Autos in den Vorstädten die Folge. Natürlich ist diese Phase irgendwann wieder vorbei, denn die Zeit schreitet voran und setzt sich über alle Ausflüchte hinweg. Dann steht man allein da, woran sich auch nichts ändert, wenn man sich den Cliquen seiner Altersgenossen anschließt. Unmerklich und ohne dass es einem bewusst wäre, gleitet man in einen Zustand, der demjenigen ähnelt, den man als Säugling kannte, als man sein Ich akzeptieren musste, abgeschnitten von dieser wunderbaren Mutter, mit der man endlos hätte verbunden sein wollen. Dann kehrt ins Bewusstsein zurück, dass auf dem Weg des schmerzlichen Umbruchs, den man mehr oder weniger früh gehen musste, irgendwann ein Signal stand, das berühmte Objekt a, das stets geblinkt hat und damit den Glauben an die Möglichkeit einer eventuellen Wiederbegegnung wachhielt. Daraus entwickelte sich ein Projekt: Es galt, wieder mit einem anderen zu verschmelzen und die Alchemie der einstigen Erfahrung nachzubilden, die man nicht endgültig abschrieb, um durch das Wunder, als das die Liebe gilt, aus zwei wieder eins werden zu lassen. *Sobald der andere gefunden und auserwählt ist, weil er dem Muster der einstigen Mutterliebe entspricht, muss sich das Wunder zwingend vollziehen.*[19]

Das erklärt auch, warum Liebesbeziehungen – wie übrigens auch Freundschaften – in der Pubertät so aufgeladen sind. Der oder die Auserwählte wird angehalten, seine/ihre Funktion zu erfüllen, wobei man selbst natürlich umgekehrt überzeugt ist, dem anderen ebenfalls gerecht werden zu können. Von der Zukunft, die auf diese Weise überschaubarer wird, geht kein Schrecken mehr aus. Man weiß noch, dass man sich schon früher mit zehn Jahren in der Grundschule oder in den Ferien an der See einmal verguckt und auch daran geglaubt hatte. Doch das waren Kindereien, nicht zu vergleichen mit dem, was gerade vor sich geht. Mit ernster Miene erörtert man die Zukunft und klärt jeweilige Vorlieben ab. Mitunter kommt es auch bereits zu eheähnlichen Auseinandersetzungen über den Beruf, den man ergreifen wird, oder die Zahl der gemeinsamen Kinder. Es geht um alles mögliche, während die Eltern beunruhigt oder amüsiert zusehen und natürlich wieder einmal nichts begreifen, weil sie ja noch nie irgendetwas begriffen haben. So geht es eine Weile, ohne dass man zu erkennen gibt, dass auf diese Weise die ontologische Einsamkeit verarbeitet wird, die die Wahrnehmung für die Strategien schärft, die eben diese Einsamkeit erträglicher machen.

Deshalb glauben diese jungen Menschen, selbst wenn sie aus Familien stammen, die auseinanderdividiert und neu zusammengesetzt wurden, felsenfest an den Wert der Ehe und versprechen sich dementsprechend viel davon.

Und wenn sie, wiederum einige Zeit später, zu einem Zeitpunkt, da die Wirklichkeit es ihnen gestattet, selbst eine Ehe eingehen, können sie sich diese anders als dauerhaft und endgültig gar nicht vorstellen. Ausgeschlossen, dass irgendjemand dazwischenfunken und den impliziten Treuepakt gefährden könnte. Noch einmal passiert einem »das«

schließlich nicht. Man ist auf Abstand zu Vater und Mutter gegangen, die einem deutlich zu verstehen gegeben haben, dass sie sich ihr eigenes »Zwei-Sein« nicht nehmen lassen. Man hat sich damit abgefunden. Man hat auf die Zukunft gesetzt, auf die Hoffnung, auf die Verheißung, dass man eines Tages sein eigenes »Zwei-Sein« würde ausprobieren und auskosten dürfen. Und warum sollte man, falls es ihnen nicht gelungen sein sollte, ihr »Zwei-Sein« aufrechtzuerhalten, von vornherein dazu verdammt sein, es ihnen nachzumachen? Man hat gewartet, hat seine Vorsichtsmaßnahmen getroffen und sich die Sache durch den Kopf gehen lassen, und schließlich hat man den Schritt gewagt. Und es hat geklappt. Dass es schief geht, kommt überhaupt nicht in Frage! Und wenn doch …? Wenn doch, dann wäre es entsetzlich, das Ende des Traums, das Ende von allem und der Anfang des furchtbarsten Alptraums, der einen erahnen ließe, in welcher Gestalt der verhasste Tod daherkommt, der, wie man sich zu verdrängen bemüht hat, so geduldig wie entschlossen ist.

Das ist auch der Grund, weshalb angebahnte Ehen von Dauer sein konnten. Das Gerüst, das dieses gegenseitige Versprechen für gute wie für schlechte Tage sicherte, brachte die Eheleute auch dazu, ihre mögliche Unzufriedenheit gerade wegen der beständigen Präsenz des anderen zu ertragen und mitunter sogar zu überwinden, weil diese half, nicht von der Angst besessen zu sein, die – stets als Verrat empfundene – Trennung von der Mutter noch einmal erleben zu müssen.

In einem solchen Kontext herrscht in der Regel Einvernehmen zwischen den jeweiligen Familien, die das Arrangement herbeigeführt haben und dafür bürgen. Die Verantwortung dafür überlassen sie ihrem Nachwuchs, doch zögern sie nicht, im Falle eines Konflikts auch besänftigend einzugreifen. Das ist bei Familien, deren Verbindung auf einer Liebesheirat beruht, nicht immer der Fall: Sie sind einander fremd und nicht immer damit einverstanden gewesen, dass ihr – wenn auch erwachsenes – Kind eine Entscheidung getroffen hat, deren Zustandekommen für sie nicht im Einzelnen nachvollziehbar war. Oft genug gießen sie, unter dem Vorwand, es gut zu meinen, noch Öl ins Feuer, mag der ursprüngliche Anlass noch so banal gewesen sein. So haben sie wieder Zugriff auf ihr Kind, und, wenn es sich bei diesem um eine junge Mutter handelt, auch auf das Kindeskind.

Das nachfolgend geschilderte Beispiel einer jungen Frau greife ich aus einer ganzen Reihe ähnlich gelagerter Fälle heraus, wie ich sie in der Praxis erlebt habe. Sie kam auf Empfehlung ihrer Mutter, einer angeblich treuen Leserin meiner Bücher, weil ihre 14 Monate alte Tochter an einer furchtbaren Anorexie litt. Sie hatte bereits mehrere Kollegen und etliche pädiatrische Dienste in Paris aufgesucht. Alle möglichen Diagnosen waren gestellt, keine aber dauerhaft aufrechterhalten worden. Was mich frappierte, war weniger die Tochter als vielmehr die junge Mutter selbst, und ich fragte mich, warum es meinen Kollegen nicht genauso gegangen war wie mir: Sie war klein – lediglich eine Vergrößerung ihrer Tochter – und hielt sich kerzengerade; sie schaute ängstlich und war, was Sprechtempo und Sprachrhythmus anging, auf dem Stand einer Dreijährigen. Dessen ungeachtet war sie an einer Pariser Universität Dozentin im Fachbereich Physik. Aus den Gesprächen mit ihr erfuhr ich, dass sie sich noch am selben Tag, nachdem sie den ersten sexuellen Kontakt mit dem Mann hatte, der auch der Vater ihrer Tochter wurde, ihrer Mutter anvertraute; was den Zeitpunkt des ersten Geschlechtsverkehrs angeht, lag sie damals deutlich über dem Altersdurchschnitt. Von ihrer Mutter wurde sie aufgefordert, es dabei zu belassen, aber sie gehorchte nicht. Als sie dann schwanger wurde, wandte sie sich wieder an sie. Die Wellen gingen hoch in der häuslichen Gemeinschaft, der Vater wurde aufgefordert, den »Schuft« herbeizuholen. Dieser machte keine Anstalten, sich zu drücken, und hielt bei den Eltern umgehend um die Hand ihrer Tochter an. »Das Gesicht meiner Mutter hätten Sie sehen sollen! Sie hätte ihn am liebsten umgebracht! Im Grunde hat sie sich gewünscht, wie sie mir später sagte, dass er auf der Stelle tot umfallen sollte und dass ich abtreibe. Mein Vater ist nüchterner und hat die Situation entschärft. Und so haben wir geheiratet.« Die Arbeit bestand darin, diese junge Frau innerlich »größer« zu machen, was sich als äußerst schwierig erwies. Ich war froh, gleichzeitig Kinderarzt zu sein, denn dank einer kombinierten Strategie aus psychotherapeutischer Betreuung und Ernährungsberatung entwickelte das Kind zwar keinen übermäßigen Appetit und nahm auch nicht wesentlich an Gewicht zu, aber die Behandlung bewirkte, dass die Mutter entspannter war und der Druck seitens der Großmutter, was diesen Punkt betraf, gemindert wurde. Anlässlich der Geburt einer zweiten Tochter dachte ich, die Arbeit habe Früchte getragen. Doch nur wenige Monate später stellte sich heraus, dass ich mich geirrt hatte. Eine Untersuchung bei der Gynäkologin hatte eine harmlose Vaginalinfektion ergeben, die eine Laboruntersuchung nach sich zog. In den Tagen darauf bekam sie Besuch von ihrer Mutter. Diese brachte die Post mit herauf, und da sie nach eigenem Bekunden besorgt war, öffnete sie den Umschlag mit dem Laborbericht, woraufhin sie in einem Wutausbruch ihren Schwiegersohn beschuldigte, ein »Schwein« zu sein, das »mit Nutten schläft«. Aus dem Hausbrand wurde ein Inferno. Vergeblich klärte die Gynäkologin darüber auf, dass es sich um einen banalen Darmerreger handle, für dessen Übertragung es etliche Möglichkeiten gebe. Die jähzornige Großmutter beschuldigte ihren Schwiegersohn, Analverkehr mit der Tochter gehabt zu haben. Was dann folgte, kann man sich denken: Proteste seitens des Schwiegersohns, der seine Schwiegermutter nicht mehr ins Haus lassen wollte, die Reaktionen seiner Frau, die daraufhin Todesängste ausstand, ein Scheidungsgesuch mit der Begründung, die Ehe sei unter

Zwang zustande gekommen … Eine kleinkindhafte Artikulation kommt nicht von ungefähr, und es ist nicht einfach, mit der betroffenen Person zu arbeiten, wenn keinerlei Möglichkeit besteht, die vorangegangene Generation miteinzubeziehen.

Wenn die Paarbeziehung bedroht ist

Da die Zweierbeziehung in einem allmählichen Prozess entstanden ist und einer langen und schmerzlichen Vergangenheit, die tiefe Spuren hinterlassen hatte, etwas entgegensetzen sollte, erträgt sie keine Beeinträchtigung in der Substanz und auch keine Infragestellung der Form. Darüber wachen im Prinzip beide Partner, jeder auf seine Weise und nach seinen Kriterien. Taucht eine reale oder imaginierte Bedrohung auf, stürzt in der Tat das gesamte Gebäude in sich zusammen; die Beteiligten verlieren jeglichen Sinn für den Maßstab, es kommt zur Tragödie.

»Einem Sterbenden muss man die Wahrheit sagen. Er muss die Wahrheit kennen, weil er sonst nicht schlafen kann.« Das singt Golaud und beschwört damit seine Gattin, die junge Mélisande, die sich vor Kummer dem Tod überlassen hat und nach der Geburt ihrer Tochter im Sterben liegt. Golaud fleht sie an, ihm die Wahrheit zu sagen über das, was sich zwischen ihr und Pelléas zugetragen hat. Eine durchgehend befremdliche Stimmung prägt dieses lyrische Werk. Die Handlung ist einfach: Bei der Jagd entdeckt Prinz Golaud Mélisande verloren im Wald und heiratet die junge Frau, die aus dem Nichts zu kommen scheint. Er bringt sie in den Palast von König Arkel, seinem Großvater mütterlicherseits, wo sie auf Golauds Halbbruder Pelléas trifft, dessen Vater im Sterben liegt. Die beiden jungen Menschen sind sich in heftiger, aber unschuldiger Leidenschaft zugetan. Als Golaud, der seine Frau inständig liebt, spürt, was vor sich geht, quält ihn der Verdacht. Er versucht, seiner Gefühle Herr zu werden, indem er beide an ihre Pflichten erinnert. Der Zweifel setzt ihm jedoch so zu, dass er zunächst versucht, über seinen kleinen Sohn Yniold die Wahrheit in Erfahrung zu bringen, bevor er Pelléas in einem Eifersuchtsanfall tötet. Alles hier erinnert an einen Traum. Die Gesetze der realen Welt scheinen außer Kraft gesetzt. Golaud verletzt sich bei einem Sturz vom Pferd, genau in dem Moment, da Mélisande in Begleitung von Pelléas den Ring ihres Gatten verliert. Auch die Personen selbst scheinen einem Traum zu entstammen. Der alternde König Arkel beschreibt Mélisande wie folgt: »Ich merkte wohl, wie du bei uns fast unbefangen und sorglos lebtest, aber dein Blick war scheu und fremd, wie bei jemand, der in einem schönen Garten ist und trotz Sonnenscheins Unglück ahnt.« (IV, 2) Aus seinem intensiven Zwiegespräch mit der sterbenden Mélisande bringt Golaud nichts in Erfahrung, und trotz der absurden Situation empfindet der Zuschauer tiefes Mitleid für diesen Mann, wenn er in herzzerreißendem Tonfall singt: »Und ich erfahr' es nie … Und so muss ich hier sterben wie ein Blinder.«

Das Stück von Maurice Maeterlinck und die daraus hervorgegangene Oper von Débussy stammen aus dem beginnenden 20. Jahrhundert, als das Vaudeville, die leichte Komödie, seine Glanzzeit erlebte und die angebahnte bürgerliche Ehe scharf kritisiert wurde. Von der heutigen Revolutionierung der Geisteshaltung war man noch weit entfernt. In *Othello* etwa, ob als Theaterstück von Shakespeare oder in der Opernfassung von Verdi, empfanden die Zuschauer stets intensiv mit. Auch hier liegt die Tragödie darin, dass der einfache Verdacht einen Mann, in seiner Überzeugung, ein Besitzrecht an der Frau zu haben, die er liebt, so sehr quält, dass er sie schließlich tötet. Alle Zutaten für ein handfestes Drama sind vereint: Der Mohr Othello, von Jago als brutal beschrieben, bleibt ein Fremder in der höheren venezianischen Gesellschaft, obwohl er dieser besondere Dienste erwiesen hat. Was wollte man bezwecken? Wollte man die Fragilität der Paarbeziehung beschreiben, um die man schon immer wusste? Die Rätselhaftigkeit der Frau hervorheben? Die Doppelzüngigkeit anprangern, derer die Männer ihre Frauen nur allzu oft beschuldigen? Auf dieser Doppelzüngigkeit bestehen? Die Entfremdung zwischen Männern und Frauen vor Augen führen? Die Unmöglichkeit der Kommunikation zwischen den Geschlechtern beleuchten?

Heute wünscht man sich, all dies würde der Vergangenheit angehören und wäre möglichst endgültig überwunden! Die Partner sollen bis zur Komplizenhaftigkeit miteinander verbunden sein und sich über ihre Sexualität genauso austauschen wie über ihre Phantasien und – warum nicht – deren mögliche Umsetzung. Belegen nicht die von der Presse bisweilen wohlwollend erwähnten Swingerclubs, dass die Möglichkeit dazu besteht und entsprechende Erfahrungen oft sogar gut tun könnten? Auch hier haben wir es mit Phantasien zu tun, denen die Medien auf der Suche nach Sensationsberichten einen Status verliehen haben, der von der Realität schmerzlich widerlegt wird. Denn in meiner Praxis bin ich noch keinem einzigen Paar begegnet, das sich darauf einlassen würde. Und ich habe nie von einer tatsächlichen oder imaginierten Untreue gehört, die nicht erheblichen Schaden angerichtet hätte.

Warum sich derart quälen, wenn schon ein Verdacht so übermächtig sein kann, dass das eigene Umfeld undurchschaubar wird und die eigene Urteilskraft leidet? Maeterlinck hat, wie eingangs erwähnt, seine Absicht dargelegt, »nicht über Geistes-, sondern über Schwingungskraft ins Innerste des Menschen« vordringen zu wollen. Als wollte der berühmte Insektenforscher, der er auch war (über das Leben der Bienen, der Termiten und der Ameisen hat er jeweils ein Buch verfasst), ebenso wie die Ethologen, die lange nach ihm kamen, das menschliche Verhalten hinterfragen und jeden dazu bewegen, ihm selber auf den Grund zu gehen, zu einem Zeitpunkt, da die Psychoanalyse noch in ihren Anfängen war.

Diesen Fragen ist anscheinend auch Stanley Kubrick in seinem Film *Eyes Wide Shut* nachgegangen, einer brillanten Stilübung. Ausgehend von Schnitzlers *Traumnovelle* legt er in seiner filmischen Übertragung des Stoffs das Zeitlose von Situationen und Affekten dar, denen historische Epochen ebenso wenig anhaben können wie Schauplätze und Moden. Während das Genie Schnitzlers, der selbst Arzt war und ein Zeitgenosse Freuds, darin bestand, im beginnenden 20. Jahrhundert zu zeigen, dass einer Frau weder sexuelle Phantasien noch sexuelles Verlangen fremd sind, führte Kubrick meisterhaft vor Augen, wie sehr es sogar heute einen in einer Riesenstadt lebenden Mann, der diese Entdeckung macht – mag er über diese Fragen noch so aufgeklärt sein –, aus der Bahn werfen kann.

Bill Harford, ein junger Arzt in offenbar gesicherten Verhältnissen, geht zusammen mit seiner Frau Alice – die gemeinsame Tochter wird vom Babysitter betreut – auf eine Party, zu der einer seiner reichen Patienten eingeladen hat. Im Lauf des Abends wird Alice von einem Schönling umworben, mit dem sie in aufreizender Weise tanzt, dessen Avancen sie jedoch widersteht – eine atemberaubend schöne und außerordentlich erotische Sequenz –, derweil ihr Mann die Zuwendung zweier junger Verehrerinnen genießt. Plötzlich wird er von seinem Patienten zu einer Prostituierten gerufen, die man nach einer Drogenüberdosis im oberen Stockwerk des großen Hauses gefunden hat. Wieder zu Hause, führen Bill und Alice bei einem Joint ein launiges Gespräch über sexuelle Gelüste, die sie mitunter überkommen. Alice vertraut Bill an, welche Phantasien sie während eines gemeinsamen Urlaubs in einem Hotel hatte, als ihr Blick unvermutet auf den eines russischen Marineoffiziers am Nachbartisch traf. Während Bill in mitleiderregender

Weise seine eigenen Phantasien zu ergründen versucht, wächst seine Verwirrung infolge der Bekenntnisse seiner Frau, die ihm schließlich Höllenqualen bereiten, als er sie sich in möglichen Situationen beim Sex vorstellt. Allein diese Enthüllung macht ihm also bewusst, wie fragil seine eigene Situation ist. Was ihn zusätzlich verwirrt – sein reicher Patient hatte ihm zuvor gesagt, er sei wie ein Kind, das sich in die Geschichten von Erwachsenen einmischt –, ist die Tatsache, dass Alice ihm zu verstehen gibt, sie lasse sich durch seinen nächtlichen Abstecher nicht hinters Licht führen. Bill glaubt nun, dass ihre Ehe definitiv zerbricht. Als er Alice in dem Laden, wo sie Weihnachtsgeschenke für ihre Tochter kaufen, fragt, ob sie eine Lösung sehe, die sie aus der Sackgasse herausführen könne, antwortet sie ihm in der letzten Sequenz des Films: »*Let's fuck.*«

Vor dem Hintergrund dieses letzten Aspekts muss man sich erneut vor Augen führen, wie erschreckend langsam der unerlässliche Reifeprozess des Menschen verläuft. In die Welt geworfen von der Person, die ihn zuvor in sich getragen hatte, bringt er einen Großteil seines Lebens damit zu, sich über die Vertreibung hinwegzutrösten, indem er eine enge Bindung zu ihr aufrechterhält. Unabhängig von seinem Geschlecht entfernt er sich nur widerwillig und ausdrücklich nur unter der Bedingung von ihr, dass an ihre Stelle der oder die »andere« treten kann, der oder die sie auf unbegrenzte Dauer ersetzt und für den oder die er umgekehrt exakt die gleiche Funktion erfüllt.

Verlässt nun der oder die andere diesen Weg, führt das zwangsläufig in die Katastrophe.

Weil es sich aber um einen Austausch handelt, kann sich der Mensch – ebenso wenig wie der, mit dem er sich einig geworden ist – nie, weder zu Beginn noch auf Dauer, sicher sein, dass seine Entscheidung richtig war und Bestand haben wird. Bestenfalls wird er nicht umhin können, den Blick schweifen zu lassen, wie in dem Ausspruch Christi erwähnt: »Ihr habt gehört, dass gesagt ist: ›Du sollst nicht ehebrechen.‹ Ich aber sage euch: Wer eine Frau ansieht, sie zu begehren, der hat schon mit ihr die Ehe gebrochen in seinem Herzen.«

Sollte der lockende Ruf, um den es zu Beginn des vorigen Kapitels ging und der immer da ist, so stark sein, dass niemand ihn ignorieren kann? Sollte es ihn schon immer und überall gegeben haben und sollte er so mächtig sein, dass niemand behaupten kann, er könne ihm widerstehen? Ist es aber möglich, eine List anzuwenden, wie Odysseus es tat, als er sich, nachdem er die Ohren seiner Gefährten mit Wachs verschlossen hatte, an den Mast fesseln ließ, um dem Gesang der Sirenen lauschen zu können, ohne ihm zu erliegen?

Ein ambitioniertes Vorhaben, sollte es in die Tat umgesetzt werden, aber in der Umsetzung und in der Wirksamkeit für Männer und Frauen so verschiedenartig, dass es die Vorstellung plausibel macht, Untreue sei immer die alleinige Folge sexueller Unzufriedenheit auf Seiten dessen, der ihn begeht. Als könne man so leichtfertig über Sex und die daraus resultierende Zufriedenheit oder Unzufriedenheit reden! Ein weites Feld, zumal angesichts der unzähligen Irrtümer und falschen Klischees, die sich am Horizont abzeichnen.

Immer wieder »Zwei-Sein«

Ein Blick zuviel

Etwas angespannt hatte sie Platz genommen, bevor sie mir eröffnete, sie habe sich »dazu durchgerungen«, mich aufzusuchen. Meine Kollegin, mit der sie über den Auszug ihres Mannes aus der gemeinsamen Wohnung gesprochen habe, habe ihr dazu geraten. »Mein Mann hat mich von einem Tag auf den anderen mit meinen drei Kindern sitzenlassen! Und ich weiß nicht einmal, warum. ›Ich habe was Bessres gefunden, ich gehe, ich kann nichts dafür, das Leben ist nun einmal so.‹ Um die Kinder scheint er sich keine Gedanken zu machen. Sicher wird er sie sehen wollen, wenn es nicht zuviel Umstände macht … Männer eben. Immer dieselbe Leier. Der klassische Fall, oder? Und ich soll jetzt zu Ihnen kommen. Ehrlich gesagt, ich habe nicht die geringste Ahnung, was Sie für mich tun könnten und was wir jetzt überhaupt anfangen sollen.«

Sie konnte in diesem direkten, beinahe komplizenhaften Ton mit mir reden, denn sie war zwar die Patientin meiner Kollegin, aber wir waren in gewisser Hinsicht alte Bekannte. Ein paar Jahre zuvor hatte sie mit Hilfe etlicher Tricks versucht, einen Termin bei mir zu bekommen. Sie hatte sich für ihr Drängen entschuldigt und versucht, meine Sekretärin für sich zu gewinnen: Sie sei vor einigen Tagen Mutter geworden. Ihre Freundinnen – auf die sie sich berief, denn viele von ihnen hatten Kinder, die bei mir in Behandlung waren – hätten ihr den von mir verfassten Ratgeber geschenkt und sie auch schon vorgewarnt, dass meine Termine ausgebucht seien. Auf den Vorschlag, meine Kollegin aufzusuchen, ging sie jedoch nicht ein. Sie sei bereit, sich zu gedulden, bis ich sie empfangen könne.

Die Sekretärin gab ihr den gewünschten Termin und versuchte ihr verständlich zu machen, dass der in meinem Buch beschriebene Ansatz viel leichter sei, als sie dachte. Diese Versicherung genügte ihr jedoch nicht. Sie sagte, sie wolle sicher sein, dass ich auch in möglichen Notfällen persönlich zur Stelle sei. Im Übrigen war sie über den Praxisbetrieb bestens informiert und machte schon im Voraus mehrere Forderungen geltend, die alle darauf hinausliefen, dass ich ihr alleiniger Ansprechpartner sein sollte.

Meine Sekretärin war so fassungslos, dass sie mich einige Tage später, als ich den nächsten Patienten im Wartezimmer aufrufen wollte, eigens darauf hinwies, dass es sich dabei um besagte Dame handele.

Sie stand auf, als ich die Tür öffnete. Sie war groß und schlank, trug einen langen Pullover und eine Hose und in der Hand eine blaue Tasche mit dem zwölf Tage alten Neugeborenen. Sie hatte nichts Auffälliges an sich. Ihre braunen Haare waren mit einem schlichten Gummiband zu einem Pferdeschwanz zusammengebunden. Sie hatte ein Allerweltsgesicht, abgesehen von einem sehr energischen Zug und dem Ausdruck, der in ihren hellen Augen lag und von dem ich auf Anhieb nicht wusste, ob sich dahinter – über Neugier hinaus – Härte oder Misstrauen verbarg.

Ich deutete auf die geöffnete Tür des Behandlungszimmers, trat zur Seite und ließ sie vor mir eintreten.

Bei den Stühlen angekommen, zögerte sie kurz und fragte sich wahrscheinlich, ob sie das Baby auf dem Untersuchungstisch hinter sich abstellen sollte. Dabei machte sie eine Vierteldrehung, die ihrer rechten Hüfte eine so schöne Wölbung verlieh, dass ich gar nicht anders konnte, als mich daran zu erfreuen. Das Ganze dauerte nur den Bruchteil einer Sekunde. Es war mir jedoch sofort peinlich, als ich sah, dass ihr mein Blick nicht entgangen war und dass sie darüber verärgert schien.

So unverfänglich wie nur möglich forderte ich sie auf, Platz zu nehmen.

Während dieser Sprechstunde ging es um ganz alltägliche Dinge. Bei aller Herzlichkeit, um die ich mich bemühte, bemerkte ich schließlich, dass es mir nicht gelungen war, die Befangenheit, die unser Kontakt ohne Worte gleich am Anfang erzeugt hatte, zu beheben.

Sie kam nicht wieder, zumindest nicht in meine Sprechstunde.

Noch am selben Abend erfuhr ich von der Sekretärin, dass sie zwar meinem Rat gefolgt war und gleich einen Termin für den Monat darauf ausgemacht hatte, aber darauf bestand, zu meiner Kollegin zu gehen!

Jahrelang begegnete ich ihr regelmäßig auf dem Korridor und grüßte sie. Sie grüßte höflich zurück, ohne sich irgendetwas anmerken zu lassen, und stellte mir sogar, als es sich ergab, nacheinander ihren Mann, dann ihr zweites und schließlich ihr drittes Kind vor. Wenn es sich traf, dass eines ihrer Kinder erkrankt und meine Kollegin einmal nicht da war und ich also allein in der Praxis war, richtete sie es so ein, dass entweder ihre Mutter oder ihr Mann das Kind begleiteten. Die Missstimmung, in deren Zeichen unsere Begegnung stand, war also nie verflogen.

Ich könnte mich lange darüber auslassen, wie entscheidend das ist, was ganz am Anfang der Begegnung zwischen Arzt und Patient passiert. Das habe ich aber schon an anderer Stelle getan[1], und es ist nicht Gegenstand des vorliegenden Buches. Allerdings würde ich gern näher darauf eingehen, was es mit diesem Blick auf sich hat, der die Patientin in der beschriebenen Situation wie der Blitz traf.

Was war geschehen? Ich hatte meinen Blick nicht absichtlich auf die Hüfte der jungen Frau gelenkt. Von dort, wo ich stand, übersah ich die gesamte Szene und nahm dabei natürlich alle möglichen Details wahr, wie zuvor auch bezüglich der Erscheinung der jungen Frau: ihre Kleidung, ihre Frisur, ihre Gesichtszüge. Schließlich hatte ich auch gesehen, wo sie stand, dass sie zögerte und sich leicht umwandte.

Mein Blick hat in meiner Daseinsökonomie immer eine sehr wichtige Rolle gespielt und war immer mein wichtigstes Arbeitsinstrument. Es ist der Blick eines Arztes, jener Blick, den Michel Foucault ausführlich beschrieben hat und den er mit Corvisart als ein Werkzeug lobt, »das sich nur allzu oft als nützlicher erweist als die umfassendste Bildung und das solideste Wissen«. An anderer Stelle heißt es, er »trifft an einer Stelle, die sich dadurch auszeichnet, dass sie die zentrale und entscheidende Stelle ist. [...] er wählt aus, und die Linie, die er mit einem Strich zieht, trennt binnen eines Augenblicks das Wesentliche ab«.[2] Was dieser Blick leisten kann, ist in der Regel das Ergebnis einer langjährigen Ausbildung, wie sie einem während eines Studiums zuteil wird. Was mich betrifft, war mir sehr schnell klar, dass ich meinen Blick nicht durch das Medizinstudium schärfte, sondern dass umgekehrt eher mein scharfer Blick über meine berufliche Orientierung entschieden hatte. Dank ihm habe ich ein phänomenales visuelles Gedächtnis und schon vorzeitig eine erstaunliche Beobachtungsgabe entwickelt.

Eigenartig, was alles an diesem Blick hängt! Warum ist er manchmal so entscheidend für das Schicksal der Menschen? Wie kommt es, dass das Auge unter allen Sinnesorganen eine so zentrale Bedeutung hat?

Antworten auf diese Fragen – von der Entschlüsselung der Wandmalereien[3] bis zur Behandlung von Pathologien, die den Sehtrieb aktivieren[4] – füllen ganze Bibliotheken. Welchen Beitrag sie im Einzelnen geleistet haben, soll hier ebenso wenig erörtert werden wie die Komplexität der Welt, die sie zutage fördern. Das Wesen meines Gegenstands macht die Beschäftigung damit allerdings zwingend erforderlich. Denn Untreue ist in erster Linie eine visuelle Angelegenheit! In der Tat zielt ihre ganze Dynamik darauf, sich dem Blick zu entziehen, weil sie im Bereich des Intimen wirksam wird und sich im Verborgenen entfaltet. Damit hätte sie gewissermaßen den Dreh heraus: Sie macht sich die Diskretion zunutze, die man dem Intimbereich zugesteht, weil er der inquisitorischen Macht des Blickes ausdrücklich nicht ausgesetzt sein soll, und schaltet diese zudem bewusst aus, indem sie sich auf Verschleierung verlegt.

Womit noch klarer wird, wie wichtig der Blick im System der Psyche ist. Bekanntlich lagen Freuds Patienten auf einer Couch, weil er es nicht ertrug, dass sie sein Unbewusstes an seinem Gesichtsausdruck hätten ablesen können. Die Methode war dann noch wirksamer als ursprünglich angenommen, weil der vom Blick des Therapeuten unbehelligte Patient sich weitaus unbefangener äußerte. Das unterstreicht auch die Bedeutung des Blickes für die Kommunikation: Im Bruchteil einer Sekunde sah die Dame meinen Blick auf einen Körperteil von sich gerichtet, und allein anhand ihres Blickes wusste ich umgekehrt, wie viel Verdruss ihr das bereitete. Man weiß auch, wie sehr ein Blick erschaudern kann – man denke nur an die berühmte Zeile von Victor Hugo, »das Auge war im Grab und blickte auf Kain«. Wenn er es auf uns abgesehen hat, bewirken allein sein Ausdruck und das, was wir davon in Erinnerung behalten, dass er Macht über uns gewinnt und uns auf ewig gefangen hält. Mitunter kann er sogar vernichtend sein.[5] Genauso gut kann er uns jedoch anregen, beleben und stärken. Er beherrscht unsere Psyche und besetzt einen Großteil dessen, was man als Narzissmus bezeichnet. Der Säugling braucht den liebenden Blick seiner Umgebung und insbesondere seiner Mutter, um ein gutes Selbstbild zu entwickeln. Narziss aber, die mythische Figur, die diesem Konzept seinen Namen gegeben hat, ertrank, weil er der Faszination für sein eigenes Abbild erlag.

Die Kultur des Schönen und insbesondere des dem Blick dargebotenen Schönen ist durch Zivilisationsprozesse stets befördert worden. Der Ästhet, gleich auf welchem Gebiet, gilt als jemand, der sich entsprechend seinen Neigungen an einem Schauspiel ergötzen kann und auch aufgefordert ist, dies zu tun; ein eigenartiges Phänomen, auf das sich ganze Teile unserer Kultur stützen, das aber nicht weiter hinterfragt wird. Man schiebt sich dicht gedrängt durch Ausstellungen und an allem vorbei, was unserem Blick präsentiert wird, ohne sich zu fragen, was einen eigentlich dazu treibt, als gehe man ganz selbstverständlich davon aus, dass wir ein Recht haben, unseren unstillbaren Hunger nach dieser – zum Teil genialen – Art von Nahrung zu stillen, mit der wir großzügig versorgt werden, und als gehe man nicht weniger selbstverständlich davon aus, dass diese Art von Austausch sowohl uns als auch unserer Gesellschaft zuträglich sei. Es sieht allerdings so aus, als seien wir inzwischen weit über das Ziel hinausgeschossen. Wir leben nämlich heute in einem Universum, das dem absoluten Diktat des Bildes unterworfen und von diesem so überschwemmt ist, dass es nicht mehr darauf verzichten kann und ständig auf Nachschub beharrt. Innerhalb weniger Jahrzehnte haben sich die Wahrnehmung und die Dynamik unserer Umwelt tief greifend verändert. In der Tat haben wir die Welt der Wirklichkeit, die wir mit der subjektiven Wirklichkeit gleichgesetzt haben – wie sie die Psyche wahrnimmt und wie sie sich vor dem Hintergrund des Todes darstellt –, definitiv hinter uns gelassen; wir betrachten sie als todbringend und entfliehen ihr daher. Eifrig haben wir das Virtuelle an die Stelle dieser Wirklichkeit gesetzt und lassen unterschiedslos alle Bilder in einer Endlosspiegelung auf uns zurückwirken. Und auf einmal wissen wir nicht mehr, wer wir sind. Hauptsache, so unser Gefühl, man entspricht den jeweiligen Modekriterien, und dass diese sich ständig verändern, löst bei uns nicht einmal mehr Schwindelgefühle aus, weil wir uns diesem Kreislauf passiv ergeben und uns damit unserer Handlungsfähigkeit berauben. Es geht uns nur noch darum, wie wir uns präsentieren. Gebannt vom schönen Schein, legen wir uns mit Gewalt ein ganzes Sortiment von dem zu, was Psychoanalytiker als »falsches Selbst« bezeichnen. Würde man sich dem Phänomen leidenschaftslos nähern, wäre man geneigt, anikonischen Religionen beizupflichten, die Bilder verbieten, wie das Judentum und der Islam, denen sich in diesem Punkt später auch der Protestantismus anschloss. Nicht ohne Grund stützen sie sich dabei auf die Tatsache, dass das unbewegte Bild den Menschen sehr viel mehr in seinen Bann zieht als die Wirklichkeit, die immer in Bewegung und folglich mit Vorsicht zu genießen ist – was so weit geht, dass dem Bild mittlerweile ein höherer Wahrheitsgehalt zugesprochen wird als der Wirklichkeit. Allerdings boten die Götzenverehrungen den Religionen, die damals entstanden, genügend Anschauung, während wir, ohne es zu merken, der Anbetung neuer Idole verfallen sind.

Wie genau erklärt sich das Unbehagen, das bei dieser ersten Begegnung mit meiner Patientin entstand? Mein wenn auch flüchtiger Blick war – da hätte ich noch so sehr eine rein ästhetische Veranlagung ins Feld führen können – auf einen Körperteil mit unzweifelhaft erogenem Potenzial gefallen. Ein Blick auf die Schulter, den Hals oder die Stirn hätte wahrscheinlich nicht diese Folgen gehabt. Er musste also verdächtig sein und jenseits dessen liegen, was in der Regel noch geduldet wird, wenn man ästhetisches Empfinden bekundet. Möglicherweise hatte er bei der Betroffenen auch die Phantasie ausgelöst, gefangen genommen zu werden. In diesem Fall hätte mein Auge mein Begehren und meine unmittelbare Phantasie verraten, mich der Frau zu bemächtigen. Darin lag das Missverständnis, und so entstand das Symptom, das unsere Beziehung beeinträchtigte, indem es der Zeit trotzte und doch rätselhaft blieb. Rätselhaft auch deshalb, weil Frauen, die in der Regel das Nötige tun, um die Blicke auf sich zu ziehen, sich bei entsprechendem Erfolg eher geschmeichelt fühlen.[6] Das Rätsel klärt sich jedoch, reduziert man es auf die gewöhnliche Dimension des Symptoms, von dem es bei Lacan heißt: »Es spricht, es spricht selbst zu denen, die nicht zu hören verstehen, es sagt nicht alles, selbst denen nicht, die es erfahren haben.« »Sehen, gesehen werden, betrachten, betrachtet werden«[7]: ein heikles und insofern besonders ambivalentes Thema, als sich daran festmacht, ob man es mit einer einfachen Neurose oder deren Schattenseite, der Perversion, zu tun hat.

Man kann sich dem Thema vorsichtig nähern, indem man auf die Eigenschaften zurückkommt, die ich weiter oben dem Bereich des Visuellen zugeordnet habe und über die der Mensch von Geburt an verfügt. Der Sehsinn, der im Mutterleib nie auf die Probe gestellt wurde, hat unmittelbar nach der Geburt die Aufgabe, nicht nur eigene Informationen zu sammeln, sondern vor allem sämtliche Informationen aller übrigen Sinnesorgane miteinzubeziehen, was nur deshalb möglich ist, weil »ein wesentlicher Teil unseres Großhirns auf die Verarbeitung visueller Informationen ausgelegt ist, die von der Netzhaut der Augen übertragen werden«.[8] Bedenkt man, wie viele Verbindungen der Sehsinn zu den übrigen Hirnregionen unterhält, gewinnt man eine bessere Vorstellung von seiner enormen kombinatorischen Leistungsfähigkeit, die ihn zum besten, wenn nicht einzig möglichen Sensor für die Wirklichkeit macht. Im Zeitalter der Aufklärung wurde diese Frage nach dem Erscheinen von Diderots *Brief über die Blinden* unter den Philosophen ganz Europas ausführlich diskutiert.[9]

Im Lauf seiner Entwicklung macht das Baby in großem Umfang von dieser kombinatorischen Fähigkeit Gebrauch, die es ihm erlaubt, die Wirklichkeit anhand seiner sensorischen Erfahrung wahrzunehmen. Man muss ihm nur zuschauen, wie es im Alter von noch nicht einem Jahr nach einem Gegenstand greift: Es betrachtet ihn, dreht und wendet ihn, nimmt ihn abwechselnd in die linke und die rechte Hand und hält ihn manchmal an sein Ohr, bevor es daran schnuppert und ihn in den Mund nimmt – oder umgekehrt: Nach jedem einzelnen Schritt dieser Erkundung jedenfalls schaut das Baby den Gegenstand an. So erfährt es etwas über die Welt, und diese Erfahrung festigt es in der Regel in der Annahme, dass der Sehsinn sein wichtigstes Sinnesorgan ist. Es dauert lange, bis es einsieht, dass dieses außerordentlich verlässliche Sinnesorgan unter Umständen doch nicht so unfehlbar ist, wie man es gern hätte. Diese von mir nur grob skizzierte Entwicklung kann bei zwei entscheidenden Gelegenheiten beeinträchtigt werden: zum einen wenn sich eine Psychose anbahnt und der Betroffene seine visuelle Wahrnehmung zum alleinigen Kriterium für die Bewertung seiner Umwelt macht; dann entwickelt er im Laufe der Zeit diesen unruhigen, permanent herausfordernden Blick, der immer auf eine Schwachstelle beim Gegenüber lauert, das er zwanghaft als dominant und feindselig wahrnimmt; zum andern wenn der kleine Junge untersucht, was es mit dem Unterschied zwischen den Geschlechtern auf sich hat und aufgrund einer bestimmten Anzahl von Parametern in seinem Umfeld und insbesondere durch das Verhalten seiner Mutter zu dem Schluss kommt, dass Jungen und Männer unzweifelhaft einen Penis haben und Mädchen und Frauen nicht, allerdings mit einer Ausnahme: Seiner Mutter, deren imaginierten Penis der Junge durch den Fetisch ersetzt, dem er im Verlauf dieser Auseinandersetzung begegnet. Damit ist der Perversion der Weg geebnet. Man wird diesen Jungen später an seinem Blick erkennen, der einem Unbehagen verursacht, weil er entweder nicht zu fassen ist oder in verstörender Weise bei jeder Gelegenheit den Gedanken aufkommen lässt, man »besorge es ihm nicht«.

Soviel also in aller Kürze zur Bedeutung dieser merkwürdigen Kommunikation, die einerseits über den Blickkontakt und andererseits darüber erfolgt, womit der Blick befrachtet wird. Auf diesem Weg wird ein beträchtlicher Teil unseres Gefühlslebens konditioniert.

Kann ich von da überleiten zu der Art und Weise, wie visuelle Aufnahme und visueller Ausdruck wahrgenommen oder in Worte gefasst werden können? Kann ich also, anders gesagt, auf die berühmte Dialektik des Sichtbaren und des Sagbaren und sein prekäres Gleichgewicht zu sprechen kommen? Michel Foucault, der sich eingehend damit beschäftigte, hat hervorgehoben, dass die Medizin, deren klinischer Ansatz den Blick in besonderer Weise privilegiert, behauptet, das Sichtbare, das also, was sich dem Blick darbietet, könne zum Ausdruck gebracht und folglich in Worte gefasst werden.[10] Damit bin ich nicht ganz bei meinem Thema. Ich ziehe diese maßgebliche Quelle nur deshalb heran, um auf dieser Ebene des Sichtbaren und Sagbaren zu unterstreichen, dass besagte junge Mutter vor dem geflohen war, womit der auf sie, genauer auf einen besonderen Körperteil von ihr gerichtete Blick befrachtet war, bei dem sie mich ertappt hatte. Was aber sollte ich mit dieser Gewissheit anfangen? Hätte ich sie in Worte fassen und äußern sollen? Hätte ich ihr sagen dürfen, dass mir so etwas noch nie passiert war und mein Blick eher der eines unverbesserlichen Ästheten denn der eines lüsternen Alten war, für den sie mich halten mochte, dass er in der Regel auch geschätzt wurde und dem Narzissmus der jungen Frauen, an denen er bisweilen haften blieb, entgegenkam? Und gesetzt den Fall, ich hätte die Initiative ergriffen, wäre dann auch geäußert worden, was in Bruchteilen von Sekunden wirklich vorgefallen war, jenseits dieser kontrollierten Situation? Warum hatte ich gegen den Eid des Hippokrates verstoßen, durch den ich mich verpflichtet hatte, nicht zu sehen, was meine Augen nicht sehen dürfen? Und warum hatte sie derart empfindlich auf eine solche Nebensächlichkeit reagiert, wo sie doch vorab schon mit viel Aufwand etliche Dinge abgeklärt hatte, die einen guten Austausch zwischen uns sicherstellen sollten? Es geht hier nicht nur um das Entstehen eines Symptoms mit all seinen Rätseln, sondern auch um die Grenzen bei der praktischen Ausübung der ärztlichen Tätigkeit: Was sichtbar und nicht sagbar ist, gehört nicht dazu; es muss ausgeschlossen werden und wird auch ausgeschlossen. Fragen dieser Art gelten als reines Abfallprodukt, das dem äußerst dürftigen zwischenmenschlichen Aspekt der Medizin zugeordnet wird. Der gilt als riskant, weil er nicht Bestandteil der Ausbildung ist und zugunsten einer wachsenden Zahl hochspezialisierter Verfahren mit wissenschaftlichem Anspruch immer weiter ausgegrenzt wird, auch wenn die Patienten, die uns aufsuchen, sich wünschen, wir würden ihm mehr Geltung verschaffen.

Gegen Ende meiner eigenen psychoanalytischen Erfahrung hatte ich in meiner Praxis Sprechzeiten für Patienten mit Kindern eingerichtet, deren Symptome ich nicht medizinisch, sondern in erster Linie im Gespräch abklären wollte, nicht etwa als Psychoanalytiker, als der ich irrtümlich oft bezeichnet wurde, sondern vielmehr als jemand, der sich durch das Dickicht der Geschichte des Betroffenen hindurch so weit wie möglich zu den Anfängen vorarbeitet, um den Fehler in der Weichenstellung zu finden, der das Symptom verursacht hat. Oft gelang es, allein durch diese Arbeit alles wieder ins Lot zu bringen. War jedoch ein tieferes Eintauchen in die Materie erforderlich, erwies sich diese Arbeit als ausgezeichneter Einstieg für eine psychoanalytische Behandlung, für die ich an den geeigneten Fachmann verwies.

Innerhalb dieser Sprechzeiten habe ich sie also wiedergesehen. Ich ging davon aus, dass ihre Verzweiflung groß sein musste, wenn sie sich überwunden hatte, mich Jahre nach unserer ersten Begegnung wieder aufzusuchen. Ihr Mann hatte ihr vor kurzem gestanden, eine Affäre zu haben, und ihr eröffnet, er wolle sie verlassen, um mit seiner Geliebten ein neues Leben zu beginnen. Und da es ihn beruflich ohnehin in die Provinz verschlagen hatte, wollte er künftig nur noch die Sonntage mit seinen Kindern verbringen. Was war bloß passiert? fragte sie sich. Was war mit ihrer Ehe passiert? Was hatte sie getan, dass er sie betrog? Was war in diesen Mann gefahren, den sie schätzte und immer geliebt hatte, dass er, der so reif, besonnen und verantwortungsvoll war, eine so schwer wiegende Entscheidung für die Zukunft ihrer Ehe und die ihrer Kinder getroffen hatte? Abgesehen davon, dass sie persönlich tief verletzt war, sorgte sie sich gleichermaßen um ihn wie um ihre Familie.

Schon diese ersten Angaben waren aufschlussreich, denn bei diesem Ehebruch handelte es sich nicht um einen kurzfristigen Seitensprung; der Ehemann wollte die Konsequenzen aus seiner Affäre ziehen. Das ließ darauf schließen, dass er, anders als der, wie ich ihn nenne, »mordende« Ehebrecher, seine Gefährtin nicht noch dahingehend quälte, dass er ihr die Schuld für ihre gemeinsame Misere zuwies und sie monate-, wenn nicht jahrelang nötigte, an sich selbst zu zweifeln und zu grübeln, inwieweit sie für seine veränderte Haltung verantwortlich war. Der »mordende« Ehebrecher benutzt die buchstäblichen Wohltaten (unter anderem sexueller Natur), die ihm sein Abenteuer verschafft, um den Partner allmählich mürbe zu machen, ja zu »töten«. Was er tut, hat durchaus eine Bedeutung; in der Regel hat er diesen Weg gewählt, um aus einer Sackgasse seines Lebens herauszukommen. Der Vorgang wäre noch akzeptabel, wenn die Vorwürfe, die er dem anderen unentwegt macht, ihre Berechtigung hätten. Meistens stellt sich aber heraus, dass dies objektiv nicht der Fall ist. Sie resultieren schlicht aus einer Übertragung: *Der andere wird zum Ziel der Vorwürfe, die man der Person, der sie gelten, nicht machen konnte und kann.* Wie viele Männer regeln nicht die Probleme, die sie mit ihren Müttern oder Vätern nicht gelöst haben, mit ihren Frauen – und umgekehrt? Dass dies so häufig vorkommt, heißt nicht, dass sich ein Nachdenken oder Urteil darüber erübrigen würde. Denn was zeigt sich in diesem Vorgang? *Der auserwählte Partner* – es geht hier ausdrücklich nicht um die Problematik arrangierter Ehen – *wurde allein zu dem*

Zweck ausgesucht, früher oder später für dieses Prozedere zur Verfügung zu stehen. Es kommen also leichte Zweifel auf, wenn man überlegt, worauf die Liebe eigentlich beruht, die für die Entscheidung ja ausschlaggebend gewesen sein soll. Es stellt sich heraus, dass derjenige, der sich für einen Partner entschieden hat und später den Ehebruch begeht, immer mit jener mörderischen Form des Narzissmus ausgestattet war, die man heute gemeinhin als »überdimensioniertes Ego« bezeichnet. Dieser Form hat er sich bedient, eher um zu verführen denn zu lieben, um sich lieben zu lassen und im Gegenzug mit gepflegter Passivität im Umgang aufzuwarten, derweil er auf den geeigneten Moment gewartet hat, um mit der Person aus seiner Vergangenheit abzurechnen, die er eigentlich für seinen Zustand verantwortlich macht.

Der beschriebene Prozess, der viel von der paranoiden Dynamik hat, rückt diese Art von Ehebruch ins Zentrum dessen, was man oft etwas voreilig und in jedem Fall als »Betrügen« bezeichnet. Der eigentliche Betrug aber liegt hier und weniger in situationsbedingten »Unfällen«, die den impliziten Treuepakt der Ehe betreffen. Betrug deshalb, weil er die Manipulation offenbart, die von Seiten seines Urhebers seit Beginn der Verbindung am Werke war. Dass es nur deshalb dazu kam, weil bei ihm unbewusste Prozesse ablaufen, zu denen er keinen Zugang hat, enthebt ihn nicht jeglicher Verantwortung, sondern macht aus ihm einen Menschen, über den man, ob man will oder nicht, ob man es eingesteht oder nicht, objektiv urteilen kann. Es ist leicht, alle Menschen gleich zu behandeln. Problematischer wird es, wenn einige ihre Macht missbrauchen oder einen Partner, der durch Liebesbekundungen verführt wurde, manipulieren oder instrumentalisieren. Zu Recht kann man geltend machen, dass das Opfer aus Gründen, die in seiner eigenen Geschichte liegen, an seinem eigenen »Abenteuer« beteiligt und also arglos gewesen ist. Gewiss! Aber damit ist noch nichts geklärt. Außer wenn man Opfer und Henker auf eine

Stufe stellt und jede Art von Moral im sozialen Miteinander abschreibt! Womit man wieder bei der Logik der Verfechter arrangierter Verbindungen wäre: Mit ihrem Abstand zu Liebesbekundungen und Liebeszauber sollen die Eltern der künftig Vereinten in der Lage sein zu erkennen, unter welchen Bedingungen dem Betrügen Vorschub geleistet werden könnte, und versuchen, ihren Nachwuchs davor zu schützen. Ähnlich die Logik des Ehebruchsverbots, wie es in den Zehn Geboten steht. Denn wenn durch diese Art des Ehebruchs sowohl die Ehe als auch einer der Ehepartner vernichtet werden kann, stellt er für seinen Urheber keinen Fortschritt dar, weil er zwangsläufig den gleichen Weg mit dem nächsten und übernächsten Partner gehen wird, so wie man es heute auch erlebt. Hätte er sich dagegen an das Verbot gehalten, dann hätte sein Gefährte früher oder später auf seine Manipulationen reagiert: Er hätte ihm mehr oder weniger gut begreiflich gemacht, dass seine Suche unter der Laterne vergeblich ist, und ihn überzeugt, sich in die Dunkelheit zu begeben, ja, er hätte ihm vorgeschlagen, ihn auf seinem Weg zu begleiten, um den verlorenen Gegenstand zu finden. Ohne viel Leid ginge es allerdings auch hier nicht ab. Das wurde so lange ertragen, wie die *gewöhnliche Misere*[11] anerkanntermaßen zum Leben gehörte, nicht mehr jedoch vor dem Hintergrund der einzig gültigen Ideologie des Hedonismus. Das ist auch deshalb nicht mehr vorstellbar, weil es am sakrosankten Prinzip der individuellen Freiheit und des selbst gewählten Schicksals rührt. Und auf Anwälte, die die Paare aufsuchen, um bei ihren Meinungsverschiedenheiten zu einem Ausgleich zu kommen, muss man nicht setzen. Auf diesem Weg erkauft sich die Gesellschaft ihren relativen Frieden und wäscht sich vom Schicksal ihrer Individuen rein, was sich, nebenbei gesagt, nicht nur auf die Paarproblematik, sondern auch auf etliche andere Bereiche auswirkt. Und dann wundert man sich, in welchem Zustand unsere Zeitgenossen sind! In der frühen Evolutionsgeschichte des Menschen gab es eine Dialektik von Verbot und Verbotsüberschreitung: Die Überschreitung war verbunden mit Schuld und führte mehr oder weniger schnell wieder zur Einhaltung des Verbots und damit in die heilsame und schlichte Neurose. Seit einigen Jahrzehnten sind die Verbote abgeschafft und durch den Leistungskult ersetzt worden: Leistungsstark ist nur, wer über den Tötungswillen verfügt, alle anderen befinden sich im Dämmerzustand der Depression, was mangelnde Selbstachtung zum Ausdruck bringt und jede Initiative lähmt.[12] Wenn ein solcher Prozess alle zwischenmenschlichen Bereiche erfasst hat, kann man immer noch der Illusion von einer Gesellschaft hinterherlaufen, die nicht depressiv und eben anders wäre als diese, die wir selbst geschaffen haben.

Die Arbeit, die mit jener zweiten ersten Begegnung einsetzte, ohne dass ein Wort über die missliche erste verloren worden wäre, wurde über vier Monate einmal pro Woche fortgeführt. Und wie immer ging es darum, das zum Vorschein kommen zu lassen, was danach drängte, und die Gedanken frei schweifen zu lassen, ohne Zensur und ohne Hierarchie. Dieses wichtige Prinzip der »freien Assoziation«, über das der Psychoanalytiker den Patienten, der auf der Couch liegt, aufklären muss, ist die Grundregel jeder psychoanalytischen Arbeit; sie gilt auch für meinen »historiopathischen« Ansatz.

Um diesen zu verstehen, stelle man sich vor, dass die Person, die sich auf eine solche Arbeit einlässt, gewissermaßen ein Knäuel von bunten Fäden zu entwirren hat, von denen man nicht weiß, wann und wie sie sich derart verknoten konnten. Weil wir darauf programmiert sind, bei allem rational vorzugehen, beängstigt bei diesem Vorgang des Entwirrens am meisten die Frage, an welchem Ende man beginnen soll. Die psychoanalytische Erfahrung zeigt jedoch, dass dies keine Rolle spielt: Es kommt immer zu einer Auflösung, sofern nicht Ungeduld vorherrscht, die Kafka als den »Sündenfall« bezeichnet hat. Es geht also nicht um Vereinheitlichung; vielmehr wird deutlich, wie unterschiedlich die Menschen sind. Der eine sitzt erschüttert vor seinem Knäuel und betrachtet es lange, ohne es anzurühren; der nächste stürzt sich darauf und zieht es noch etwas fester zusammen, weil er unterschiedslos an jedem Ende zupft, und der dritte sucht sich behutsam, kaum dass er einen Faden ein wenig freigelegt hat, den nächsten, der sich wieder leichter lösen lässt. Belanglos sind diese Unterschiede keineswegs; sie geben dem Therapeuten Auskunft darüber, wie der oder die Betreffende strukturiert ist, und dienen ihm beim Zuhören als Anhaltspunkt. Die Zeit und die Übertragung tun ein Übriges und lassen der Ungeduld irgendwann keine Chance mehr.

Nachdem ich meine Patientin aufgefordert hatte, so zu verfahren, entspann sich nach und nach und, wie immer, völlig ungeordnet, eine Geschichte, die sich über mehrere Generationen erstreckte.

In der Zwischenkriegszeit hatte es eine Großmutter mütterlicherseits gegeben, die sich vom männlichen Joch befreien wollte. Es kam zum Bruch mit dem Vater. Sie war sich ihrer Verführungskräfte bewusst und führte etliche reiche und zum Teil berühmte Männer am Gängelband. So kam sie binnen weniger Jahre in den Besitz eines Immobilienvermögens, von dem Teile ihrer Nachkommenschaft noch immer lebten. Irgendwann ließ sie sich in einem herrlichen Anwesen in einem berühmten Badeort nieder und richtete dort einen Salon ein. Auf diese Weise lernte sie den Mann kennen, den sie schließlich heiratete und von dem sie nacheinander drei Kinder bekam, zwei Jungen und ein Mädchen. Das Mädchen wurde zu größter Tugendhaftigkeit erzogen und bürgerlich verheiratet; die Kriterien dieser arrangierten *(sic)* Ehe hatte allein die Mutter festgelegt. Die Tochter kannte ich: Sie war die Mutter meiner Patientin. Immer wenn ich ihr begegnete, war ich, ohne dass ich ihre Geschichte damals schon gekannt hätte, an das Lied *Pénélope* von Georges Brassens erinnert, in dem es um Frauen wie sie geht.[13]

Es folgten – genauso ungeordnet – Details über ihre Kindheit, die Beziehung zum Vater, der über das Leben seiner Tochter entsetzt war und seinen Schwiegersohn am liebsten »zusammengeschlagen« hätte, Berichte über Kinderspiele, die Schule, die Geburt einer kleinen Schwester und eines kleinen Bruders, Freunde, das Studium, erste Arbeitsstellen, erste Flirts, die ersten sexuellen Abenteuer, die entscheidende Begegnung mit ihrem späteren Mann … Doch nichts davon gab Aufschluss über die Fragen, die bei der ersten Begegnung gestellt wurden. Sie scheute sich auch nicht, über Sexualität zu reden, die eigene insbesondere, die sie immer ungezwungen praktiziert zu haben schien. Das war es auch, was sie beschäftigte; sie grübelte ständig, was ihren Mann veranlasst haben mochte, sich woanders umzusehen, womit sie zu verstehen gab, dass sie diesbezüglich weder Scham noch Tabus kannte. Obwohl ihre Frage unbeantwortet blieb, war sie durchaus berechtigt. Denn oft, wenn nicht immer, stellt man sich vor, dass viele Männer wegen ihrer überbordenden, qualvollen Phantasien so viele Abenteuer haben, die aber unbefriedigt bleiben, weil die Partnerin kein Verständnis zeigt. Sie gab mir zu verstehen, dass ihr Mann sich diesbezüglich nicht beklagen müsse.

Im Laufe der Sitzungen stellte ich fest, dass es ihr alles in allem gar nicht so schlecht ging und dass sie ihre Situation relativ gut ertrug. Lag es auch an unseren Gesprächen oder stand dahinter eine Konstitution, die robuster war, als ihre erste Verzweiflung vermuten ließ? Ich hatte genügend Zeit, sie mit klinischem Blick zu betrachten: Sie war nicht wirklich schön, wohl gut gebaut und von angenehmem Äußeren, aber in keiner Weise aufreizend. Sie war schlank und hatte den durchtrainierten Körper einer Frau, die man gemeinhin als stark bezeichnet: energisch und entschlossen, wie ihre Gesichtszüge auch, eine flache, breite Stirn, lebhafte Augen, deren Ausdruck ich erwähnt habe, hohe Wangenknochen, eine gerade, etwas zu kräftige Nase, schmale Lippen und ein markantes Kinn. Sie schien mir gut zu ihrem Mann zu passen, den ich kannte und als handfest und relativ gelassen in Erinnerung hatte.

Mit der Zeit fand sie mich sympathisch.

Das sagte sie mir selbst und berichtete, dass sie mich in Gesprächen mit ihrer Mutter, ihrem Vater, Freunden und sogar ihrem Mann als »Aldo« bezeichnete. Beim ersten Mal entschuldigte sie sich lachend und sagte, das täten schließlich alle und ich könne mir ja einen »weniger netten Vornamen« zulegen. Ich reagierte nicht und wartete darauf, dass sie mit ihren Assoziationen fortfuhr und endlich auf unsere misslungene erste Begegnung zu sprechen kam, was nicht geschah. Mir wurde klar, dass das, was ich durchaus als Verstoß gegen die Berufsethik des Arztes auffasste, mich sehr viel mehr umtrieb als sie.

Was folgte, waren immer häufiger »Plauderstunden«: Da es darum geht zu reden, berichtet man eben von einer Begegnung oder einer Auseinandersetzung und, warum nicht, vom letzten Kino- oder Theaterbesuch. Im Verlauf dieser Arbeit, wie in der Analyse auch, kommt es irgendwann übrigens immer zu einem solchen Einbruch. Die Fähigkeit des Patienten, stringent zu erzählen, lässt nach, er äußert nichts mehr von Belang. Man weiß, dass dieser Prozess in der Regel auf die Furcht zurückzuführen ist, der Genuss, den eine bestimmte Situation verschafft, könne gemindert werden, oder man müsse sich dem stellen, was man als Abwehr bezeichnet und wohinter die Angst vor Überforderung oder Verlust steht. Lacan, der es verabscheute, mit solchen Sitzungen Zeit zu verlieren, brach sie ab, natürlich nicht, ohne sie sich trotzdem bezahlen zu lassen. Wenn er merkte, dass der Patient in entsprechender Verfassung war, dauerten sie mitunter nur wenige Sekunden. Diese später als »Kurzsitzung« bezeichnete Erfindung trug ihm den Ausschluss aus der Internationalen Psychoanalytischen Vereinigung ein. Er gründete daraufhin die Sigmund-Freud-Schule in Paris, und viele seiner Schüler hielten es später wie er. Als jemand, der nur das »Dickicht auslichtet«, habe ich mir eine solche Reaktion nie erlaubt. So musste ich mich in Geduld üben.

Ein zufälliges Datum brachte die Wende. An diesem Vormittag begann sie mit dem Satz, sie habe »in zwei Tagen Geburtstag, und das deprimiert mich jetzt schon«. Ich glaubte nicht, dass sie sich in bittere Auslassungen über die Vergänglichkeit der Zeit und, im weitesten Sinn, die Angst vor dem Tod ergehen würde. Ich erwartete eher, sie würde ihre Enttäuschung darüber äußern, ohne ihren Mann feiern zu müssen, als ich sie sagen hörte: »Das war schon immer so, seit ich verheiratet bin.« Ich wurde hellhörig, und sie fuhr fort: »Ich hasse meinen Geburtstag, mir wird schlecht, wenn ich nur daran denke! Daran merke ich übrigens schon Tage vorher, dass das Datum näher rückt: Ich verspüre schlagartig diese Übelkeit.« Ich schwieg. Irgendetwas schien in Gang zu kommen, und ich durfte sie auf keinen Fall unterbrechen. Ein paar Sekunden lang schwieg auch sie, dann schnäuzte sie sich und fuhr, als sei sie zuvor mitten im Satz stehen geblieben, im gleichen Tonfall fort: »Weil mein Schwiegervater es für angemessen und originell hält, mir jedes Mal – Sie werden es nicht glauben – Dessous zu schenken!« Womit auch der Beweis erbracht war, wenn es dessen noch bedurft hätte, dass man, gleich, welche Fähigkeiten man zu haben glaubt oder tatsächlich hat, nie vorhersehen kann, was der andere, der allein seine Wahrheit kennt, sagen wird. Sie beschrieb dann, in welchen Zustand sie dieses Geschenk versetzte, das sie zu Hause immer gleich in den Müll warf. »Dann wird mir noch übler, manchmal übergebe ich mich auch, als wollte ich mich dafür bestrafen, dass ich mich auch noch bedanken und brav in die Runde lächeln muss.«

Ich war sprachlos.

Nicht nur über das, was sie enthüllt hatte und was ich für empörend und beleidigend hielt. Über die damit verbundene Schamlosigkeit hinaus ging es darum, dass der Schenkende sich das Recht anmaßte, über den Körper der Beschenkten zu verfügen und sich dabei in unerträglicher Weise über sie – wie nebenbei bemerkt auch über ihren rechtmäßigen Ehepartner – hinwegsetzte, und das ist leider keine Seltenheit. Mir wurde von etlichen Vorfällen dieser Art berichtet, und immer waren junge Frauen die Betroffenen. Geht ein solcher Übergriff vom Schwiegervater aus, ist es der perverse Ausdruck seines sexuellen Begehrens. Ist der Vater der Urheber, zeigt er seinen unverhüllten Inzesttrieb. Geht er auf die Mutter zurück, will sie sich mehr oder weniger bewusst in die Sexualität ihrer Tochter einmischen, sie im Zaum halten oder sich auf diesem Wege sogar Lust verschaffen. Wenn beide Eltern beteiligt sind, kommt darin möglicherweise ein tief sitzender, unbewusster Hass auf den Schwiegersohn zum Ausdruck, dem sie auf diese Weise zu verstehen geben, dass sie ihm lediglich die gewöhnliche Verfügungsgewalt über den Körper ihrer Tochter gewährt haben, den sie noch immer und für alle Ewigkeit und bis in die intimsten Bereiche hinein als ihren rechtmäßigen Besitz betrachten. Auch wenn ich damit vom Thema abschweife und mich dem Vorwurf aussetze, durch diese schonungslosen Deutungen möglicherweise heftige Reaktionen heraufzubeschwören, möchte ich an dieser Stelle ausdrücklich auf die verheerenden Folgen solcher Verhaltensweisen hinweisen und sehe in der Tat auch keinen Anlass, aus Rücksicht auf Eltern, die ihren Kindern und Kindeskindern damit Ungeheuerliches zumuten, darauf zu verzichten. Ich habe es bei vielen Gelegenheiten wiederholt: Ich bin nicht überzeugt, dass die sich auflösenden Generations- und Geschlechtergrenzen und noch weniger die – heute leider angesagte – Komplizenschaft zwischen den Generationen einen Fortschritt für die Menschheit darstellen.

Abgesehen davon, dass das regelmäßig verabreichte Geschenk des Schwiegervaters zwiespältige Gefühle bei meiner Patientin hervorrief, lieferte mir ihr Bericht vor allem auch die Erklärung für unsere erste missratene Begegnung, die mich so sehr beschäftigte. Ihr Schwiegervater war in meinem Alter. Mein Blick auf ihre Hüfte konnte für sie gar nicht anders als erotisch aufgeladen sein und erinnerte sie an den perversen Übergriff, den sie beklagte, gegen den sie sich jedoch noch immer nicht zu wehren wusste. Da ich viel zu lange schon Gewissensbisse wegen meiner beruflichen Verfehlung hatte und mir diesbezüglich etliche Fragen stellte, die noch unbeantwortet waren, hielt ich es für richtig, sie darauf anzusprechen. Daraufhin tauschten wir uns über unsere jeweiligen Erinnerungen aus, die in allen Punkten übereinstimmten. Wieder einmal war ich begeistert, welch überraschende Alchemie jede Begegnung erzeugt, was ich allerdings für mich behielt. Welches Wunder hatte bewirkt, dass ich mich nicht gegen diesen Blick wehrte, sobald wir im Behandlungszimmer standen, während sie nicht einmal etwas unternahm, um ihn zu provozieren? Und durch welches Wunder unbewusster Kommunikation fanden wir uns plötzlich mitten in dem Szenario wieder, das der tiefere Grund ihrer Anspannung war? Zwar hatte das Symptom jahrelang »gesprochen« und sein Vorhandensein stets bekundet, doch hatte es nun endlich auch »gesagt«, was bislang noch nicht geäußert worden war. Würde es nun nicht mehr »sprechen?« Das letzte Wort in dieser Sitzung hatte sie: »Ich hatte mir wer weiß was vorgestellt! Ich bedaure nicht, dass ich mit meinen Kindern zu Ihrer Kollegin gegangen bin. Alles hat auch sein Gutes: Jetzt, da ich Sie besser kenne, würde ich es nämlich wirklich bedauern, wenn ich mich allzu sehr gegen Sie gesträubt hätte. Sie sind wirklich ausgesprochen nett!«

Das war, wie üblich, an einem Dienstag. Am darauf folgenden Freitag in der Früh rief mich überraschend ihr Ehemann an. Er war für das Wochenende in Paris und wollte mich dringend sprechen, weil er wegen seines endgültigen Auszugs aus der Wohnung und des bevorstehenden Zusammenziehens mit seiner Freundin Absprachen treffen wollte. Ich hatte ein langes Wochenende auf dem Land geplant und wollte deshalb am Nachmittag nicht arbeiten. Ich überwand mich aber und gab ihm einen Termin für 14 Uhr.

Da er wusste, dass ich über alles informiert war, kam er gleich zur Sache und nahm dabei eine Checkliste mit Fragen zur Hand, von »Wie sagen wir's den Kindern?« über die Ferienregelung bis hin zum Umgang der Kinder mit seiner Freundin, die Ausländerin war und schlecht Französisch sprach. Eher zerstreut, wie ich zugeben muss, hörte ich ihm zu, denn mir kam es immer schon so vor, dass diese Art vorhersehbarer und stereotyper Fragen nur ein dumpfes Schuldgefühl kaschieren soll, das man dadurch zu bekämpfen sucht, dass man professionellen Rat einholt, eigentlich unnützen Rat, denn die Lösung möglicher Probleme liegt immer und ausschließlich bei den Eltern. Jede Trennung, von wie viel Umsicht sie auch begleitet sein mag und in welchem Alter die Kinder auch immer sein mögen, ist für diese wie übrigens auch für die Erwachsenen selbst mit intensivem Leid verbunden. Dem darf man nicht aus dem Weg gehen. Ich gab ihm also regelmäßig zur Antwort, dass er der Vater seiner Kinder sei, dass er tun solle, was er für richtig halte und weder meine Meinung einholen müsse noch irgendjemandem Rechenschaft schuldig sei.

Als guter Manager nahm er seine Liste, ließ mich meine Sätze bei jeder Frage wiederholen und notierte sich bei jedem Punkt, dass er also tun könne, was er für richtig halte. Ich antwortete halb abwesend stets das Gleiche, weil mir meinerseits schon seit Beginn unserer Unterredung eine Frage durch den Kopf ging, die ich für weitaus wichtiger hielt: Würde ich mir die Sprechstunde von ihm bezahlen lassen oder nicht? Ich kam zu dem Schluss, dass ich ihn, wenn ich mir diese Frage stellte, auf keinen Fall bezahlen lassen dürfe. Als er am Ende seiner Liste angekommen war, bedankte er sich, stand auf und fragte, was er mir schulde. »Nichts«, gab ich ihm zur Antwort. Er war erstaunt und wollte sich nicht darauf einlassen, doch ging ich mit einer Geste darüber hinweg. Daraufhin fragte er mich, warum ich mich so großzügig zeige. »Nur so«, sagte ich zu ihm. Ich muss gestehen, dass mir auf Anhieb nicht klar war, warum mir die Frage überhaupt in den Sinn gekommen war und warum ich sie so gelöst hatte. Dazu ist zu sagen, dass die Frage des Geldes bei dieser Art von Arbeit überaus heikel ist, weil sie allzu leicht missverstanden wird. Ich könnte mir allerdings vorstellen, dass meine Geste in direktem Zusammenhang mit dem Beginn dieser Geschichte zu sehen ist – »Auge um Auge« gewissermaßen: Ich konnte auf mein Honorar verzichten, weil ich nach dem Empfinden seiner Ehefrau gewissermaßen »auf meine Kosten« gekommen war.

Am darauf folgenden Dienstag war sie wieder bei mir. Kaum hatte sie Platz genommen, sagte sie, mein guter Ruf komme wohl nicht von ungefähr. »Wieder so ein Einstieg«, dachte ich bei mir, nicht ohne Zuneigung. Dann fuhr sie fort: »Was haben Sie bloß mit meinem Mann angestellt? Was haben Sie zu ihm gesagt? Sie können wirklich hexen! Vielleicht wissen Sie es ja noch nicht, obwohl … Sie haben jedenfalls ein Wunder vollbracht!« Dann hielt sie einen Moment inne, ich wusste nicht, ob vor Rührung oder der besseren Wirkung halber. Wie immer wartete ich ab und ließ mich überraschen. Sie berichtete dann, dass ihr Mann nach seinem Besuch bei mir direkt zu ihnen zurückgekehrt sei. Er habe sich für alles entschuldigt, was er ihr angetan hätte, ihr gesagt, wie sehr er sie liebe und wie elend er sich vorkomme, dass er sich auf ein so dummes Abenteuer eingelassen habe. Sie habe ihren Ohren nicht getraut, als er vor ihr den Hörer genommen und seiner Geliebten am Telefon mitgeteilt habe, dass zwischen ihnen alles beendet sei und dass er endgültig zu seiner Frau und seinen Kindern zurückkehre. »Ich war wie vor den Kopf geschlagen! Wir haben sofort miteinander geschlafen, wie die Verrückten, auf dem Fußboden, und so ging es das ganze Wochenende. Er ist nämlich geblieben und hat auch den Kindern alles erklärt, und noch dazu mit soviel Fingerspitzengefühl! Sie waren überglücklich, wie Sie sich denken können. Er hat mit seinen Arbeitskollegen besprochen, wie sie die nächsten Tage überbrücken. Er will ein großes Haus für uns suchen, weil das, was er für sich und diese Frau gefunden hatte, zu klein für uns ist. Und sobald das Schultrimester vorbei ist, ziehen wir zu ihm!«

Sie schwärmte noch eine Weile weiter und versuchte, aus den Ereignissen Bilanz zu ziehen.

Ich schaltete ab und zog meinerseits Bilanz. Eigenartigerweise kam mir als Erstes meine Entscheidung in den Sinn, von dem Mann kein Geld anzunehmen. Die Geschichte barg noch viele ungelöste Rätsel. Mussten sie alle aufgeklärt werden? Ich war mir nicht sicher. Das Ergebnis war da, ich musste nur noch begreifen, wie es zustande gekommen war. Auf einen Nenner gebracht, war Folgendes geschehen: Zwei Menschen, beide mit ihrer eigenen Geschichte, finden unter günstigen Vorzeichen zusammen. Die Ehe funktioniert eine Weile gut, sie bekommen drei Kinder, die sie gemeinsam aufziehen. Allerdings gerät ein Sandkorn ins Getriebe: Regelmäßig bringt der Großvater väterlicherseits seine Schwiegertochter dadurch in Verlegenheit, dass er ihr zum Geburtstag Dessous schenkt. Indem er dies tut, bekundet er ihr offen sein Interesse für sie als weibliches Wesen, deren Geschlecht er mit einem intimen Kleidungsstück bedenkt. Die Schwiegertochter spürt vage, dass dieses Geschenk anrüchig ist, wie auch das Verlangen, das er ihr damit wiederholt bekundet und das inakzeptabel ist für einen Mann, den sie respektieren soll, so wie sie auch ihren Vater respektiert hat, zu dem sie den richtigen Abstand fand, nachdem sie irgendwann als kleines Mädchen darauf verzichtete, ihn verführen zu wollen, und ihn als Mann der Mutter akzeptiert hat. Die Beziehung ist also von Zweideutigkeit geprägt. Dennoch glaubt sie, sich mit der Situation abfinden zu können, und tut, als ignoriere sie die Geste und deren Absicht. Die Geste aber wird erneuert. Sie bekommt ihr erstes Kind. Sie erfährt von meiner Arbeit. Vermutlich hat man mich als den eigenartigen Arzt beschrieben, der das Stethoskop immer nur auf einer Seite trägt, um auf der anderen noch ein offenes Ohr zu haben. Sie weiß nicht, wonach sie sucht, aber diese Eigenschaft spricht sie an. Als sie sich das erste Mal bei meiner Sekretärin um einen Termin bemüht, will sie mich regelrecht in Beschlag nehmen. Und kaum kommt es zu einer Begegnung mit mir, überrascht sie mich, wie ich ihr auf die Hüften schaue!

Sie flieht vor mir. Hier kann sie es auch, und sie zeigt es mir unmissverständlich, indem sie vor meinen Augen in die Praxis meiner Kollegin wechselt und ansonsten jede Begegnung mit mir peinlich vermeidet, sofern es sich einrichten lässt. Diese wiederholte Aggressivität mir gegenüber macht ihr vermutlich ihre Situation erträglicher, denn als Schwiegertochter kann sie dem übergriffigen Schwiegervater bei den für sie zwangsläufig belasteten Familientreffen nicht entfliehen. Indem sie es stellvertretend mir heimzahlt, schafft sie jedoch Tatsachen. Ob sie jemals ihren Mann über ihr Unbehagen aufgeklärt habe? Nie, gab sie mir zur Antwort, aus Furcht, Zwietracht zwischen den Männern zu säen, deren Beziehung sie als gespannt erlebte. Und was hätte der Sohn, dem die Geste seines Vaters vermutlich nicht minder zusetzte, schon tun können? Was sollte er tun angesichts eines Vaters, dessen Größe den einstmals kleinen Jungen offenkundig noch immer beeindruckte? Was tun, außer stillschweigend einstecken? Einstecken, wie es so oft geschieht, wegen des dumpfen, untergründigen, aber noch immer präsenten Schuldgefühls, eines Tages, wie jedes männliche Wesen, davon geträumt zu haben, der Mann der Frau zu sein, die zum Vater gehörte. Er schweigt. Bis der berühmte Tropfen das Fass zum Überlaufen bringt. Er begegnet einer Frau, der er zu gefallen scheint, was weder selten noch allzu schwierig ist. Er macht sie zu seiner Geliebten. Und spürt erst da wieder die Stärke seines Geschlechts, das durch die wiederholte Geste seines Vaters und die scheinbare Passivität seiner Frau bedroht war. Damit hat er das wirksamste Mittel gefunden, um gegen das anzukämpfen, wofür Psychoanalytiker den anschaulichen Begriff »Kastrationsangst« geprägt haben. Er informiert seine Frau über seine Absicht, sie zu verlassen, um »zu retten, was noch zu retten ist«. In Wirklichkeit verlässt er jedoch gar nicht so sehr seine Frau. Anders als Golaud, den der Zweifel quält, oder der erbarmungswürdige Held aus *Eyes Wide Shut*, den die Entdeckung erschüttert, dass seine Frau einen anderen Mann sexuell begehren kann, und der diesem Begehren auf den Grund gehen will, anders auch als all diese Männer, die ihre kastrierenden Gefährtinnen nicht länger ertragen, die sie sich doch selbst ausgesucht haben, kann er sich nicht über irgendeine reale oder imaginierte Indifferenz gegenüber seiner Person beklagen. Was man auch aus der Art und Weise schließen kann, in der die Frau ihre Sexualität geschildert hatte, in der Scham oder Tabus keine Rolle zu spielen schienen. Er verlässt also lediglich das Feld, auf dem er und sein Vater den potenziellen und zwangsläufig ungleichen Kampf um sie austragen.

Der Mechanismus kommt in Gang. Sie sucht mich auf. Und durch die Übertragung kann sie mir und symbolisch gleichzeitig auch ihrem Schwiegervater sagen, wie unangenehm ihr die von ihm geschenkten Dessous sind. Da jedoch offensichtlich nicht sie die Ursache für das ist, was ihren Mann umtreibt, ändert das nicht viel für ihn: Es ist zu spät. Da aber sucht er mich auf und führt damit das einmal begonnene Projekt der Rückeroberung seiner Virilität fort. Um

Ratschläge und Rezepte einzuholen? Oder um mir stellvertretend für seinen Vater zu sagen, dass er das Feld räume? Zu seinem Erstaunen aber wird er durch meine Antworten, die ihm seine Größe und Autonomie zurückgeben, aufgewertet, wofür ich außerdem kein Geld nehme. Damit gebe ich den Status des distanzierten Fachmanns auf und werde, ohne dass es ihm oder mir bewusst gewesen wäre – und hier ist derselbe Mechanismus der Projektion wirksam wie bei seiner Frau, als sie meinen Blick wahrnahm –, zu einer möglichen Vaterfigur, einer Figur, die ostentativ die Macht abgibt, mit der sie ausgestattet war. Ich werde zum »guten Vater«, von dem er nichts mehr zu befürchten hat, der ihn als Mann anerkennt, der sein Schicksal selbst in die Hand nimmt und der Frau würdig ist, die er sich ausgesucht hat und so liebt, wie er sie lieben will, und sei es noch in der darauf folgenden Stunde, auf dem Fußboden.

Ich sah sie noch drei- oder viermal, um sicherzugehen, dass ich keine falschen Schlüsse gezogen hatte. Alles stand zum Besten, und sie übermittelte mir regelmäßig auch Grüße von ihrem Mann.

Sie zogen in die Provinz und machten damit der dumpfen Atmosphäre protokollarischer Familientreffen und den vergifteten Geburtstagsgeschenken ein Ende. Ihren Neujahrsgrüßen konnte ich immer entnehmen, dass es ihnen gut ging.

Wie stellen sich Paarbeziehungen heute dar?

Sie waren also weggezogen. Und Jahre nach unserer ersten Begegnung nahmen sie mich noch einmal als Zeugen, um mir von ihrem Alltag zu erzählen, dem der »glücklichen Menschen«, von denen das Sprichwort sagt, sie hätten »keine Geschichte«. Unsere heutige geschwätzige und ach so dynamische Gesellschaft, die so begierig auf die Dramen der Vorabendserien ist und so gern den geringsten »bürgerlichen« Anstrich anprangert – gibt es ein Wort in unserem heutigen Vokabular, das mit mehr Verachtung besetzt ist? –, wird es sich sicherlich nicht nehmen lassem, sie zu bedauern, ja die Wahl ihres Lebensstils zu bespötteln: Sie sind ein Paar, eine Familie. Sie ziehen ihre Kinder auf. Sie leben einen Alltag, der sicher nicht übermäßig spannend ist und in dem sie sich tagaus, tagein wiederfinden, durch kleine Aufmerksamkeiten auf das Wohl des anderen achten und ihre kleinen Sorgen und unbedeutenden Bürden miteinander teilen. Und man kann sich – ihren eigenen Worten zum Trotz – durchaus vorstellen, dass sie sich noch immer hin und wieder sexuell vereinen, getrieben von einem Rest animalischer Begierde, auch wenn diese mittlerweile nicht mehr so leidenschaftlich ist. »Das Glück ist eine Kugel, die rollt und der man hinterherrennt und sie mit dem Fuß weiterstößt, sobald man sie hat«, sagte Chateaubriand. Diese beiden haben beschlossen, ihr Glück ganz einfach festzuhalten, als es endlich zum Greifen nah war, nachdem sie befürchten mussten, es für immer zu verlieren.

Sie haben absolut nichts von unseren Stars und Prominenten mit ihren romanhaften Existenzen, die sich in unser Blickfeld und zugleich in unsere Vorstellungswelt drängen!

Aber wenn man sich einmal genau betrachtet, was diese Menschen, die sich so interessant geben, mit all ihrer vergeblichen, hektischen Umtriebigkeit suchen, dann erkennt man – ganz gleich, wie sie sich verhalten und wie erfinderisch sie oder die Lösungen sind, die sie sich ausdenken, ganz gleich, wer sie sind und wie ihre eigene Geschichte aussehen mag –, dass sie im Grunde immer das gleiche Ziel haben: ihre ermüdenden Wortgefechte hinter sich zu lassen, ihr ewiges Suchen zu beenden und endlich die für sie passende Form eines friedlichen »Hafens« zu finden – was viel schwieriger ist, als man glaubt –, so wie es diesem Paar gelungen ist. Würde sonst die Kurve der Trennungen und

Scheidungen heutzutage so steil in die Höhe schnellen, würden sich sonst Paarbeziehungen vornehmlich durch ihre mangelnde Stabilität auszeichnen? Zwei Menschen haben es eben miteinander versucht. Und warum auch nicht? Aber egal, ob Kinder da sind oder nicht – das Paar hat nicht gezögert, sich beim ersten größeren Problem zu trennen, weil es so aussah, als bedrohe dieses Problem… ja was eigentlich? Etwa das berühmte »bürgerliche« Ideal, nach dem man strebte, ohne es zu wissen, und erst recht, ohne es zuzugeben, als etwas, was einem sofort und auf der Stelle zusteht, ohne dass man sich dafür im Geringsten anstrengen müsste?

Wie soll man dieses Paradox verstehen?

Das ist eine wirklich schwierige Frage. »Das Paradox ist das Leben«, sagen die systemisch arbeitenden Therapeuten, die daraus ihre Anweisungen ableiten, wenn sie eine festgefahrene Situation – oder eine, die es zu werden droht – in Bewegung bringen wollen. Jenseits der alltäglichen Tatsachen zeichnet sich ab, dass es bei allen Menschen, welcher Sprache oder Kultur sie auch angehören, eine Art Streben nach Homöostase gibt, aufgrund deren sie eine unerbittliche »persönliche Bilanz« ziehen, der sie sich nicht entziehen und bei der sie weder handeln noch mogeln können. Und diese Homöostase ist nur durch ihr Nicht-Dasein erkennbar, weil dieses Nicht-Dasein als Manko empfunden wird.

Doch das habe ich an anderer Stelle schon ausführlich dargelegt. Aber habe ich damit auch die Frage erschöpfend beantwortet? Das hätte ich wirklich gern, ebenso wie ich es gern hätte, dass die Beziehungen zwischen Männern und Frauen, zwischen Müttern und Vätern klarer und einfacher wären und dass ein Interaktionssystem – das für eine Übereinstimmung zwischen zwei Menschen notwendig ist, erst recht, wenn sie ein Paar bilden und Eltern sind – stets funktioniert, so wie zwischen dieser Frau und diesem Mann, die ich einige Wochen lang bei ihrem Austausch begleitete.

Aber es wäre reines Wunschdenken, wollte ich behaupten, dies sei die alltägliche Realität!

Zweifellos, weil den beiden Geschlechtern klar war, mit welch großen Schwierigkeiten sie in ihren Beziehungen immer wieder konfrontiert wurden, haben frühere Generationen sich bei der Eheschließung jahrhunderte-, ja jahrtausendelang an dieselben äußerlichen Formen gehalten. Nebenbei bemerkt vollziehen sich die Dinge zuweilen noch heute in derselben ritualisierten Weise, die kommentarlos hingenommen wird, obwohl sie leicht altmodisch anmutet: Die Braut betritt den Raum am Arm ihres Vaters (sei die Trauung zivil oder kirchlich), der künftige Ehemann führt seine Mutter. Von dem Augenblick an, wo die nun Verheirateten zurückkommen, die junge Ehefrau bei ihrem Mann untergehakt, definieren sie sich nur noch über ihre gemeinsame Beziehung. Die Frau hat nicht aufgehört, die Tochter ihres Vaters zu sein, dessen Namen sie nicht mehr trägt (sofern sie sich nicht entschieden hat, ihn zu behalten, was heute in vielen Ländern durch das Gesetz der freien Namenswahl erlaubt ist); und auch der Mann ist immer noch der Sohn seiner Mutter und führt den Namen seines Vaters weiter, den er zu seinem eigenen macht, indem er ihn eine andere Frau tragen lässt. Sie sind füreinander Lebensgefährten, vereint, wenn nicht »vor Gott«, so doch zumindest immer »vor den Menschen«. Und natürlich soll diese Verbindung auf Dauer geschlossen sein: Die legale Verpflichtung, die staatlichen Gesetze und das Gewicht der beiden Familien, die sich nun miteinander verbunden haben, sollen in dieselbe Richtung wirken und diese Verbindung vor den Wechselfällen des Lebens schützen.

All das gehört schon seit Urzeiten zur Logik unserer Spezies und findet sich – mit einigen Varianten – in allen Kulturen der Welt, von den am höchsten entwickelten bis zu den primitivsten. Aber das waren Zeiten und Gesellschaftsstrukturen, wo man den Menschen noch nicht eingeredet hatte, sie müssten sich um ihre jeweiligen persönlichen Geschichten nicht die geringsten Gedanken machen, nicht um die Bindungen, die sie eingegangen waren, noch um die Stellung, die sie ihren beiden Eltern – je nach Geschlecht – zugewiesen hatten. Man hatte damals nicht begriffen, dass es, da »jeder zweite Mensch eine Frau ist«, notwendig war, die Ungerechtigkeiten bei Mann und Frau in der Elternschaft – mit ihren jeweiligen geschlechtsspezifischen Unterschieden – abzuschaffen und anschließend auch gleich den Generationsunterschied, als Ursache jeglicher Unterdrückung. Es waren Zeiten, als man überzeugt war, dass Worte ein gewisses Gewicht haben, und der Symbolik eines Namens eine übermäßig große Bedeutung zumaß, die, da sie eines Tages willkürlich festgelegt worden war, im Laufe der nachfolgenden Generationen jederzeit genauso willkürlich auch wieder geändert werden konnte. Und warum, hat man sich eines Tages gefragt, soll man einem Kind eigentlich stets den Namen des Vaters geben? Warum sollte der Name der Mutter nicht denselben Wert haben? Warum sollte man beide Namen nicht in irgendeiner Reihenfolge zusammensetzen oder einen neuen erfinden? Haben die iberischen Länder und die ganze hispanisch-lusitanische Kultur es nicht immer so gehalten (wie man betont hat, um mit den letzten Vorbehalten aufzuräumen)? In der Tat stellt man sich (fast) keine Fragen darüber, woher diese Besonderheit eigentlich kommt; man begnügt sich damit, sie aufzuzeigen und sich ihrer zu bedienen. Und doch ist sie die direkte Folge eines historisch bedingten Tatbestands, die die Jahrhunderte überdauert hat – ein Beweis, wenn es dessen noch bedürfte, dass diejenigen, die oben genanntes Argument anführen, sich im Grunde nach Belieben irgendwelche Elemente aus der Geschichte herauspicken, deren große Bedeutung sie aber in ihrer Traditionsverachtung leugnen! Denn dieser Brauch ist in Wahrheit die Übertragung einer in der arabisch-islamischen Kultur üblichen Verfahrensweise auf die hispanisch-lusitanischen Sitten; sie wurde in diesen Gegenden sieben Jahrhunderte lang praktiziert. Und sie blieb erhalten, ebenso wie die Paläste, die Gärten, manche Merkmale der Kochkunst, wie das Jota als Maß und eine große Anzahl von Wörtern in der spanischen und in der portugiesischen Sprache.

Die Männer der arabisch-islamischen Kultur waren polygam, und die Frauen hatten – und haben noch heute – die Pflicht, ihren ersten Sohn, den sie auf die Welt brachten, Mohammed zu nennen. Ein Mann, nennen wir ihn Ali, der also fünf, acht oder fünfzehn Söhne haben konnte, die Mohammed hießen, hätte ihnen notgedrungen erhebliche Identitätsprobleme mit auf den Weg gegeben, wenn er sie alle Mohammed, Sohn des Ali, genannt hätte. Die bequemste Lösung bestand darin, jedem Sohn zusätzlich noch den Namen seiner Mutter zu geben. Auf diese Weise konnte Mohammed, der Sohn von Ali und Fatma, nicht verwechselt werden mit Mohammed, dem Sohn von Ali und Aicha, und so weiter. Das konnte, nebenbei bemerkt, nur in einem Kontext geschehen, in dem die arabisch-islamische Kultur die Macht über das Gesetz hatte.

Als ich noch ein Kind war und in Algerien lebte, arbeitete ich, um mir in den Ferien ein bisschen Geld zu verdienen, im Rathaus der kleinen Stadt, in der ich wohnte. Ich hatte die Aufgabe, in große Hefte, die für die Wahllokale bestimmt waren, Wählerlisten einzutragen, die wegen eines geplanten Referendums erstellt worden waren. So musste ich ganze Seiten lang »SNP Mohammed ben Mohammed« schreiben, viele tausend Male hintereinander. SNP bedeutete »Ohne Familienname/bzw. Vatersname« (Sans nom patronymique) – denn diese Menschen hatten sich nie die Mühe gemacht, sich einen solchen zu beschaffen. Die Nummer auf dem Wahlausweis, der ihnen zugeteilt wurde, verlieh ihnen für die Zeit der Wahlen eine offizielle Identität, wobei als vereinbart galt, dass sie diese in ihren geschäftlichen Beziehungen und in ihrem Alltag nicht untereinander austauschten. Formell konnte man gar nicht anders vorgehen, denn nach dem französischen Gesetz war damals die Anfügung des Namens der Mutter an den des Vaters nicht zulässig. Es ist ein Paradox, dass man heute, wo die Zahl der SNP Mohammed ben Mohammeds erheblich kleiner ist als damals, eine genau in diese Richtung gehende Reform anstrebt und sie als wahrhaften Fortschritt anpreist. Wem sollte diese Reform wohl dienen? Den Müttern, die den Namen ihres eigenen Vaters weitergeben wollen, ohne sich dabei bewusst zu machen, dass dieser Wunsch etwas impliziert, das die Entwicklung ihres Kindes entscheidend beeinflussen wird: Nicht nur demonstrieren diese Frauen, dass sie ein unveräußerliches Recht auf den Namen ihres Vaters haben – auf Kosten des Namens des Vater ihres Kindes oder des Namens ihres eigenen Großvaters mütterlicherseits –, sie machen damit auf symbolische Weise ihren eigenen Vater zu dem ihres Kindes, klammern damit ihren Lebenspartner aus und führen eine ungeklärte (Namens-)Rivalität mit ihrer eigenen Mutter fort. Hier wird das Gesetz unserer Art angegriffen und in seiner Rechtmäßigkeit angezweifelt. Eine solche Praxis ist unbestreitbar der Sieg einer perversen Denkweise, die einer winzigen, aber sehr aktiven und sehr mächtigen und einflussreichen Randgruppe[14] unserer Bevölkerung eigen ist. Deshalb habe ich das Thema so behandelt, wie ich es getan habe, und in dem Tenor, der einem derartigen Nonsens gebührt – ganz gleich, wie viel Erfolg ihm auch beschieden sein mag.

Ich befürchte einfach, dass unsere Mitmenschen mehr und mehr den Anreizen einer Konsumgesellschaft erliegen, die sie verleitet, sich nur noch für sehr kurze Zeit auf etwas einzulassen, und sich genauso wenig um die Vergangenheit und die Geschichte wie die Zukunft oder die Entwicklung ihrer Kinder scheren, die wie kleine, unnütze Gegenstände in die Welt gesetzt werden und von einer vorübergehenden

Liebesbeziehung zeugen, die kaum wichtiger gewesen ist als irgendeine andere. Und es scheint so, als sei dies kein Anlass zur Besorgnis: Jeder versteht sich heute als Konsument und kann sich zur Behebung von eventuellen seelischen Störungen die Weisheiten des immer wieder neu aufgelegten Diagnostic and Statistical Manual of Disorders (DMS)[15] zunutze machen sowie die prompt wirkenden starken Psychopharmaka, von einer Arzneimittelindustrie erfunden, die für alle Lebenslagen das richtige Medikament parat hat.

So ist es nur legitim – da man nicht darauf hoffen kann, den Zerfall unserer sozialen Bindungen aufzuhalten, der sich zunehmend beschleunigt –, sich zu fragen, was man für die »Zwischen-Generationen« tun kann, die sich zwischen einer hoffnungslos »verkorksten« Vergangenheit und diesem unvermeidlichen, tiefen Abgrund befinden, der sich als Zukunft abzeichnet. Was kann man also anderes tun, als diese Generationen auch weiterhin über ihre Triebkräfte aufzuklären – die ihre Paarbeziehungen gefährden, ja zerstören können –, aufgrund derer sie die Dinge tun, die sie für unausweichlich halten?

Ich fahre also mit der Erkundung fort, die ich begonnen habe, und will mich diesmal nicht mit einem Fall aus meiner Praxis beschäftigen, sondern mit einem Film, der den Ehebruch einer Frau zum Thema hat und mir besonders aufschlussreich zu sein scheint.

Was für eine Vergeudung!

Es handelt sich um den Film *Trolös*[16] (Die Treulosen), bei dem – und das scheint mir erwähnenswert – eine Frau, nämlich Liv Ullmann, die Regie führte, während das Drehbuch von einem Mann, Ingmar Bergman, stammt. Diese künstlerische Zusammenarbeit ermöglichte vermutlich verschiedene Sichtweisen auf eine komplexe Geschichte, die ganz unterschiedliche Erlebniswelten umfasst, die bis in die kleinsten Details geschlechtsspezifisch dargestellt werden.

Die Dramatik des Themas, das der Film zum Gegenstand hat, wird gleich zu Beginn in einem Satz vorgestellt, der den jüngeren Generationen umso mehr Anlass zum Nachdenken sein sollte, als es sich bei dem Film um eine großenteils autobiografische Episode handelt und dieser Satz von einem Mann vorgebracht wird, der offenbar weiß, wovon er spricht. Wie um den Inhalt noch mehr hervorzuheben, spricht der Mann mit lauter Stimme diesen Text, der gleichzeitig auf der Leinwand aufscheint und lautet: »Kein gewöhnlicher Rückschlag, wie eine Krankheit, wie ein finanzieller oder beruflicher Misserfolg, wirkt sich so verheerend auf das Unbewusste aus wie eine Scheidung. Eine Scheidung rührt ganz direkt an die Angst und schürt sie. Es ist die tiefste Verletzung, die das Leben uns zufügen kann.«[17]

Die erste Einstellung, die den Tenor des nun folgenden Films angibt, zeigt einen alten Mann, der allein am Meer steht und – so wäre zu vermuten – aufgrund seines Alters Menschen und Dinge neutral und aus einer gewissen Distanz betrachten kann. Das Meer, Thalassa, repräsentiert den Ursprung jeglicher Existenz; Einsamkeit und Alter weisen auf das Ende des Lebens, den nahen Tod hin. Nebenbei bemerkt werden der alte Mann und das Meer die Handlung im Laufe des Films des Öfteren akzentuieren. Wer ist dieser alte Mann, der von Erland Josephson gespielt wird? Das wird nicht ausdrücklich gesagt, doch am Ende des Films, im Abspann, erfährt man, dass es Ingmar Bergman selbst ist; er tritt hier wie ein Chorführer in einer griechischen Tragödie auf, an die der Film durch das Allgemeingültige seines Themas und durch die Strenge seiner Konstruktion immer wieder erinnert. Dieser Chorführer ist allerdings zumeist stumm – so dezidiert, dass sein Schweigen manchmal an die Zurückhaltung eines

Psychoanalytikers erinnert, die er den Worten seiner Klienten entgegenbringt.

Die Handlung selbst ist im Übrigen nach dem Muster einer Psychoanalyse aufgebaut, mit Konsultationen, das heißt mit den unvermittelt erfolgenden Auftritten von Marianne, der Hauptfigur. Obwohl der Inhalt dieser Gespräche vorgeblich die Vergangenheit betrifft, strukturiert er in Wirklichkeit die Handlung der Gegenwart in linearer Weise, wie um den Ablauf der Geschichte noch zu verdichten.

Marianne ist eine schöne junge Frau, Schauspielerin von Beruf. Sie ist seit elf Jahren mit Markus verheiratet, einem Dirigenten von internationalem Rang, mit dem sie in jeder Hinsicht sehr harmonisch lebt: wiederum ein »bürgerliches« Kitschbild, um auf die an früherer Stelle ausgeführten Überlegungen zurückzukommen und um darauf hinzuweisen, dass selbst in Schweden, einem Land, das uns in vielen Bereichen als Modell dient – insbesondere was die Beziehungen zwischen den Geschlechtern betrifft – diese Kitschbilder noch häufiger anzutreffen sind, als man glauben mag. Marianne ist, nebenbei bemerkt, Mutter einer neunjährigen Tochter, Isabelle, von der sie immer wieder sagen wird, sie sei »rätselhaft mit ihren Träumen und ihren Geschichten«.

Das Paar hat seit langem einen gemeinsamen Freund, David, einen Regisseur, der Markus' Leidenschaft für die Oper teilt; zusammen haben sie bereits einige Opern zur Aufführung gebracht. David hat eine sehr gute Beziehung zu Isabelle. Ein wenig später erfährt man, dass er zwei Kinder hat – die er überhaupt nicht oder selten sieht –, und zwar aus der ersten seiner beiden Ehen, die beide gescheitert sind. Es sieht so aus, als habe man sich trotz des bürgerlichen Kitschbilds bemüht, das Muster eines Lebenslaufs zu zeichnen, das heutzutage sehr häufig anzutreffen ist.

All das ist sehr banal, alltäglich, ohne große Besonderheiten und hätte in diesem Rhythmus noch lange so weitergehen können.

Doch eines Abends, nach der Schlussvorstellung des Theaterstücks, das David inszeniert hat, stößt er zufällig auf Marianne und fragt sie aus heiterem Himmel… ob sie mit ihm ins Bett gehen will. Sie ist so überrascht über diesen Vorschlag, den sie unschicklich findet, dass sie mit Lachen darauf reagiert. Doch sie hat den Eindruck, dass es ihm nicht gut geht, und schlägt David daher vor, das Gespräch in ihrem Haus fortzusetzen, wo sie allein sein werden, weil Markus sich auf einer Tournee befindet. Nach einem Imbiss mit reichlich Alkohol und nachdem sich die Spannung mehr oder weniger gelegt hat, schlafen die beiden im selben Bett, aber – auf ihren Wunsch hin – wie Bruder und Schwester. Während sie dem Chorführer diese Sequenz berichtet, erklärt sie, sie habe den wirklichen David entdeckt, als sie sein schlafendes Gesicht gesehen habe.

Was hat sie in diesem Gesicht gesehen?

Das erklären die beiden folgenden Sequenzen mit einer Finesse, die man nur verstehen kann, wenn man den Begleitumständen genügend Aufmerksamkeit widmet.

Die erste Sequenz zeigt die Probe eines Quartetts von Brahms. Markus sitzt am Klavier und demonstriert seine Kunst und seine Fähigkeiten sehr überzeugend. Marianne, die währenddessen ihre Tochter Isabelle beobachtet, die ebenfalls anwesend ist, denkt dabei an die Beziehung Isabelles zu ihrem Vater. Sie ertappt sich bei dem Gedanken, dass »dieses Mädchen eine richtige Vatertochter und dass deren Beziehung eine ganz besondere ist, zu der die Außenwelt keinen Zugang hat«. Mit anderen Worten, sie selbst fühlt sich davon ausgeschlossen. Es ist, als begreife sie soeben, dass diese beiden Menschen sie eigentlich gar nicht brauchen.

Im Gegensatz zur ersten Sequenz erklärt die zweite, warum diese Geschichte mit David aus »heiterem Himmel« passiert ist. David sucht Marianne nach der Probe eines Theaterstücks auf, in dem sie spielen wird, entschuldigt sich bei ihr für sein Betragen vom Vorabend und spricht erneut von der Verwirrung, in der er sich befindet. Und schonungslos zieht er die traurige, aber realistische Bilanz seines Lebens, als er sagt: »Jedes Mal wenn ich versuche, einen Kontakt herzustellen, scheitere ich.« Im Gegensatz zu Markus und Isabelle, die beide keine seelischen Nöte zu kennen scheinen, sagt David gewissermaßen, dass er selbst geradezu entsetzlich leidet. Marianne ist bewegt. Sie möchte ihm helfen. Er dankt ihr dafür. Dies fördert bei ihr das offenbar mütterliche Gefühl, das sie für diesen Mann hegt, der sich, wie bereits erwähnt, sehr gut mit Isabelle versteht. Sie kommentiert ihre Empfindung mit den Worten: »Ich habe da etwas sehr Rätselhaftes erlebt«, ein Satz, der auf das verweist, was sie zuvor über Isabelle gesagt hatte. Das Rätselhafte ihrer Tochter entfernt sie von ihr, was ihr die Art ihrer beidseitigen Verbindung noch stärker zum Bewusstsein bringt. Das Rätselhafte, in dem sie sich befindet, wie sie merkt, verweist sie auch auf ihre Beziehung zu ihrer eigenen Mutter, so sehr, dass David – ohne beider Wissen – vor allem das Mütterliche in ihr weckt, das, wie Marianne kurz zuvor dachte, von Isabelle nun fast nicht mehr gebraucht wird. Dass David sie dagegen braucht, empfindet sie als Linderung. Als er schließlich sagt, er erwäge, sich durch eine Psychoanalyse helfen zu lassen, erwidert sie, »die Psychoanalyse kann warten«, und küsst ihn auf den Mund; damit bietet sie ihm – durch ihre Gegenwart und durch die Affäre, auf die sie sich nun mit ihm einlässt – an, sich bei der Bewältigung seiner Nöte ganz auf sie zu verlassen. Er erkennt sofort die Tragweite der ganzen Situation, die er sehr hellsichtig mit den Worten kommentiert: »Das ist ernst, das ist sehr ernst.«

An dieser Stelle wollen wir innehalten. Denn wir sind Zeuge der Ausgangslage, die dann zu einem weiblichen Ehebruch führen wird, dem ersten, der in diesem Buch ausführlich behandelt wird.

Nichts hat ihn vorausahnen lassen; keiner der Gründe war vorhanden, die man gemeinhin mit dem Ehebruch assoziiert. Wir haben eine Frau und Mutter vor uns, die in ihren beiden Funktionen Erfüllung findet: Sie hat eine interessante Arbeit, einen erfolgreichen, aufmerksamen und liebevollen Ehemann, Freunde und eine reizende Tochter, die sich gut entwickelt. Warum sollte diese Frau und diese Mutter etwas in einem außerehelichen Abenteuer suchen? Und was sollte sie darin suchen?

Eine mögliche Antwort wurde bereits durch Mariannes Erkenntnis gegeben: Isabelle, die Tochter, hat eine so enge Beziehung zu ihrem Vater, dass sie ihre Mutter überhaupt nicht mehr zu brauchen scheint; Markus, der Ehemann, ist so von seiner Musik erfüllt und so zufrieden mit allem, was das Leben ihm bietet, dass es ihm offenbar an nichts mangelt. Also signalisieren weder der Ehemann noch die Tochter Marianne, dass sie sie in irgendeiner Weise brauchen; Marianne ihrerseits hat jedoch den Wunsch, auch weiterhin ihre Mütterlichkeit auszuleben. David dagegen ist so hilflos, dass er vor allem als Mensch mit unerfüllten Bedürfnissen in Erscheinung tritt, und diese Bedürfnisse setzen ihm so sehr zu, dass er nicht zögert, sie zu befriedigen, indem er ein Verhältnis mit der Frau seines besten Freundes beginnt.

Ich habe in meinen vorigen Büchern[18] ausführlich die Logik des weiblichen Verhaltens analysiert und sie »Logik der Schwangerschaft« genannt; ich habe aus ihr eine Verhaltenslogik abgeleitet, die auf die Bedürfnisbefriedigung eines Dritten abzielt, der der Frau, die das Bedürfnis oder die Bedürfnisse stillt, ein Gefühl der Kohärenz und der Macht verleiht. Angesichts dieser Logik habe ich die männliche Verhaltenslogik als »Logik des Koitus« bezeichnet: Der Mann, von der Furcht gequält, seine Genitalien zu verlieren, versichert sich ihrer auf zwanghafte Weise, indem er sie in Aktion treten lässt. All das hat seinen Ursprung in den Prägungen, die die Identifikationsbeziehungen – wie sie die

Kleinkinder beiderlei Geschlechts zu ihrer Mutter hatten – in der Psyche hinterlassen haben; diese Beziehungen machen aus der Mutter das erste Liebesobjekt, aus dem sich später das gesamte Liebesleben entwickelt. Ist Freud nicht sogar so weit gegangen, dass er in einem Ausspruch – auf den ich an späterer Stelle noch eingehen werde – behauptete, dass »das eheliche Glück nicht gesichert ist, solange es der Frau nicht gelungen ist, aus ihrem Ehemann ihr Kind zu machen, solange sie sich ihm gegenüber nicht mütterlich verhält«?[19]

Das leitet sich, so Freud, aus der Tatsache ab, dass die Männer sich in einer relativ einfachen und klaren Position befinden: *Jede Begegnung mit dem Körper einer Frau, egal welchen Rang sie in der Folge der Begegnungen einnimmt, steht für den Mann im Zeichen des Wiederfindens und weist dieser Frau den zweiten Rang zu, weil die Mutter den ersten Rang für alle Zeit und unwiderruflich einnimmt.* Aufgrund dieses einfachen Tatbestands kann der Ehebruch des Mannes – in dem unter Umständen eine Frau auf die andere folgt – als Wunsch gedeutet werden, bei diesem Akt des Wiederfindens »nachzuprüfen«, ob jene Frau, die er – das hat er akzeptiert – unmöglich bekommen kann und die früher einmal den ersten Rang eingenommen hat, ihn noch immer einnimmt. Aus diesem Grund versteht man einerseits, mit welcher Leichtigkeit Männer oft außereheliche Affären eingehen, als auch, dass sie nicht selten gar keine Gewissensbisse deswegen haben, ja vielmehr noch stolz darauf sind (was zuweilen, wie bei Don Giovanni, so weit geht, dass sie ihre Eroberungen prahlerisch »auflisten«).

Ganz anders ist die Sachlage hingegen bei der Frau. Da sie nur die anatomische Prägung ihrer Mutter an sich hat und nicht die ihres Vaters, *wird jede Begegnung, die sie mit dem Körper eines Mannes hat – wie einst beim Vater –, als Entdeckung erlebt werden, die diesem Mann, egal welchen Rang er in der Folge der Begegnungen einnimmt, den ersten Rang zuweist. Das erklärt sowohl, warum Frauen gewöhn-*

lich zögern, einen Ehebruch zu begehen, als auch, dass sie ihn anschließend aus ihrem Gedächtnis »streichen« oder manchmal Gewissensbisse deswegen haben.

Wenn man diese Prämissen zur Kenntnis nimmt, kann man besser verstehen, wie Männer und wie Frauen gewöhnlich auf einen Ehebruch ihres Partners reagieren.

Einem Mann, der geglaubt hatte, endlich eine Frau nur für sich zu haben, anstelle der allerersten Frau, die er – wenn auch mit Gram im Herzen – seinem Vater überlassen musste, wird es schwerfallen, den Gedanken zu akzeptieren, dass er seinen ersten Rang zugunsten eines anderen verloren hat, und er wird mit genauso viel Schmerz wie damals über die »verlorene« bzw. beschädigte Beziehung trauern. Er wird nur unter großen Mühen ertragen, was ihm widerfährt, und wird sich vielleicht nicht so leicht davon erholen, selbst dann, wenn es sich nur um einen Zweifel handelt – wie bei Golaud –, um einen Verdacht – wie bei Othello – oder um die Konfrontation mit einer einfachen Fantasievorstellung – wie bei der Hauptfigur des Films *Eyes Wide Shut*.

Auch wenn es durchaus vorkommt, dass Frauen wütend darüber sind, dass sie betrogen wurden, und daraus ihre Konsequenzen ziehen, so ist doch häufiger zu beobachten, dass sie darüber hinweggehen oder zumindest wenig Aufhebens davon machen. Das hat unter anderem – ich werde noch ausführlicher davon sprechen – damit zu tun, dass ihr Mann, dem sie den ersten Rang zugewiesen haben, genauso wenig wie ihr Vater, dem sie sich einst zuwandten, um sich ihrer sexuellen Identität zu vergewissern, die Prägung ihrer Mutter an ihrem Körper auslöschen konnte. Man könnte so weit gehen und sich – zumindest für einige Frauen – das vorstellen, was Françoise Héritier[20] als »Vermischung der Substanzen« bezeichnet: Das heißt, die Frau geht durch die »Vermittlung« ihres Mannes – das heißt durch sein Fremdgehen – eine imaginäre intime Beziehung mit einer anderen Frau ein, was ihre Neigung nicht unbedingt für einen Inzest, doch zumindest für eine Art homosexuelle Beziehung befriedigen könnte, die die Frau an die allererste Bindung erinnert, die sie zu ihrer Mutter hatte.

Um auf den Film von Liv Ullmann zurückzukommen: Wir sind nun bei der Szene, in der Marianne, die in Davids Gesicht ein Bedürfnis nach mütterlicher Zuwendung erkannt hat, beschließt, es zu befriedigen, wohingegen David noch immer bereit ist, sich eventuell durch eine Psychoanalyse helfen zu lassen, das heißt, einen Rückzieher zu machen.

Sie erklärt ihm, was sie vorhat. Das geplante Abenteuer wird dank eines Zusammentreffens mehrerer Umstände möglich sein. Sie erhält von ihrem Theater ein Stipendium, mit dem sie drei Wochen nach Paris gehen kann. Sie muss also nur noch diese drei Wochen mit der Tournee, die Markus unternehmen wird, in Einklang bringen und Isabelle in die Obhut ihrer Großmutter geben. »Wir brauchen nicht einmal zu lügen«, sagt sie. David muss lediglich publik machen, dass auch er nach Paris fährt, um seinen Filmausstatter zu treffen und mit ihm über den Film zu sprechen, den er schon seit langem zu drehen beabsichtigt. Dass beide zum gleichen Zeitpunkt reisen, werden sie als Zufall darstellen. Während eines häuslichen Abendessens, an dem alle drei Erwachsenen und auch Isabelle teilnehmen, berichten Marianne und David in aller Ruhe von ihren Reiseplänen; bei diesem Abendessen sieht man übrigens, wie Isabelle von allen dreien nacheinander liebevoll umarmt wird. Marianne fühlt sich sogar so sicher, dass sie ihrem Mann die provozierende Frage stellt, ob er nicht etwa argwöhnisch oder eifersüchtig sei, angesichts dieses merkwürdigen Zusammentreffens. Aber der tut die Bemerkung mit den Worten: »Meine Marianne, mein David!« ab. Ein wenig später, im Schlafzimmer, sagt er in dem Augenblick, wo er sich anschickt, mit seiner Frau intim zu werden: »Das wäre Verrat.«

Für Marianne ist es also der erste Ehebruch; er kommt vollkommen unerwartet, und es gibt – oberflächlich gesehen – nicht den geringsten objektiven Grund dafür. Sie ist, wie bereits gesagt, mit einem sehr bemerkenswerten Mann verheiratet, der sie auf allen Ebenen befriedigt, auch auf der sexuellen, wie sie ausdrücklich erwähnt, als brächten die Bilder ihres Ehelebens dies nicht deutlich genug zum Ausdruck. »Er bringt mich zum Orgasmus«, sagt sie zu dem alten Mann, »und zwar so, wie ich es zuvor nie erlebt hatte und ganz bestimmt niemals mehr erleben werde. Manchmal verliere ich sogar die Besinnung dabei.« Dennoch plant sie mit kühlem Kopf ihr außereheliches Abenteuer und geht dabei so weit, dass sie die kleinsten Details vorausprogrammiert, ja, wie ein Regisseur inszeniert.

Dieser Punkt, dieses »Inszenieren« ist übrigens keineswegs ohne Bedeutung, wenn man berücksichtigt, dass David, der Liebhaber, den sie sich wegen seiner schweren seelischen Probleme ausgesucht hat, selbst Regisseur ist, als erlaubte ihr das, was an ihre mütterlichen Gefühle appelliert, gleichzeitig, sich auf das Terrain des erwählten Partners zu begeben; bei ihrem Ehemann Markus könnte sie dagegen keinen Anspruch auf eine solche Rolle erheben, weil dieser in musikalischen Sphären aufgeht, zu denen sie niemals Zugang fände. Sie fühlt sich bereit, ihren Status als Mutter und Frau aufzugeben – weil sie in beiden zwar Erfüllung, aber kein Machtgefühl erlebt –, um zu versuchen, ein wenig von dieser Macht auszuüben. Um es in der Sprache der Psychoanalytiker zu sagen: Sie sieht Markus als Besitzer des Phallus, David dagegen als jemanden, der geneigt ist, ihr den Phallus zu gewähren. »Lieben bedeutet, das, was man nicht hat, dem zu geben, der es nicht ist).« In Lacans Definition der Liebe, die häufig unvollständig und verzerrt zitiert wird, ist »das« der berühmte Phallus.

Was also ist der »Phallus«? Es ist ein grundlegender psychoanalytischer Begriff für einen komplexen, vielseitigen

Ansatz, dem Lacan sehr viel Raum in der Auslegung der Instanzen des Unbewussten zugestand. Sehr viel wurde auch über ihn geschrieben, insbesondere in den letzten Jahrzehnten. Sigmund Freud hat ihn entwickelt und damit der Psychoanalyse viele Angriffe eingehandelt – nicht zuletzt von einigen feministischen Strömungen, die in ihr eine rein sexistische Disziplin sehen.

Trotz des sprachlichen Zusammenhangs ist der Phallus nur eine symbolische Instanz, die nichts mit der konkreten Wirklichkeit des Penis zu tun hat. Allerdings übernimmt er von diesem einige Charakteristika, und das mag die Verwirrung erklären, der man leicht anheimfallen kann. Schon Freud befürchtete, es könnte zu dieser Verwirrung kommen, verbunden mit der Gefahr, dem Phallus eine mehr oder weniger reale Beschaffenheit zuzusprechen, obwohl niemand tatsächlich den Anspruch erheben kann, ihn zu besitzen, und er lehnte die quasi mythische Auslegung des Phallus, die C. G. Jung anstrebte, ab. Dennoch erklären die Merkmale, die der Phallus vom Penis übernimmt, seine Bedeutung für das Unbewusste. »Der Phallus ist das, worin sich die Unzulänglichkeit des Penis zeigt, obwohl er das Abbild eben dieses Organs ist«, erläutert Moustapha Safouan[21]. Dieser Unterschied und zugleich diese Unzulänglichkeit machen seinen jeweiligen Rang in der Psyche der beiden Geschlechter verständlich.

Wie soll man das verstehen?

Der Penis ist, ob man es will oder nicht, ob man es zugibt oder nicht, das männliche Organ, dessen Besonderheit seine Sichtbarkeit ist – die Römer nannten ihn auch *fascinus*, woher das Wort »faszinieren« und seine Ableitungen stammen –, und der sich mit Blut füllen und erigieren kann, was seinen Besitzer zuweilen drängt, sein auftretendes Bedürfnis mit Hilfe von Gewalt zu erfüllen. Seine Merkmale prägten sich in der Evolution der menschlichen Gattung in der Psyche als Symbol für triebhafte Gewalt ein, kurz für Trieb, der sich eines Menschen bemächtigt und der in allererster Linie zu seinem alleinigen Nutzen da ist.

Aber diese Art von triebhaftem Eigenleben der Geschlechtsorgane ist nichts ausschließlich Männliches. Ich erinnere mich an eine junge Frau, die mir von ihren Hemmungen erzählte und berichtete, was sie in Gegenwart des Mannes gefühlt hatte, der sie heftig umwarb, dem sie jedoch aus Angst, mit HIV angesteckt zu werden, nicht nachgab: »Ich begriff es in dem Augenblick, als wir am Portalvorbau eines Hotels vorbeikamen, durch die unglaubliche Hitze, die ich unversehens von meinen Schenkeln aufsteigen spürte. Es hätte genügt, dass einer von uns beiden eine Hand drauflegt, und ich hätte sofort einen Orgasmus bekommen.« Die weiblichen Geschlechtsorgane besitzen natürlich ebenfalls erektile Gewebeteile (Klitoris; schwammartiges, perivaginales Gewebe), die dafür sorgen, dass die Frauen dieselben Ausbrüche von Begierde empfinden können wie die Männer. Aber diese Gewebeteile sind nicht äußerlich sichtbar, und ihre lange Zeit ignorierte Existenz wurde erst sehr spät, in der Neuzeit, durch anatomisches Sezieren bewiesen. Wenn man sich die außerordentliche Bedeutung des Sichtbaren bewusst macht, auf die ich an früherer Stelle in diesem Buch bereits hingewiesen habe, versteht man, dass das innerpsychische Symbol für diese Begierde – auch die der Frauen – nicht durch ein Äquivalent der Klitoris dargestellt wurde. So genannte »phallische« Kulte gab es übrigens zu allen Zeiten und in vielen Weltgegenden, sowohl für Männer als auch für Frauen. Im Frühling, der Jahreszeit des Wiedererwachens der Natur und der Fruchtbarkeitskulte, veranstaltet man im heutigen Japan[22] Prozessionen, bei denen riesige Penisabbildungen getragen werden (wiederum eine Folge der semantischen Nähe). Dasselbe Land Japan ignoriert deswegen aber keineswegs das weibliche Geschlecht, das es in kunstvollen Skulpturen – den »Nyngio«, deren Macht als nützlich gilt – in sehr realistischer Manier mit dem Penis vereinigt. Zweifellos erzeugt das Gewicht, das dem besser sichtbaren Geschlechtsorgan verliehen wird, eine Hierarchie, die aus ihm *das* Fruchtbarkeitsorgan par excellence macht. Das hat natürlich chauvinistische Schlussfolgerungen innerhalb der Gesellschaften gefördert, und in vielerlei Hinsicht kann man nur froh sein, dass die Frauen diese nun nicht mehr zu akzeptieren gewillt sind. Aber auch wenn es in unserem heutigen Alltag legitim erscheint, diese Hierarchie aufzulösen, so muss man doch einräumen, dass man die Instanzen des Unbewussten nicht beeinflussen kann. Zu behaupten, dass allein die Präsenz des Phallus in der Psyche schon eine chauvinistische Auslegung des Inhalts dieser Psyche sei (die ja auch das Bild einer Vulva mit einschließt), wäre ungefähr so, als sei man erstaunt, auf einer Filmleinwand nicht die Darstellung des Projektionsapparates zu sehen. Die psychische Ökonomie impliziert natürlich, dass die Vulva der Ort ist, an dem alle Menschen beiderlei Geschlechts ins Leben hinausgestoßen werden; der Ort, an den zurückzukehren der Traum der Männer ist, und der die Frauen, die doch diese Vulva besitzen, oft so einschüchtert, dass sie einige Zeit brauchen – wenn es ihnen überhaupt jemals gelingt –, um das Potenzial dieses Organs wirklich bewusst auszuschöpfen.

In Anbetracht der – zumindest semantischen – Kontiguität der psychischen Instanz und des tatsächlichen Organs hat man sich in der psychoanalytischen Sprache darauf geeinigt, dass der Mann den Phallus *hat* und die Frau der Phallus *ist*: Der Mann hat *Ihn*, weil er in seinem Penis den Ursprung seines Abbildes hat; die Frau ist *Er*, weil sie, begehrt und penetriert, der Phallus ist und mit der Verlängerung des Penis verschmilzt.

Dennoch ist der Phallus, trotz dieser Kontiguität mit dem Penis, kein Vorrecht der Männer. Die Frauen, die *Ihn* ja niemals *haben* können, aber *Ihn* für die Männer, von denen sie begehrt werden, *sein* können, können *Ihn* in Wirklichkeit ebenfalls besitzen. Sagt man nicht von manchen Frauen, sie seien »starke Frauen« oder sie hätten »die Hosen an«? Sie besitzen *Ihn*, nebenbei bemerkt, häufig durch ihr Kind. Man kann die Auslegung ablehnen, wonach das Kind für eine Frau das Äquivalent des Penis ist, den sie gern hätte. Aber man kann die Tatsache nicht leugnen, dass die Mutterschaft, die einer Frau eine unbestreitbare Kohärenz ihrer Verhaltenslogik verleiht, sie dazu veranlassen kann, sich dank ihrem Kind ganzheitlicher, vollkommener zu fühlen. Von hier bis zu der Tatsache, dass sie eine gewisse Macht für sich geltend machen kann, ist es nur ein kleiner Schritt. Und, ganz gleich, ob das Kind ein Junge oder ein Mädchen ist – die Mutterschaft erleichtert es der Frau, den Phallus vom Penis zu trennen. Demnach besitzt jeder Mensch, ob Mann oder Frau, der eifrig genug bedacht auf seine Macht[23] – natürlich imaginär ist und nicht als solche wahrgenommen – über andere ist, um sie dauerhaft zu bewahren, zu mehren und nie auch nur ein kleines Stück davon abzugeben: den Phallus. Woher kommt eine solche Neigung, ein solcher Anspruch? Es ist nicht leicht, diese Frage in Kürze zu beantworten. Ich möchte hier nur sagen, dass diese Anlage (oder dieser Anspruch) im Allgemeinen eng verbunden mit der Stellung ist, den der Betreffende in der psychischen Ökonomie seiner Mutter eingenommen hat.

Um zumindest vorläufig mit dem Begriff Phallus abzuschließen, wollen wir hier festhalten: Man versteht nun, dass dieser Begriff nicht unbedingt im Sinne der herkömmlichen Moral oder der gesellschaftlichen Bindungen betrachtet werden muss. Vielmehr stellt er ein Hindernis für sie dar. Liest man aus diesem Blickwinkel Lacans Definition der Liebe noch einmal, so wird einem klar, dass er sie als Verzicht auf jegliche Macht über den anderen und als den Versuch begreift, dem anderen ein wenig Macht über sich zu »geben«.

Um auf die Grundhandlung des Films zurückzukommen: Wir verstehen, dass Marianne, trotz aller objektiven Kriterien und positiven äußerlichen Bedingungen und obwohl sie von Markus so viel Erfüllung erfährt, ihre von Liebe geprägte Beziehung nicht mehr fortsetzen will, wohingegen sie das, worauf sie sich mit David einlässt, genau unter diesem Vorzeichen (siehe oben) sieht. David, »dieser spontane und in seinem Privatleben chaotische Mensch«, den sie als vollkommen hilflos und verwirrt wahrnimmt, wird das, was er nicht hat, ihr geben, der kleinen Schauspielerin, die sich trotz ihrer intensiven Orgasmen als sexuelles Objekt ihres Mannes wahrnimmt und für diesen Ehemann ganz und gar dieser Phallus ist. Daher hofft sie, das, was sie nicht hat, nämlich den Phallus, David geben zu können, der – im Gegensatz zu dem brillanten und souveränen Markus – nicht dieser Phallus ist.

Um es noch einmal mit anderen Worten zu sagen: Man kann dieses Auslegungsschema beispielsweise auch auf den Fall anwenden, der zu Beginn dieses Kapitels berichtet wird. Wir können unschwer feststellen, dass sich die junge Frau in der Beziehung zu ihrem Ehemann in die erforderliche Lage brachte, um ihm das – den Phallus – zu geben, was sie nicht hatte; und wenn er sich *Ihn* woanders suchte, dann, weil er zu einem bestimmten Zeitpunkt in der Beziehung das Gefühl hatte, nicht über *Ihn* verfügen zu können, da *Er* ihm durch das wiederholte Verhalten seines Vaters immer wieder weggenommen wurde.

Man könnte alle diese Dinge auch noch auf eine andere Art sagen, die vielleicht mehr der herkömmlichen Ausdrucksweise entspräche. So paradox es auch scheinen mag: Nicht weil Marianne sich über ihren Mann zu beklagen hätte oder ihm etwas vorwerfen könnte, wird sie ihn betrügen. Sie wird ihn betrügen, weil sie von ihm – wie ich immer wieder hervorgehoben habe – buchstäblich erfüllt ist. Dieser Mann, dem es an nichts zu mangeln scheint und der alles tut, damit es auch ihr an nichts mangelt, lähmt die Dynamik ihres wechselseitigen Austauschs. Er kann ihr nichts mehr geben. Und sie glaubt, sie könne ihm nichts mehr geben. Es ist keinerlei Mangel in dieser Beziehung, von der beide – auch wenn sie von einem befriedigenden sexuellen Austausch geprägt ist – nichts weiter zu erwarten haben. Doch wenn es keinen Mangel gibt, gibt es auch keine Begierde. Denn der Mangel ist der Motor der Begierde. All das kann nicht nachdrücklich genug betont werden. Denn welche Vorstellung haben wir gewöhnlich von einer Paarbeziehung? Wir sind der Auffassung, dass beide Partner sich bemühen sollten, dem anderen das zu geben – bis er befriedigt ist, ja sogar im Übermaß befriedigt wird –, was ihm fehlt; was stillschweigend impliziert, dass das Glück dann erreicht sein wird. Doch dies ist eine trügerische, absolut irrige Absicht, die, wenn die Paarbeziehung von Dauer sein soll, niemals umgesetzt werden darf! Es stimmt, dass man sich, lehnt man dieses Bestreben ab, vielleicht Vorwürfen des enttäuschten Partners aussetzt, der anklagend auf seine mangelnde Befriedigung hinweist. Aber es ist immer noch besser, dieses Risiko einzugehen und Unannehmlichkeiten hinzunehmen, als den Partner vollauf zu befriedigen und damit die Begierde zu ersticken.

Welche Folgen eine solche Fehlentscheidung hat, wird im Film durch die Beziehung, in der Marianne und David sich einrichten, veranschaulicht.

Wenn auch ihr Aufenthalt in Paris sich gemäß den klassischen Schemata aller außerehelichen Affären vollzieht – einschließlich der Lügen am Telefon, die Marianne ihrem Ehemann auftischt –, so wird sich doch herausstellen, dass Davids Verhalten das Gegenteil zu Markus' sprichwörtlicher Kultiviertheit darstellt: Der Geliebte entpuppt sich als Tyrann, der heftige Eifersuchtsanfälle hat und zudem eine unvorhersehbare und unkontrollierte Brutalität an den Tag legt. Marianne schenkt ihm eine Spieluhr, die die zweite Arie des Papageno aus der *Zauberflöte* spielt – und man sollte nicht vergessen, dass David Opern inszeniert hat, deren Text lautet: »Ein Mädchen oder Weibchen wünscht Papageno sich, denn so ein sanftes Täubchen wär' Seligkeit für mich.« Marianne signalisiert ihm damit, dass sie sich ihm anbietet, dass sie sein Glück will. Aber er scheint taub für diese Botschaft zu sein. Dagegen verlangt er beharrlich von ihr, ihm von ihren früheren sexuellen Beziehungen zu erzählen und ihm genaue Details über ihr Intimleben mit den Männern, mit denen sie zusammen war, zu verraten, und insbesondere über ihr Zusammensein mit Markus. David verhält sich gegenüber Marianne damit nicht wie ein Liebhaber, sondern wie ein kindlicher Tyrann, der das Recht zu haben meint, alles von einer Mutter zu fordern, die, so sein Anspruch, ganz zu seiner Verfügung zu stehen hat; das geht so weit, dass er das Recht zu haben glaubt, sie zu fragen, wie ihr Mann sexuell mit ihr verkehrt habe. »Du willst alles und noch mehr!«, wirft sie ihm an den Kopf, als sie erkennt, dass ihre mütterliche Neigung sie in eine Falle geführt hat, und sie sich die Frage stellt, was nach ihrer Rückkehr aus Paris aus ihrer Beziehung werden soll. Als sie versucht, Abstand zu gewinnen, reagiert David, indem er im Hotelzimmer auf sie einschlägt, wo sie kurz zuvor noch ihre Liebesstunden verbrachten.

Um zu verstehen, was hinter der Liebe, die Marianne David schenkt, und der mütterlichen Neigung, die sie für ihn hat, steht, muss man sich auf das stützen, was die Psychoanalyse über den Ursprung der Liebe sagt, nämlich: »dass Liebe immer eine Liebe der Übertragung ist«. Der Psychoanalytiker, Mittelsmann der Übertragung, die seitens des Patienten auf ihn erfolgt, macht es sich zur Aufgabe, die aufeinander folgenden Personen zu erkennen, an die sich der Patient (durch seine Vermittlung) richtet. Er ist nach und nach die Mutter, der Vater, die Schwester, der Onkel, der

Bruder, die Freundin usw. des Patienten. Er weiß auch, dass es im Grunde bei allen Handlungen, die sich mit diesen unterschiedlichen Personen zutragen, immer nur darum geht, die einzige und authentische Liebe »herauszufiltern«, die jeder Mensch in seiner frühesten Kindheit erlebt: die Liebe für seine Mutter und einzig für sie. Die Wirklichkeit des Gegenstands seiner Liebe wird ein Mensch niemals ganz erfassen können – denn was kann er mit Bestimmtheit über sie wissen? –, doch das hindert den Patienten nicht daran, auf den Analytiker die erste Liebe zu übertragen, die er für seine Mutter empfunden hat. Dafür ist der Analytiker da, nur zu diesem Zweck hat der Patient ihn gewählt. Genau diese Art Liebe lebt Marianne mit David aus. Und er beherrscht, ja misshandelt sie genauso, wie einst seine Mutter ihn beherrscht, ja vielleicht sogar misshandelt haben mag. Nichts von alledem besteht in der Beziehung zu Markus, der sie mit großer Achtung behandelt – zweifellos mit derselben, die er für seine Mutter hatte, in Erwiderung der Liebe, die sie für ihn gehabt haben muss.

David schlägt Marianne vor, Markus nach ihrer Rückkehr von ihrem Verhältnis in Kenntnis zu setzen, doch darauf erwidert sie, dann wolle sie lieber ihre Affäre beenden. Nicht, dass sie es Markus nicht antun könnte, über dessen Schicksal sie entschieden zu haben scheint – sie kann es Isabelle nicht antun!

Hier kommen wir zu dem immer wiederkehrenden Thema in der Geschichte vieler Ehepaare, ob sich bei ihnen ein Ehebruch zutrug oder nicht: Man bleibt wegen der Kinder zusammen und versucht, so gut man kann, mit den Spannungen und heiklen Situationen fertig zu werden – eine Entscheidung, die auch heute noch heftig diskutiert wird, was auch gar nicht anders sein kann, solange das bestehende Problem unter falschen Prämissen dargestellt wird.

Denn man geht vorschnell davon aus, dass die Menschen, die in einer solchen Atmosphäre leben, zwangsläufig heftig darunter leiden. Und man hat deswegen eilig den Schluss gezogen, dass es besser für ein Kind ist, getrennt lebende, aber entspannte Eltern zu haben, als Eltern, die zusammenleben, sich aber nicht verstehen. So zu urteilen würde bedeuten – in der Analyse der Situation –, auf einer bedauerlich oberflächlichen Ebene zu verharren. *Denn welcher Mensch kann später sagen, er habe eine Kindheit erlebt, die nur glücklich war? Welcher Mensch kann sagen, er habe aus der Eintracht oder dem liebevollen Ineinanderaufgehen seiner Eltern einen Nutzen gezogen?* In den seltenen Fällen, in denen man mir von einer idyllischen Atmosphäre zwischen den Eltern erzählte, hatte ich es mit Menschen zu tun, die darüber klagten, keinerlei Selbstvertrauen zu besitzen und nicht zu wissen, wer sie waren oder was sie waren, weil sie immer den Eindruck hatten, für ihre Eltern nicht wichtig gewesen zu sein, weil diese immer miteinander beschäftigt waren. Also muss man ganz ernsthaft das Leiden relativieren, das Kinder in solchen Konstellationen angeblich empfinden. Vielmehr sollte man es als Bestandteil der Physiologie der ödipalen Phase verstehen: Ich, das Kind, leide zwangsläufig darunter, dass meine Mutter (oder mein Vater) so wenig mit der Liebe anzufangen weiß, die ich ihr (ihm) entgegenbringe und deren Intensität er (sie) gar nicht ermessen kann; ich leide – je nach Temperament – ein wenig (oder ziemlich oder viel mehr), weil ich feststellen muss, dass meine Liebe meine Mutter (meinen Vater) nicht auch nur annähernd über die mangelnde Eintracht mit meinem Vater (oder meiner Mutter) hinwegtrösten kann; meine Eltern haben sich sicherlich wegen mir getrennt; ich bin schuld an ihrer Trennung, weil es mir nicht gelungen ist, ihnen genug Liebe als Entschädigung für die Liebe zu geben, die ihnen fehlt; und schließlich, mein Vater (oder meine Mutter) muss gespürt haben, dass ich ihr (ihm) meine Mutter (meinen Vater) vorgezogen habe, und er ist eifersüchtig darauf.

Und schlussendlich müssen wir uns von unreifen, märchenhaften Vorstellungen lösen und mit dem, was die Happy Ends der Hollywoodfilme mit Sonnenuntergängen vor einem farbenprächtigen Himmel und passender Geigenmusik uns suggeriert haben: *Das Leben zu zweit ist ein schwieriges Abenteuer, jeden Augenblick und aus Gründen, die mitder Physiologie und der Funktion des Paares zusammenhängen – und zwar für beide Partner. Es kann nie gelingen, wenn es nicht in einer langfristigen, dauerhaften Perspektive gesehen wird.* »Was ich meiner Frau am wenigsten verzeihe«, vertraute mir ein Freund an, dessen Frau nach 20-jährigem gemeinsamen Leben die Scheidung eingereicht hatte, »ist die Tatsache, dass wir nun durch ihre Schuld nicht gemeinsam unsere Enkelkinder erleben können.«

Marianne kehrt also ins traute Heim zurück und findet ihre gewohnte Umgebung wieder, darunter die zurückhaltende, wenn auch allgegenwärtige, stets verlässliche und geradezu erschreckend effiziente Großmutter. David schlägt ihr vor, dass sie sich wiedersehen. Sie wäre dazu bereit, wenn ihr Terminkalender es nur zuließe... Am Ende schickt er ihr ein Ultimatum, worauf sie wütend reagiert und den endgültigen Bruch ihrer Beziehung erklärt. Das ist verständlich. Denn wenn Marianne auf dieses Ultimatum einginge, das David den Anspruch gäbe, den Phallus zu besitzen, würde dies die Voraussetzungen zunichte machen, die ihre Liebe überhaupt erst ermöglichen.

Wenn es nur um das Thema Ehebruch ginge, hätte der Film mit diesem Bruch enden können. Die Geschichte, so interessant sie auch ist, sowohl was seinen Inhalt als auch was seine Konstruktion betrifft, wäre dann auf eine weitere, nicht unbedingt außergewöhnliche Geschichte von einem Ehebruch reduziert worden.

Aber der Drehbuchschreiber Bergman, der auch das Motto des Films gewählt hat, beschließt, seine Entwicklung weiterzutreiben – womit er daran erinnert, dass die menschliche Sexualität nicht vorprogrammiert und mechanisch ist, sondern als Sprache in die Sprache der Menschen »eingraviert« ist und in der Psyche eine mehr oder weniger beharrliche, aber stets unauslöschliche Spur hinterlässt.

Aus der Handlung geht nicht klar hervor, wie die einst engen Beziehungen zwischen dem Trio Marianne, Markus und David sich nun gestalten. Es wird nicht explizit gezeigt, und das ist vielleicht die Schwäche des Films – seine einzige übrigens. Man erfährt lediglich, dass Marianne nach einigen Monaten zu Ohren kommt, dass David an dem Theater, wo sie beide arbeiten, ernsthafte berufliche Schwierigkeiten hat. Der Mechanismus, der ihre Affäre ausgelöst hatte, kommt wieder in Gang: David ist – von Neuem – im Zustand der Bedürftigkeit, des Mangels, er ist wiederum »ohne Phallus«. Sie kann ihm also erneut zu Hilfe eilen. Ihre Beziehung wird wieder aufgenommen – was sie zu dem Ausspruch veranlasst: »Es war wie ein Drama, wo sich das, was man am meisten fürchtet, unendlich oft wiederholt.« Und sie findet sich neuerlich in der Falle der Bemutterung wieder, in die David sie treibt: »Ständig lässt er sich gehen, manchmal geht er mir mit seinem kindlichen Gehabe auf die Nerven!«

In dieser Atmosphäre nimmt der bis dahin eher normale Ehebruch den Weg in die Tragödie.

Während Marianne neben David in dessen Wohnung vor sich hindöst, nachdem die beiden soeben miteinander geschlafen haben, wird sie durch ein Geräusch geweckt: Ein Stück Papier wird durch den Briefkastenschlitz geschoben. Es ist ein Notenblatt, auf das Markus geschrieben hat: »Macht die Tür auf, ich bleibe zehn Minuten auf dem Flur, dann komme ich rein, ich habe den Schlüssel.« Und obwohl sie diese zur Verfügung stehende Zeit hätte nutzen können, um David zu wecken und es so einzurichten, dass beide wenigstens angekleidet sind, wenn sie Markus gegenüberstehen, öffnet sie sofort, wodurch sie Markus mit der brutalen Wirklichkeit des Ehebruchs konfrontiert: David fährt aus dem Schlaf hoch und braucht einige Zeit, um unter geniertem Lachen seine Blöße zu bedecken. Wollte Marianne damit die Unaufrichtigkeit ihres Verhaltens beenden oder wollte sie in einer wütenden Geste Markus' dominierende Stellung, die ihr mittlerweile zu Bewusstsein gekommen war, erschüttern? Nichts weist darauf hin, außer eben Markus' Haltung, der bis zum Schluss seine Beherrschung und seine Würde bewahrt, was so weit geht, dass er ihr – nachdem er erklärt hat, dass er von Anfang an über ihre Affäre Bescheid wusste – vorschlägt, in sein Auto zu steigen, um mit ihr nach Hause zurückzufahren.

In der Folge werden die Dinge erzählt, die man mit jeder Scheidung assoziiert. Marianne ist bereit, mit David zu leben, wobei sie ihre Tochter Isabelle in die Obhut ihrer Mutter geben will – eine Aussicht, von der Letztere sehr angetan ist –, damit Isabelle nicht die Schule wechseln muss, aber nur so lange, bis David eine größere und sicherlich teurere Wohnung gefunden hat, obwohl er bis über beide Ohren verschuldet ist. Doch Isabelle zieht es vor, mit David und ihrer Mutter – vor allem mit ihr! – zu leben, selbst wenn die Umstände sich schwierig gestalten sollten. Markus seinerseits erhebt Anspruch auf das alleinige Sorgerecht für die Tochter und sagt aus diesem Grunde alle Engagements, die er im Ausland hat, ab. Vorschriftsmäßig nimmt der Scheidungsprozess seinen Verlauf, mit dem Wechsel von Rechtsanwälten und der für David äußerst unangenehmen Offenlegung seiner finanziellen Verhältnisse, die den enormen Unterschied zwischen den beiden Haushalten unterstreicht, in dem beide das Sorgerecht für das Kind geltend machen und in dessen Verlauf David sich einmal mehr wie ein unbeherrschtes Kind aufführt.

Während der nun folgenden Wochen stellt Marianne erfreut fest, dass sie schwanger ist; sie wird das Kind bekommen, das sie David schenken wollte. Diese Aussicht macht beide glücklich. Aber ihr stilles Glück wird von einem Telefonanruf von Markus – dem ersten seit mehreren Monaten – getrübt, der Marianne vorschlägt, sich mir ihr zu treffen: Er habe eine Lösung gefunden, die er jedoch nicht am Telefon verraten wolle, die aber den Konflikt zwischen ihnen beiden beenden könne. Deshalb wolle er sie allein treffen, ohne Beisein von Rechtsanwälten und ohne David. Sie verabreden sich für den nächsten Abend. In der nun folgenden Szene, die von unerhörter Gewalt geprägt ist, verbietet David Marianne, Markus allein zu sehen, weil er ihm nicht traut. »Er will uns demütigen, er demütigt uns!«, brüllt er. Woraufhin sie im selben Tonfall antwortet, dass sie ihn kennt, dass sie elf Jahre lang mit ihm zusammengelebt hat, und hinzufügt: »Und wir, haben wir ihn nicht gedemütigt?« Man könnte in diesem Dialog das Wort »gedemütigt« durch »seines Phallus beraubt« ersetzen, dann würde man den Sinn der Worte besser verstehen. Wilder Hass bricht sich Bahn: Die Eifersucht des nicht sonderlich erfolgreichen David auf den erfolgreichen Rivalen sowie Mariannes heftige Ablehnung, Markus das Sorgerecht für Isabelle zuzugestehen, sind mit Händen zu greifen.

Markus holt Marianne bei ihr zu Hause ab. David hatte – aus Protest gegen Mariannes Entscheidung – beschlossen, in dieser Nacht nicht zu Hause zu schlafen (wiederum ein kindliches Verhalten). Doch bei ihrer Rückkehr findet sie ihn in der Wohnung vor und meint, ihn aufheitern zu können, indem sie verkündet, dass Markus sich bereit erklärt hat, ihr das Sorgerecht für Isabelle zu überlassen. David, der seine misstrauische Haltung nicht aufgegeben hat, nimmt ihr die Gründe, die sie für diesen plötzlichen Umschwung anführt, nicht ab und verlangt von ihr, sie solle ihre Unterhose ausziehen, damit er sehen könne, ob sie Spermaflecken aufweise! Da ihr diese Forderung Angst macht und da sie David nun einmal kennt, beschließt sie, ganz offen zu sein, und erzählt ihm nun detailliert, wie sich das Treffen gestaltet hat. Markus hat ihr tatsächlich ohne Umschweife vorgeschlagen, ihr das Sorgerecht für Isabelle zu überlassen, »wenn ich akzeptiere, dass er mich vögelt«. Und jetzt berichtet sie, wie diese sexuelle Begegnung verlaufen ist, bis in die kleinsten Einzelheiten; sie geht dabei so weit zu erwähnen, dass Markus sie anal penetriert hat und dabei verlangt hat, dass sie einen Orgasmus bekommt, und sie alles hingenommen hat, »damit es schneller geht«. David, der von Anfang an diesen »umgekehrten« Ehebruch ahnte, hat sie bei ihrer Beichte nicht unterbrochen – fast könnte man sich fragen, ob er sich nicht an der Erzählung dieser Analpenetration weidet oder ob er ihren Zweck erkannte: Markus hat versucht, Marianne vollkommen zu unterwerfen, indem er durch diese Art der Penetration jede mögliche Reaktion ihrerseits, jeden Einsatz ihres wahren weiblichen Potenzials, ausgeschaltet hat. David beschuldigt sie, ihr gemeinsames Kind besudelt zu haben. »Sag das nicht«, entgegnet sie, »das kann dem Kind Unglück bringen.« Ein verblüffender Gedanke, dieser Aberglaube bei einer Frau, die einzig durch ihre Gefühle und das, was sie für ihren freien Willen hält, beseelt zu sein meint. Als müsse die Aufmerksamkeit, die man Kindern schenkt, alles berücksichtigen, auch irrationale Elemente. Trotz dieser impliziten Überzeugungen bestehen die nun folgenden Filmsequenzen von den Streitereien zwischen den Erwachsenen aus fast unerträglichen Bildern, die zeigen, wie sehr die kleine Isabelle leidet – als wolle der Film die Verblendung von Erwachsenen anprangern, wenn sie sich einzig von der Befriedigung ihrer Triebe leiten lassen.

Als habe sie erkannt, welche Fehler sie gemacht hat, nutzt Marianne die durch eine Reise bedingte Abwesenheit Davids und lässt ihr gemeinsames Kind abtreiben, ohne ihn zuvor davon in Kenntnis zu setzen – worauf er, als er es bei seiner Rückkehr erfährt, nichts zu sagen weiß.

Das Paar richtet sich im Alltag ein. Die Scheidungsverhandlung findet statt. Obwohl Markus die Vereinbarung, die er mit Marianne getroffen hatte, wieder rückgängig gemacht hat und obwohl der soziale und finanzielle Rahmen des neu gebildeten Paares nicht zu seinen Gunsten spricht, erkennt der Richter Marianne das Sorgerecht für Isabelle zu.

Man könnte meinen, dies sei nun das Ende der Geschichte. Doch das hieße, das entomologische Talent zu unterschätzen, das Ingmar Bergman in seiner Erforschung der menschlichen Seele entfaltet. Die Handlung geht also weiter und lässt den Zuschauer wissen, dass Markus sich monatelang nicht um Isabelle gekümmert hat. Als Marianne ihn anruft, um ihm deswegen Vorwürfe zu machen, holt er seine Tochter eines Abends ab und bringt sie danach auch wieder zurück. Am nächsten Tag erfährt Marianne, während sie im Theater ist, dass Markus sich umgebracht hat. Sie geht ins Krankenhaus, um den leblosen Körper zu betrachten, und verlässt das Zimmer, in dem er liegt, als habe sie mit der ganzen Geschichte, die sich zugetragen hat, überhaupt nichts mehr zu tun: »Ich habe ihn verlassen. Ich empfand überhaupt nichts mehr. Dann bin ich zu Isabelle gegangen und habe ihr gesagt, dass Markus tot ist.« Eine sehr merkwürdige Reaktion dieser Frau, die mit einem Mal so tut, als habe sie mit dem Mann, dessen Leichnam sie soeben gesehen hat, nicht elf Jahre lang gelebt – Jahre, die mit einer aufrichtigen Liebe begannen und in denen sie, wie sie selbst einräumte, Erfüllung erfuhr. Sollte es David angesichts des Todes ihres einstigen Ehemannes gelungen sein, bei ihr den ersten Rang einzunehmen?

Was diesen Punkt betrifft, so offenbart sich nun – zum Vorteil der Erzählung – die ganze Raffinesse des Handlungsaufbaus. Das Agieren des alten Mannes, der als Chorführer fungiert und der kommt und geht, der einmal eine Schublade öffnet, dann wieder den Sitzplatz wechselt, aus dem Fenster schaut, mit einem Heft hantiert, eine andere Schublade öffnet, ein Foto von Isabelle betrachtet, eine Decke auf Mariannes Beine legt, die Spieluhr aufzieht, worauf die Arie des Papageno erklingt usw., unterbricht den Handlungsablauf immer wieder und verleiht ihm gleichzeitig eine gewisse Plastizität, die nicht erstaunlich, aber überraschend ist. Das geht so weit, dass man einmal David – anstelle von Marianne – mit dem alten Mann sprechen sieht. David ist nun ernst, würdevoll, traurig. »Ich schäme mich«, sagt er, »am liebsten wäre mir, man würde mich zu einer Strafe verurteilen, die jede Schuld von mir nimmt.« Als bedürfe es unbedingt dieser Worte, um die vorausgehenden von Marianne (»Ich habe ihn verlassen. Ich empfand nichts mehr«) hervorzuheben, als sei es nötig, eine Erklärung dafür zu geben. Während Marianne, die den Ehebruch initiiert hatte, keinerlei Schuldgefühle zeigt, sagt David ganz klar, dass er sich für den Tod seines alten Freundes Markus verantwortlich fühlt, den er hintergangen hat, indem er ihm seine Frau und seine Tochter nahm; auf diese Weise gibt er zu, dass er geglaubt hatte, er könne sich selbst den Phallus aneignen, ohne dabei dem Freund seinen Phallus zu rauben.

Marianne ist also ganz und gar nicht in derselben Verfassung. Wie kann man sich diese geradezu monströs wirkende Haltung erklären, die doch so gar nicht zu ihr passt?

In der nächsten Szene geht sie einer Information nach, die sie im Krankenhaus zufällig bekam. Sie erhält die Adresse der Frau, die sie von Markus' Selbstmord in Kenntnis setzte und die ihn, den bereits Leblosen, ins Krankenhaus begleitete. Sie trifft sich mit ihr. Diese Frau ist sehr schön und offenbar um einiges älter als sie. Sie eröffnet Marianne, Markus habe ursprünglich die Absicht gehabt, sich gemeinsam mit Isabelle umzubringen, und zwar an dem Abend, als er seine Tochter zu sich holte; doch da es ihm nicht gelungen sei, das Kind von der Richtigkeit seines Vorhabens zu überzeugen, habe er Isabelle gebeten, darüber nachzudenken und ihn am nächsten Tag um zehn Uhr anzurufen. Ein höchst fragwürdiger Vorschlag, dem ein liebender Vater da seiner Tochter gemacht hat! Er ist bei diesem vollkommen zerrütteten Mann nur durch das zu verstehen, was er den »Verrat« seiner Frau und seines Freundes nennt, und der entschlossen ist, sein Leben zu beenden, aber gleichzeitig Marianne in ihrem tiefsten Inneren treffen will. Da er den erwarteten Anruf von Isabelle nicht erhalten hatte, rief er sie seinerseits an und brachte sich danach um, ohne sie – denn sie hatte ihm erklärt, sie wolle nicht zu ihm kommen, weil sie Angst habe. Die ältere Frau hatte ihn rein zufällig entdeckt, weil sie zu ihm gegangen war, um ihre Handschuhe zu holen, die sie in seiner Wohnung vergessen hatte. Ja, sie hatte den Schlüssel für diese Wohnung. Ja, sie kannte Isabelle. Ja, sie war Markus' Geliebte, und das seit 20 Jahren, schon lange vor der Zeit, als er Marianne begegnet war.

Welche – im vorliegenden Fall geradezu archetypisch weibliche – Intuition hatte Marianne all das ahnen lassen? Muss man daraus folgern, dass es diese langjährige Geliebte und nicht Marianne war, die Markus den Phallus verliehen hatte, so dass Marianne *Ihn* überhaupt nicht »geben« konnte? Sicherlich war es nicht so, trotz des äußeren Anscheins. Wenn Markus den Phallus 20 Jahre zuvor von dieser Geliebten erhalten hatte, dann war es zwangsläufig so, dass sie ihm irgendwann nicht mehr genügte, weswegen er sich mit Marianne zusammentat und darauf bedacht war, sie auf allen Ebenen zu befriedigen und dafür zu sorgen, sie auf diese Weise an sich zu binden; das ging so weit, dass er sich auf das Risiko einließ, ihre Pariser Eskapade zuzulassen. Und an diesem Punkt erfolgte der Bruch, denn Markus, der so viel Verständnis für sie aufbringt und ihre Würde so sorgsam respektiert, steht nun als derjenige da, der *Ihn* hat und der ihr keinerlei Möglichkeit lässt, ihm den Phallus zu geben.

Hier ist nun der Abgrund des Missverständnisses zu erkennen, und wir verstehen ein Detail, das auf den ersten Blick ganz nebensächlich ist und gleich zu Beginn des Films erwähnt wurde. Ganz zu Anfang sagt Marianne, dass Markus Jude ist. Warum wird das im Drehbuch präzisiert?

Dafür muss es ja einen Grund geben. Es wird an keiner weiteren Stelle erwähnt, außer bei einem ebenso nebensächlichen Anlass: Der Rechtsanwalt, der als erster Vermittler zwischen Marianne und Markus fungiert und offenbar zu ihrem Freundeskreis gehört, hat einen jüdischen Namen. Ist es etwa so, dass der Jude Markus die Eigenschaft hat, die man häufig bei den Juden antrifft – und zudem bei vielen Minderheiten, beispielsweise bei den Homosexuellen –, die meinen, dazu verurteilt zu sein, etwas ganz Besonderes zu leisten, nur um von der jeweiligen Gesellschaft, in der sie leben, akzeptiert zu werden? Markus zeichnet sich in allen Bereichen aus, in denen er tätig ist: als Dirigent, als Orchesterleiter, Freund, Vater, Ehemann, Liebhaber. Obwohl in keiner Szene gezeigt wird, wie er eine Machtposition ausübt oder gar missbraucht, hat man den Eindruck, als hätte er all diese Positionen inne. Er, der seinen Nächsten gab, ohne kleinlich zu rechnen und zu kalkulieren, besaß einzig den Fehler (neben dem erwähnten: »Das wäre Verrat«): dass er nie erkennen ließ, dass er etwas im Gegenzug dafür erwartete oder verlangte. Daher wurde er von David und von Marianne als jemand wahrgenommen, der *Ihn* – den Phallus – bereits hat und infolgedessen nicht geschont werden muss. Wir stehen hier vor einer interessanten Variante einer allgemeingültigen Wahrheit: Der Besitzer des Phallus in der Psyche ist der Vater, von dem man – ob man Junge oder Mädchen ist – weiß, dass man ihn eines Tages »töten« muss. Markus, der Ehemann und Freund, wird von Marianne und David als der Vater wahrgenommen, den es umzubringen gilt, weil er sich selbst zu immerwährenden Höchstleistungen zwingt. Das erklärt, warum der Drehbuchschreiber es notwendig fand, der Nebenfigur Großmutter ein gewisses Gewicht zu verleihen und Davids »Flegel«-Seite hervorzuheben.

Trotz allem kann man sich fragen – um ans Ende des Films zu kommen –, welche Prägung einer Frau, die nur eine Frau bei einem Mann erkennen kann, jenes Wissen hervorbringen kann, das Marianne dazu treibt, Markus' alte Geliebte aufzusuchen, der sie, nebenbei bemerkt, bereits ein erstes Mal anlässlich der Einstudierung des Brahms-Quartetts begegnet war – freilich ohne es damals zu wissen.

Wenn man bedenkt, dass »man im Geschlechtsakt, wo man den starken Wunsch hat, mit dem anderen zu verschmelzen, Eins zu werden, in Wahrheit jedoch auf die Mutterbeziehung bezogen ist, auch wenn dies unbewusst geschieht«[24], so bekommt Mariannes Interesse, Markus' alte Geliebte aufzusuchen, eine neue Bedeutung. Dem Dirigenten Markus, der mit der Vielschichtigkeit von Partituren – sprich Ebenen – vertraut ist, scheint es mit Hilfe dieser Geliebten gelungen zu sein, in seinem Zusammenleben mit Marianne diesem Sichbeziehen auf die eigene Mutter auszuweichen, wodurch er Marianne mit ihrer eigenen Mutter allein ließ, sodass sie versuchte, dieselbe in ihrer Beziehung zu David zu erforschen. Im Gegensatz zu der Beziehung zu ihrem Ehemann, die im Zeichen des Phallus steht, stürzt sie sich mit ihrem Geliebten in eine quasi inzestuöse Beziehung. Das erklärt, dass sie zwar ganz offen über die Qualität ihrer sexuellen Beziehung zu Markus spricht, aber kein Wort darüber verliert, was sie auf diesem Gebiet mit David erlebt. Welche Art Bilanz muss sie aus ihrer Erfahrung ziehen? *Dass auch die Männer gefangen sind in ihrem Sichbeziehen auf ihre Mutterbeziehung und dass es wahrscheinlich diese Art Schmarotzertum ist, die sie – jeder auf seine Weise – veranlasst, von einer Frau zur anderen zu gehen?* Aber dann verschleiert sie, welche Bilanz sie aus ihrem eigenen Abenteuer zieht, was dank der sexuellen Beziehung zu Markus verstanden werden kann, wenn man die Tatsache berücksichtigt, dass »das Bild des Bewusstseinsverlustes zur Beschreibung des sexuellen Genusses die Bewegung des Eintauchens, des Sich-selbst-Vergessens impliziert, das der Notwendigkeit gehorcht, in den Urgründen der eigenen

Geschichte neue Kraft zu schöpfen – was die Frau auf die idyllische Epoche verweist, in der die Liebe ihrer Mutter ohne Makel war. Aber dies geschieht auf die Gefahr hin, sich darin zu verlieren«, wie Annick Houel[25] schreibt, die mit einem Zitat von Jacqueline Schaeffer[26] (»Der Liebhaber der Lust steht im Widerspruch zu der archaischen Mutter und trennt von ihr«) ihre Ausführung so fortsetzt: »Versucht man, die sich ergänzenden Funktionen von Ehemann und Liebhaber im Ehebruch zu unterscheiden, so wäre der ehebrechende Liebhaber derjenige, der jenen Platz des Liebhabers der Lust da einnimmt, wo der Ehemann gescheitert ist.«

Marianne wird die Gültigkeit dieses gewonnenen Wissens erkennen, als sie erfährt, dass David sie betrogen hat; sie trennt sich daraufhin definitiv von ihm in einer Szene, in der sich beide geradezu grotesk aufführen.

Wie es weitergeht, wird offengelassen. Und wie um die Komplexität zu unterstreichen, stellt der alte Mann die Spieluhr an: »Und küsst mich ein weiblicher Mund, dann bin ich gleich wieder gesund.«

Ist es tatsächlich so einfach?

Und was für Impulse gehen von einem Menschen aus, wenn er sich von seinen Trieben leiten lässt, deren gewöhnlichster Ausdruck das Geschlechtsleben ist, weil es auf die unauffälligste, lustvollste und leichteste Weise zu verwirklichen ist?

Ist das Ziel Sex?

Ich muss noch einmal darauf zurückkommen und fragen: Hatte Marianne in Markus nicht einen geradezu traumhaften Ehemann? Er war ja fast so etwas wie ein Märchenprinz: ein berühmter und wohlhabender Künstler, gutaussehend und intelligent, sensibel, erfolgreich, überdies ein guter Vater, ein guter Schwiegersohn, ein guter Freund, zuvorkommend, aufmerksam, taktvoll, liebevoll, ein sehr talentierter Liebhaber – die Reihenfolge der aufgezählten Vorzüge ist ohne Belang, weil er sie alle hatte! Aber was hat sie bewogen, ihm eines Tages David vorzuziehen, den sie selbst als »chaotisch« bezeichnet und der sie am Ende für die x-te Frau sitzen lässt? Welche Grenzen wollte sie partout nicht einhalten, durch die sie die bedauerliche »Vergeudung« hätte verhindern können, die die folgenschwere Affäre für sie, für ihre Tochter und vor allem für ihren unglücklichen Ehemann darstellte? Natürlich weiß ich, dass ich, indem ich den Trieb, dem sie sich hingab, in Frage stelle, als reaktionär und rückschrittlich gelte. Und doch prangere ich hartnäckig auch weiterhin den ungehemmten Individualismus und die Schäden an, die er innerhalb der sozialen Bindungen anrichtet! Dennoch habe ich eigens auf die Tatsache hingewiesen, dass der Film, den ich im vorigen Abschnitt analysiert habe – auch wenn er kein großer Erfolg war und weder bei den Kritikern noch bei den Zuschauern gut ankam –, aus eben dem Land Schweden kam, das uns fasziniert, weil wir es als das Land wahrnehmen, das in allen Freiheiten, angefangen mit der sexuellen Freiheit, Vorreiter ist. Ich werde daher nicht weiterhin wortreich bedauern, dass die Befriedigung der rohesten Triebe heutzutage absolutes Vorrecht hat, womit das seit vielen tausend Jahren bestehende Gebot missachtet wird, ein Mensch möge zumindest versuchsweise seinen Verstand über seine Triebe stellen. Ich werde die Frage anders formulieren: Welche Macht war in Marianne wirksam, dass sie eine Existenz, die seit elf Jahren unter den besten Vorzeichen verlief, freiwillig aufgab?

Habe ich übrigens auf die anderen Fragen geantwortet, die mir bei der Analyse zusammenhanglos durch den Kopf gingen? Nein. Und deshalb komme ich immer wieder auf diesen Fall zurück. Denn die Erklärung, die ich dafür geliefert habe, zielte nur darauf ab, die Triebkraft eines Ehebruchs bei einem Paar zu verstehen, bei dem eine geradezu vollkommene sexuelle Harmonie herrschte. Das verhält sich gewöhnlich nicht; sexuelle Unstimmigkeit gilt im Allgemeinen bei den Fällen, die einem erzählt werden oder die man hier und da mitbekommt, als wichtiger Grund für Ehebruch oder Trennung. Diese Unstimmigkeit wird, nebenbei bemerkt, in einem sehr engen, sehr rigiden Sinne begriffen, als sei das Geschlecht von Anfang an etwas Fertiges, perfekt Funktionierendes, das nicht durch den geringsten Faktor beeinträchtigt werden kann noch darf.

Die beiden Waagschalen

Nach sieben Jahren Zusammenleben, aus dem zwei Kinder hervorgegangen sind, hat eine junge Frau eines Tages die ständigen Vorwürfe ihres Partners satt, eines Mannes, der unter vorzeitigem Samenerguss leidet, ihr aber, vor dem Hintergrund seiner früheren Erfahrungen, die Schuld am Scheitern ihres gemeinsamen Sexuallebens gibt. Eine erstaunliche Tatsache! Dieser Mann, der seinerseits zu seinem Genuss kommt, ist frustriert über den fehlenden Genuss seiner Frau und macht ihr deswegen Vorwürfe, anstatt sich selbst in Frage zu stellen. Anlässlich einer nächtlichen Zugreise geht sie, einem plötzlichen Impuls folgend, auf die Avancen ihres Mitreisenden ein, der sie umworben hat, und erlebt ihren ersten Orgasmus. Einige Zeit später und nachdem sie sich schon gefragt hatte, ob nicht nur die exotischen Umstände der Begegnung ihre Befriedigung ermöglicht hatten, fängt sie eine neue Affäre an, die genauso »beweiskräftig« verläuft. Doch das geringe Engagement dieses Liebhabers veranlasst sie, sich bald wieder von ihm zu trennen. Danach nimmt sie sich einen anderen, dann noch einen anderen; wie sie selbst hinterher gesteht, probiert sie so viele Männer aus, um die Dimension des Verbotenen und der Übertretung in ihrer neuen Erlebniswelt zu erforschen. Nach und nach erkennt sie ihre unbestreitbare Fähigkeit, zum Höhepunkt zu kommen, und ist nun in der Lage, dies zu akzeptieren. Dank dieser Erkenntnis ist sie geneigt, mehr an sich selbst und ihre eigenen Wünsche zu denken. Das geht so weit, dass sie, als sie schließlich einem Mann begegnet, mit dem sie sich aus allen möglichen Gründen ein gemeinsames Leben vorstellen kann, ganz offen mit dem Vater ihrer Kinder darüber redet. Zu ihrem großen Erstaunen macht er ihr keinerlei Vorwürfe. Er ist sogar erleichtert über ihre Initiative. Denn er hat seinerseits vor einiger Zeit eine Frau kennen gelernt, mit der er sich sehr gut versteht und mit der er sein künftiges Leben zu teilen beabsichtigt. Die beiden trennen sich daher rasch und im gegenseitigen Einvernehmen.

Mit einigen Varianten ist ein solcher Handlungsablauf heutzutage ziemlich oft anzutreffen. Im Allgemeinen wirft das keine großen Probleme auf. Die sexuelle Übereinstimmung gilt inzwischen als sakrosankt, unser Umfeld sieht in ihr ein wichtiges Kriterium für eine Beziehung, deren Zufallstreffer einer Lotterie ähnlich zu sein scheint, und akzeptiert die Situation, die sich daraus ergibt, ohne weiteres. Die Kinder, die die Worte »neuer Freund« und »neue Freundin« in ihr Vokabular aufgenommen haben, um die neuen Partner der ursprünglichen Familienkonstellation zu bezeichnen, wandern nun von einem Haushalt zum anderen und von einem Paar zum anderen, wobei beide Paare im Übrigen mit ihren gemeinsamen Bekannten weiterhin gute Kontakte pflegen.

So spielt es sich natürlich nicht immer ab, insbesondere dann, wenn die Trennung des Paares auf den Entschluss eines einzigen Partners hin erfolgt und der andere damit nicht einverstanden ist. Herzzereißende Szenen und großer seelischer Schmerz sind dann die Folge, mit unzähligen Vorwürfen, Groll und Hass. Und es sind Geschichten, in denen alles aus den Fugen gerät und die oft ans Widerwärtige grenzen. Das ganze Umfeld, einschließlich der Kinder, wird davon in Mitleidenschaft gezogen. Die jeweiligen Familien gehen einander aus dem Weg, und Freunde und Bekannte suchen das Weite. Der Konflikt wird chronisch, weil für das eheliche Abenteuer kein Konsens gefunden werden konnte, um der Ehe mit all ihren Implikationen einen Sinn zu geben. Der oder die sexuell Frustrierte klammert sich wortwörtlich an diesen Hauptgrund, ohne etwas anderes hören zu wollen, während die Ehepartnerin (bzw. der Ehepartner) zahlreiche andere Faktoren sucht, um sie anführen zu können.

Gewissermaßen geht es in solchen Situationen zu wie beim Wiegen mit einer altmodischen Waage: Im erstgenannten Fall finden die beiden Waagschalen rasch zu ihrem Gleichgewicht, weil sie von beiden Partnern ruhig und gleichmäßig beladen wurden; im zweiten Fall nimmt die Schwere des Vorwurfs, der sich auf die sexuelle Komponente der Beziehung konzentriert und brutal auf die Waagschale geworfen wird, dem Beschuldigten den Mut, zu versuchen, ein Gleichgewicht wiederherzustellen; der schwere Vorwurf veranlasst ihn vielmehr, die Waage selbst zu erschüttern, wohingegen seine Ehepartnerin (bzw. ihr Ehepartner) sich vergeblich bemüht, ihre/seine eigene Waagschale zu entlasten, um wieder zu einem gewissen Gleichgewicht zu kommen.

Diese Gleichgewichtsmetapher ist, nebenbei bemerkt,

viel treffender, als es den Anschein hat. Sie kann sowohl auf Fälle angewendet werden, bei denen mangelnde sexuelle Eintracht besteht, als auch auf Fälle, wo dies nicht zutrifft. Sie lässt uns verstehen, dass das Streben nach Gleichgewicht, das die affektive Ökonomie eines jeden Menschen verlangt, zuweilen zu Handlungen führt, die geradezu aberwitzig wirken und in erster Linie gar nichts mit der sexuellen Problematik zu tun haben.

Einer jungen Frau, die Kinder und einen Ehemann hat, den sie nach ihrem eigenen Bekunden liebt und schätzt, ist es – ihrer Auffassung nach – dennoch nicht wirklich gelungen, ihn von seiner Mutter zu trennen, einer Witwe, deren einziges Kind er ist und die sich, stets allgegenwärtig, in das Leben des Paares einmischt, vor allem an den Wochenenden, die auf dem Land verbracht werden. Anstatt einen Konflikt auszufechten, den die junge Frau schon im Voraus für verloren hält, hat sie sich für eine Lösung entschieden, die ihr zuzusagen scheint. Sie hat begonnen, regelmäßig befreundete Paare für das Wochenende einzuladen. Und sie hat dem jeweiligen männlichen Gast sehr bald zu verstehen gegeben, was sie von ihm erwartet. »Sie können sich nicht vorstellen, was für ein Glücksgefühl ich empfinde, wenn ich dann mit dem Betreffenden im hohen Gras oder hinter einem Busch vögele – nur hundert Meter entfernt von meinem Mann und seiner Mutter, die mit der Frau meines momentanen Liebhabers ihre rituelle Scrabble-Partie spielen«, vertraute sie mir an. »Auf diese Weise bin ich imstande, mein inneres Gleichgewicht zu halten, und kann meinen Alltag so bewältigen, wie es meine Umgebung und vor allem mein Mann von mir erwarten. Wenn Sie wüssten, wie freundlich ich dann zu meiner Schwiegermutter sein kann! Natürlich glaubt jeder unserer Freunde, dass ich nur mit ihm eine Affäre habe. Schon oft haben sie mir vorgeschlagen, wir sollten uns doch einmal unter der Woche treffen. Sie haben nie verstanden, warum ich das stets ablehne. Aber wie soll ich ihnen erklären, dass ich nur dort, im Garten dieses riesigen Hauses dieses Verlangen habe. Sie können das nicht begreifen, ich übrigens auch nicht – ich weiß nur, dass ich mich dadurch sehr, sehr viel besser fühle.«

Seitens der Männer sind die Fallbeispiele nicht weniger aufschlussreich, obwohl man sich gemeinhin den männlichen Ehebruch banaler, animalischer, zumindest mechanischer vorstellt als den Ehebruch der Frauen.

Ein Mann, mit einer wunderbaren, liebevollen und sehr sanften Frau verheiratet, hatte eine Geliebte nach der anderen, Frauen, die sich abgesehen davon, dass sie nach seinen eigenen Aussagen weniger schön und weniger attraktiv waren als seine Ehefrau, auch noch unerträglich aufführten, ihm ständig zusetzten und regelrechte »Ehekräche« vom Zaun brachen, sobald er sich einer anderen Frau zuwandte. Alle diese Frauen ermöglichten es ihm, einen Punkt zu erreichen, an dem er sich ihrer entledigen konnte, um sich sogleich auf die Suche nach der nächsten Frau desselben Formats zu machen, bis diese dann wiederum…

Ein anderer Mann, Direktor eines Unternehmens, nutzte stets die Sommerferien seiner Familie, um zahlreiche kurzzeitige Eroberungen zu machen. Er ging dabei sehr methodisch vor: Er wechselte jeden Tag das Viertel und sprach auf der Straße Frauen an, die ihm gefielen. Er umwarb sie so lange, bis er von ihnen die Zusage für ein Rendezvous erhielt. Vorsichtig oder durch langjährige Erfahrung geübt, verabredete er sich dann so mit ihnen, dass immer eine halbe Stunde und ungefähr 50 Meter Entfernung zwischen den einzelnen Treffen lagen. Seinen eigenen Worten zufolge konnte er, auch wenn die eine oder andere Frau nicht zu der Verabredung erschien, somit sicher sein, sein Bedürfnis befriedigen zu können: jede Nacht mit zwei verschiedenen Frauen intim zu verkehren. »Das sind meine ganz speziellen Ferien, meine wirklichen Ferien. Ich genieße diese Rendezvous und diese Frauen. Ich sage jeder, dass ich durch sie erst erfahren habe, was Liebe ist. Das tut niemandem weh und hebt die Atmosphäre der Begegnung. Danach sehe ich diese Frauen natürlich nie wieder. Aber für den Rest des Jahres befinde ich mich in einem Zustand der Ruhe. Ich bin geradezu der Prototyp des liebenden und treuen Ehemannes. Es ist nicht einmal so, dass ich diese Zeit des Jahres mit Ungeduld erwarte. Ich weiß einfach, dass sie kommen wird. Ich kann sagen, dass ich den für mich idealen Rhythmus gefunden habe, der mir mein inneres Gleichgewicht gibt – und ebenso meiner Familie.«

Julien, 15 Jahre alt, den ich seit seiner frühesten Kindheit kenne, hat mich gebeten, allein in meine Sprechstunde kommen zu dürfen. Er ist ein großartiger und sehr intelligenter Junge. Er kommt ohne Umschweife zur Sache und erklärt mir, er wolle mir ein Geheimnis verraten und mit mir darüber reden. Er weiß mit Sicherheit, dass seine Eltern sich gegenseitig betrügen. Als er einmal einen Radiergummi im Schreibtisch seines Vaters suchte, sah er auf dem offenen Schreibblock seines Vaters die Worte »Meine Liebste«, die er für den Anfang eines Briefs hielt. »Das konnte doch kein Brief von ihm an meine Mutter sein. Denn zunächst einmal: Warum sollte er ihr schreiben? Und warum schreibt er die Worte ›meine Liebste‹, wo er sie doch niemals so anspricht?« Nachdem er mir das Indiz ausgehändigt hat, das seine Neugier geweckt hatte, eröffnet er mir, dass er eine richtiggehende »polizeiliche Untersuchung« angestellt hat, um seinen Verdacht zu erhärten: Er überwachte die Briefe, hörte Telefongespräche mit – insbesondere dann, wenn die Mutter oder der Vater sich zum Telefonieren zurückzogen – und verfolgte seine Eltern regelrecht, wenn sie ausgingen, um mit eigenen Augen sehen zu können, wie sie mit ihren jeweiligen Partnern in einem Hotel verschwanden. »Natürlich hat mir das wehgetan, sehr weh sogar. Bis ich mir dann gesagt habe, dass es schließlich ihr Problem ist, nicht meines. Dass sie auf diese Weise vielleicht zusammenbleiben können. Ich hatte bisher noch nicht den Mut, es meinen Schwestern zu erzählen. Muss ich das tun? Aber wenn ich es nicht tue, wie kann ich es dann für mich behalten und was werde ich mit meinem Wissen anfangen?«

Ich werde hier keine weiteren Beispiele anführen, selbst wenn die Realität zuweilen die Fiktion zu überholen scheint. Die Literatur und unsere Film- und Fernsehwelt wimmeln nur so davon. Ich habe sie hier nur wahllos aufgezählt, um ihre Unterschiede und ihre Besonderheiten zu zeigen, weil von ihnen eine Botschaft ausgeht: *Zu glauben, dass der Sex, um den es dabei stets in erster Linie geht, immer allein am Werke ist, bedeutet, einen äußerst schweren Fehler bei der Einschätzung zu machen und nichts von dem Wesentlichen zu sehen, das der Sex so hervorragend verbirgt, selbst wenn er so offen praktiziert wird, dass man dahinter gar nicht anderes vermutet.*

Was will Emma Bovary?

Die »andere Szene«, von der die Psychoanalytiker sprechen, diese andere Szene, die metaphorische Bezeichnung des Unbewussten, ist nicht etwa nur einigen wenigen Menschen vorbehalten, seien sie nun Kandidaten für die Seelenarbeit auf der »Couch« oder nicht. Sie existiert in jedem Einzelnen, ob es ihm passt oder nicht. Dass sie mit bedrohlichen »Schatten« bevölkert ist, ist keineswegs erstaunlich, sobald man erkennt, dass man nie aufhört, man selbst zu sein – ungeachtet der Umstände oder der Umgebung, in der man sich befindet –, und das in sich trägt, was man durch seine Geschichte und seine Erfahrungen »angesammelt« hat. Man könnte versucht sein, daraus zu schließen, dass, so gesehen, jede sexuelle Beziehung auf Dauer zum Scheitern verurteilt ist. Diese Auffassung ist heute weit verbreitet, wie ich immer wieder festgestellt habe. Doch ohne wirklichkeitsfremd urteilen zu wollen, halte ich diese Auffassung weder für legitim noch für zutreffend. Ich denke, sie ist einfach auf eine chronische Trägheit zurückzuführen, eine Art Desillusion, die die meisten Menschen heute erfasst hat und aufgrund derer ein jeder – in unserer Welt, wie sie nun einmal ist – das Bild aufrechterhält, das er von sich konstruieren und vor allem vermitteln will. Die geistige Verfassung, in der man eine Paarbeziehung beginnt, ist ganz besonders wichtig. Die Enttäuschung ist stets genauso groß wie die Illusion, der man sich hingab.

Vielleicht versteht man jetzt, warum ich weiter oben über so genannte »arrangierte Ehen« gesprochen habe. Denn man kann sich denken, dass niemand die Frau des Mannes, der unter frühzeitigem Samenerguss litt, gezwungen hatte, sich mit ihm zu liieren. Man kann sich sogar vorstellen, dass sie zuerst einmal ausprobierten, ob sie miteinander zurechtkamen, ehe sie sich zusammentaten. Daher wird ihre Verbindung sehr wohl einen Zweck gehabt haben, selbst wenn er auf den ersten Blick nicht zu erkennen ist. (Übrigens gilt das auch für alle anderen Beispiele, die ich angeführt habe.) Anders als bei den Beziehungen, die allein aus freiem Entschluss eingegangen wurden, sind die Partner der arrangierten Ehen immer durch die Eltern miteinander verbunden worden, die, da sie ihr Vorgehen für richtig halten, nach der arrangierten Eheschließung ihrer Kinder keinen Grund sehen, erneut auf den Plan zu treten; vielmehr ziehen sie sich im Allgemeinen zurück und überlassen ihren Kindern die zweifellos schwere Aufgabe, nach und nach die Beziehung zu »(er)finden«, die ihnen zusagt. Und wenn ich behaupte, dass eine frei gewählte Beziehung nicht unweigerlich zum Scheitern verurteilt ist, so wird dies dann umso weniger der Fall sein, wenn die beiden Vertragspartner vereint bleiben – trotz gelegentlicher Mühen mit den Gegebenheiten ihrer jeweiligen Geschichten – und dem unmöglichen Drang widerstehen, ihrer Autonomie und ihren Launen oberste Priorität zu geben. In unserer Zeit, wo die Institution Ehe nicht mehr viel gilt und wo beide Vertragspartner – ganz gleich, ob sie eine sexuelle Beziehung haben oder nicht und ob sie Kinder haben oder nicht – stets symbolisch als Kinder ihrer Eltern definiert werden, werden solche irrigen Einstellungen nur noch häufiger vorkommen, und die parasitären Schatten der (oben zitierten) »Szene« werden sicherlich noch lange ihr Spiel treiben.

Warum soll man eigentlich unter diesen Bedingungen – die die schwierigen Situationen erklären, in die Paare geraten können – die mangelnde sexuelle Übereinstimmung zum Hauptgrund des Ehebruchs machen, als etwas Bedrohliches, das fortan alle Beziehungen der Paare kennzeichnen muss?

Denn nicht nur die Details, wie sie die Fälle aus meiner Praxis beisteuern, sprechen für eine solche Annahme. Romane, Theaterstücke oder Filme sagen es noch expliziter. Hat der große Schriftsteller Flaubert die Geschichte von Emma Bovary – für die er nach eigener Aussage wenig Achtung empfand – nicht um die weichliche und farblose Figur ihres Ehemannes Charles herum konstruiert? Kann der normale Leser deshalb für sie nicht eine gewisse Sympathie empfinden, wenn man bedenkt, dass sie sich nicht in all ihre Affären gestürzt hätte, wenn sie das, was sie brauchte, bei ihrem Ehemann gefunden hätte, den ihr Vater einst für sie aussuchte? Der hektische Wechsel ihrer Liebhaber, die sie sich nimmt, ändert im Übrigen nichts an der ersten Auslegung, weil diese Liebhaber ihr nie das zu geben vermögen, was sie ihr im Grunde gerne geben wollen, und nie das, was sie verlangt. Nebenbei bemerkt, wenn man daran denkt, wie die Vaudevilles jener Zeit betrogene Männer und Frauen darstellten, so spricht diese für sich selbst. Das volkstümliche Theater hat sich ihnen teils in komischer, teils in tragischer Manier gewidmet, um die männliche Unbeständigkeit zu rechtfertigen und glauben zu machen – gemäß der damaligen Ausdrucksweise –, dass, wenn »das Glück den Kühnen hold ist«, dies deshalb so ist, weil es »keine uneinnehmbare Festung gibt, sondern nur schlechte Strategen«.

Der Sexualtrieb, der jeden Menschen antreibt, und zwar so sehr, dass er nur widerwillig gewisse Grenzen akzeptiert, ist kein Vorrecht des männlichen Geschlechts. Das ist nun eine anerkannte Tatsache, wenn auch erst seit relativ kurzer Zeit. Wir erinnern uns an den Doktor Harford, die Hauptfigur aus *Eyes Wide Shut*, auf den ich noch zurückkommen werde. Er wird mit dieser Wahrheit an jenem Abend unversehens konfrontiert, an dem seine Frau ihm gesteht, welch ungeheure Begierde sie plötzlich für einen russischen Offizier empfunden hat, der am Nebentisch saß. Er ist so aufgewühlt von dem Geständnis, dass er versucht, die Rätsel und die Komplexität dessen, was er entdeckt hat, zu begreifen. Natürlich misslingt es ihm – so gründlich, dass sein reicher Mentor ihm am Ende seiner fruchtlosen Bemühungen zu verstehen gibt, dass er weder das Format noch das Alter hat, diese Mysterien zu erfassen. Es ist ein wenig so, als befände er sich in einer turbulenten ödipalen Phase, und ein Vater würde seinem Sohn raten, die Begierde, die er für seine Mutter hat, zu unterdrücken und sich mit Geduld zu wappnen, um diese Begierde irgendwann später voll auszuleben, ohne jedoch – wie zum gegenwärtigen Zeitpunkt – den falschen Gegenstand zu wählen.

Diese schematische Art und Weise, jene berechtigte väterliche, vernünftige und in heilsamer Weise abschreckende Botschaft zu vermitteln, verlangt allerdings, dass ihr Inhalt auf ihrem kurzen Weg vom Sender zum Empfänger nicht verzerrt wird. Verlangt man im Übrigen nicht von den Vätern, bei solchen Anlässen genauso vorzugehen? Und gibt man ihnen nicht zu verstehen, dass sie durch ein solches Eingreifen ihr Kind von der Tyrannei seines Sexualtriebs befreien? Welcher neuerlichen Illusion gibt man sich da hin, wenn man das glaubt oder es anderen weismacht! Denn die Erfahrung zeigt, dass nichts so sehr wie die sexuelle Begierde diesem Irrtum unterliegt: Die Mutter des kleinen Jungen steht dem begehrlichen Wunsch, den er ihr signalisiert, nicht etwa gleichgültig gegenüber; sie erkennt ihn nicht nur, ja, sie weckt ihn sogar schamlos und hegt ihn mit größter Sorgfalt, weil es ihr Traum ist, diese Begierde für alle Zeiten auf sich zu ziehen. Der Vater der Tochter verhält sich im Übrigen nicht anders, was oft dazu führt, dass die Tochter mit einer geheimen Ambivalenz konfrontiert wird, die die Mutter ihr gegenüber hegt. Nicht, weil die Mutter das Gefühl hätte, die Tochter nehme ihren – der Mutter – Platz bei ihrem Ehemann ein, sondern weil sie es ihrer Tochter übel nimmt, sich brüsk von ihr abgewendet zu haben, und ihr damit stillschweigend zu verstehen gibt, dass sie sich für jemanden interessiert, der ihr, der Mutter, nicht das Wasser reichen kann.

»Herr Doktor, ich brauche dringend Ihre Hilfe«, jammert eine Mutter verzweifelt am Telefon. »Ich weiß nicht mehr, was ich tun soll, geben Sie mir bitte einen Rat. Basile (ihr fünfjähriger Sohn) folgt mir auf Schritt und Tritt und sagt ständig zu mir, er wolle mit mir schlafen.« *(sic)* Ich kenne als Arzt Basile seit den ersten Tagen seines Lebens. Ich kenne auch seine Eltern – keine einfachen Leute, die über alles und jedes ihre Meinung und natürlich stets die Wahrheit gepachtet haben. Ich bin daher etwas erstaunt, dass ein Kind in einem solch zarten Alter derartige Dinge sagen kann. Er wird von seiner Mutter heiß geliebt und von seinem

Vater regelrecht vergöttert. Es erscheint mir daher zwecklos, eine abschreckende Zurechtweisung zu empfehlen oder gar, sie solle dem Jungen eine Ohrfeige geben, obwohl diese Bestrafung noch nie jemanden umgebracht hat, hingegen oft hilft, Grenzen zu setzen. Also frage ich die Mutter, ob sie ihm auf sein Drängen eine Antwort gegeben hat. »Natürlich habe ich ihm eine Antwort gegeben. Ich sage ihm immer wieder: ›Aber, mein Liebling, da ist doch dein Vater!‹« Ich war so verblüfft darüber, dass ich sie bat, den Satz zu wiederholen. Sie war erstaunt und fügte beunruhigt hinzu: »Hätte ich das nicht sagen sollen? Schließlich ist es doch die Wahrheit!« Da es mir unmöglich zu sein schien – obwohl ich sie den Satz noch ein weiteres Mal sagen ließ –, ihr die Folgen ihrer Botschaft begreiflich zu machen, versuchte ich ihre Aufmerksamkeit auf dieses Anfangswort »Aber« zu lenken. Sie verstand mich nicht. Sie verstand es erst, nachdem ich zu ihr sagte: »Madame, wenn ich zu Ihnen sage, ich habe Lust, mit Ihnen zu schlafen, und Sie mir daraufhin antworten: ›Aber da ist doch mein Mann‹, so bin ich praktisch sicher, dass ich Sie in kürzester Zeit herumkriegen werde.«

Wenn ich, um auf die potenziellen Folgen der Antwort hinzuweisen, die diese Mutter ihrem Kinds gab, diese Antwort in die Welt der Erwachsenen transponierte, tat ich es deshalb, weil man sich als Erwachsener nicht vorstellen kann, dass der Sexualtrieb eines Kindes dem eines Erwachsenen gleichkommt und sich genauso nachdrücklich manifestieren kann. Als Freud dies zu seiner Zeit behauptete, löste er einen echten Skandal aus. Man könnte meinen, dass seine Überzeugung heutzutage als richtig anerkannt ist. Doch davon kann leider keine Rede sein. Die irrige Einschätzung grassiert weiterhin. Sie resultiert aus der Kombination mehrerer falscher Vorstellungen. Wir sind ja nicht ungeschliffene Erwachsene, die mit der köstlichen Unschuld der Kinder leben. *Wir sind nur große Kinder, die herangewachsen sind, ohne dass sich irgendetwas Wesentliches in uns verändert hätte – das Wesentliche ist der Triebbereich, der sich, das ist nahe liegend, im Sexualleben manifestiert –, und die, da sie mit effizienteren Fähigkeiten, wie affektive und psychologische Reife, als kleine Kinder ausgestattet sind, sich das Recht nehmen, sich auszuleben und so zu tun, als übernähmen sie für ihre Handlungen und ihre Entscheidungen die Verantwortung.*

Wenn wir nicht sehen wollen, dass ein Kind dem – zuweilen gewaltsamen – Trieb ausgesetzt ist, dann nur deshalb, weil wir dann akzeptieren müssten, dass auch wir selbst in diesem Alter so waren. *Und dass wir nur darum so geworden sind, wie wir sind, weil wir uns an den Problemen und der Unterdrückung durch unsere Umgebung reiben mussten.* Das zwingt uns, einzuräumen, *dass wir, ob wir das wollen oder nicht, das Ergebnis einer Geschichte sind* – die sich unaufhörlich an uns erinnert und die sich in Form der an früherer Stelle erwähnten parasitären »Schatten« Bahn bricht –, *und nicht etwa das Ergebnis einer »Eigenkreation«, die uns zu freien Geschöpfen machen würde, für die wir uns so gern halten.* Das sollte uns veranlassen, über unseren Narzissmus nachzudenken, und es wäre ein Grund, etwas mehr Bescheidenheit an den Tag zu legen, anstatt abzuleugnen, dass – wer auch immer wir sind und wie auch immer unsere Geschichte war – der Sexus das Epizentrum unserer Gedanken ist und zudem eine der produktivsten Ursachen für unsere Angst. Alle Medien wissen das ganz genau und machen aus dem Sex – heutzutage, wo ihn kein Tabu mehr umgibt – gern Schlagzeilen, »Aufhänger« oder den Gegenstand von Untersuchungen, um ihre Verkaufszahlen zu erhöhen. So kann jeder zu einem geringen Preis erfahren, ob er »befreit«, gehemmt, draufgängerisch, verklemmt, narzisstisch, ein wenig sadistisch, durch und durch heterosexuell (oder doch nicht ganz) ist usw. Die Klassifikationen selbst verraten oft eine überschäumende Fantasie, woraus hervorgeht, dass im Grunde *jeder Mensch* – sofern er irgendwie da einzuordnen ist – *in diesem Bereich nur Unzulänglichkeiten aufweisen kann*; das ist an sich nicht verkehrt, und es wäre auch nichts daran auszusetzen, wenn die Mitteilung nicht stillschweigend suggerieren würde, dass in der Sexualität eine hundertprozentige Befriedigung möglich ist und dass es Menschen gibt, die sie auch erreichen. Eine solche Befriedigung wird damit nicht nur zu einem legitimen Forschungsziel, sondern auch zu einem unveräußerlichen Recht, zu dessen Ausübung jeder Mensch geradezu angestachelt wird, nicht etwa, indem er die Triebkräfte der Hemmungen, die er hat, hinterfragt, sondern indem er gegebenenfalls die Fähigkeiten seines Lebenspartners in Frage stellt.

Was lehrt uns die sexuelle Physiologie?

So wie kein Mensch jemals wissen musste, wie sein Verdauungssystem funktioniert, um essen zu können, musste auch nie jemand wissen, wie Sex funktioniert, um ihn praktizieren zu können. Allerdings kommt man, wenn man die Literatur seit der frühesten Antike überblickt, mühelos zu der Erkenntnis, dass es viel weniger Schriften über das Verdauungssystem gibt als solche, die sich im engeren oder weiteren Sinne mit dem Sexus befassen. Und doch fällt auf, dass die Medizin und die Physiologie, wenn sie auch nie aufgehört haben, über Magen und Darm und auch über alle anderen Körperorgane zu schreiben, lange Zeit wenig mitteilsam waren, was den Sexus angeht. Als wenn der Schleier der Scham, mit dem Religion und Moral ihn umgaben, aus ihm ein per definitionem unschickliches Thema gemacht hätten, dem man lediglich zugestand, unter der Hand verbreitet zu werden, und das in bestimmte Regale der Bibliotheken verbannt wurde[1]. Die entsprechenden Publikationen wurden oft als literarische Ergüsse einer Art Geistesverwirrung angesehen, selbst dann, wenn sie von berühmten Autoren stammten.

Dass die Wissenschaft von der Anatomie und die Wissenschaft von der Physiologie so wenig zu diesem Thema äußerten, erklärt also teilweise, warum die Sexualwissenschaft (oder auch Sexologie), zwar seit langem im Verborgenem entstanden, offiziell erst in der zweiten Hälfte des 20. Jahrhunderts ans Licht trat und dann gegen Ende desselben Jahrhunderts ihre volle Daseinsberechtigung erhielt. Aber wahrscheinlich ist ihre Entstehung nicht zufällig erfolgt. Diese ähnelt zum Verwechseln der Art und Weise, wie die Medizin ein wenig später auf Freuds Entdeckungen reagierte. Man sollte nicht vergessen, dass der junge mittellose und von Ängsten geplagte Arzt, der Freud in seinen Anfängen war, sich – um überhaupt eine Praxis halten zu können – fast schon damit abgefunden hatte, Patienten zu behandeln, bei denen die herkömmliche Medizin nichts ausrichten konnte. Auf diese Weise stieß er auf die Entdeckung des Unbewussten und der zentralen Rolle, den die Sexualität darin einnimmt, und das nicht nur bei manchen Krankheitsbildern, sondern im Leben eines jeden Menschen, gleich welchen Geschlechts und welches Alters. Infolge dieser Erkenntnis hat die Psychoanalyse – auch wenn sie selbst heute leider noch angefochten wird – ihre Aufmerksamkeit dann auf diesen Bereich gelenkt und ihm den Platz gegeben, der ihm gebührt.

Wie hat sich das zugetragen, und was hat uns die Sexualwissenschaft Wesentliches gelehrt?

Einige Jahrzehnte lang erschienen über die Sexualität zunächst nur hier und da vereinzelte Artikel in allgemeinwissenschaftlichen Zeitschriften. Aber nachdem in den Jahren 1948 und 1954 die Kinsey-Reporte über das Sexualverhalten der Männer und danach über das der Frauen wie Bomben eingeschlagen hatten, beschlossen einige Mediziner aus verschiedenen westlichen Ländern, allen voran die USA und die skandinavischen Länder, in dieser Richtung weiterzuforschen. Sie begannen ihrerseits, Arbeiten zu diesem Thema zu veröffentlichen und Forschungsgesellschaften zu gründen. Ihre Initiative fand in der ganzen Welt Nachahmer. Allerdings erinnere ich mich, dass meine Kollegen und ich zu der Zeit, als ich ein junger Arzt war, unser Erstaunen über diese uns merkwürdig anmutende Forschungsrichtung äußerten und dass wir ihr ein gewisses Misstrauen, ja sogar Argwohn entgegenbrachten. Wir neigten zu der Annahme, dass die Mediziner, die beschlossen hatten, sich diesen Fragen zu widmen, damit ein – überdies lukratives – Mittel gefunden hatten, um ihre eigenen voyeuristischen Neigungen zu befriedigen. Daran sieht man, wie sehr uns die Fragen, die das Triebleben betrafen, befangen machten. Allerdings wurden wir zuweilen in unserer Sprechstunde damit konfrontiert. Aber da wir nur über die wenigen Kenntnisse verfügten, die wir in unserer Ausbildung im Fachbereich Gynäkologie erhalten oder uns durch das Studium der Geschlechtskrankheiten angeeignet hatten, meinten wir, sie bräuchten uns nicht dafür zu interessieren, und es sei unnötig, sich hineinzuvertiefen; bestenfalls schickten wir die Betreffenden zum Psychiater, nicht aber zu einem Psychoanalytiker, weil diese Berufsgruppe damals nur für einen kleinen Klientenkreis praktizierte. Dank einem Prozess, den Karl Marx mit Vergnügen ausgebeutet hätte, änderte sich dies radikal nach dem Mai 1968 durch die rasche Entstehung eines regelrechten Psycho-Marktes; die Sitten wurden freier, und die Beschäftigung mit dem Sexus wurde nicht mehr als Tabu betrachtet. Wie nicht anders zu erwarten, trieben damals zahlreiche Zeitschriften, die sich an eine breite Leserschaft richteten, das Thema voran, indem sie sich gegenseitig mit Informationen überboten und die Menschen geradezu zwangen, sich in ihrem Sexualverhalten den neuen Normen und Richtlinien dieser neuen Disziplin anzupassen.

Dies war überhaupt nur möglich aufgrund der Arbeiten eines amerikanischen Forscherteams, das seine Ergebnisse in einem Werk[2] festhielt, das weltweite Verbreitung fand und dessen Schlussfolgerungen noch heute als Grundlage für die sexualwissenschaftliche Ausbildung dienen. Dieses Team, bestehend aus William H. Masters und Virginia E. Johnson, legte eine unwiderlegbare und sehr genau dokumentierte Experimentalstudie vor, in der die Physiologie der sexuellen Beziehungen erforscht wurde.

Diese Forschungsarbeit zog sich über mehr als zehn Jahre hin und wurde im Zentrum für Forschung und Fortpflanzungsbiologie in Saint Louis in Missouri durchgeführt, unter Mitwirkung von 383 Frauen und 312 Männern im Alter von 18 bis 89 Jahren; es waren vornehmlich freiwillige Testpersonen, die über ein gutes intellektuelles Niveau verfügten (die meisten waren Akademiker). Die Personenauswahl schloss übrigens eine gewisse Anzahl schwangerer Frauen mit ein sowie einige, die unter einer vaginalen Agenesie (angeborenes Fehlen der Vagina) litten, deswegen operiert worden waren und nun eine künstliche, aus Darmhaut hergestellte Scheide hatten. Während ihres Sexualverkehrs und ihrer Masturbationssitzungen, die im Beisein des Forscherteams stattfanden, waren die Testpersonen an diverse Forschungsgeräte angeschlossen (Elektrokardiogramm, Elektroenzephalogramm und Elektromyogramme, die in verschiedene Muskeln und – bei den Frauen – in die Uteruswand eingepflanzt worden waren; ferner Blutdruckmesser und Messgeräte für den Venendruck, die Kontraktionen des Schließmuskels usw.) und wurden immer wieder anhand verschiedener Techniken geröntgt. Was als Einziges fehlte – aber das stellte die Forscher damals sicherlich vor unüberwindliche technische Probleme –, waren Drucksensoren, die man ganz hinten in der Vagina hätte anbringen müssen, um die Anzahl der Stöße festzustellen, die der Penis während des Koitus ausführt. Das hätte ihnen vielleicht verraten, warum sich die hintere Vaginalwand kurz vor dem Orgasmus ausdehnt. Im Übrigen wurde dieses grafische Material durch Interviews ergänzt, die von Psychologen geführt wurden und dazu dienen sollten, die Empfindungen der Testpersonen in Worte zu fassen, was eine noch bessere Nutzung der grafischen Aufzeichnungen ermöglichte. Die Studie wurde ergänzt, indem man bei Testpersonen beiderlei Geschlechts die festgestellten und kommentierten Phänomene beim Koitus einerseits und bei der Masturbation andererseits miteinander verglich. Denn, um nichts unerforscht zu lassen, wurden auch die Frauen aufgefordert, sich – ihren eigenen Wünschen und Rhythmen gemäß – zu masturbieren, um Orgasmen zu bekommen, und zwar mit Hilfe künstlicher Penisse, die eigens für die Studie hergestellt worden waren und die Besonderheit aufwiesen, durchsichtig zu sein, sodass sie an eine Kamera angeschlossen werden konnten, die nun das Unsichtbare sichtbar machte[3].

Diese Arbeit, die kein Detail außer Acht ließ, bildete die Grundlage der klinischen Sexualwissenschaft, die, abgesehen davon, dass sie die sexuelle Physiologie erforschen wollte, auch darauf abzielte, eine therapeutische Basis für die Behandlung von manchen Formen der Sterilität und von sexuellen Funktionsstörungen zu schaffen. Unmittelbar nach dieser Veröffentlichung stieg die Zahl der Publikationen, die sich mit dem Thema beschäftigten, explosionsartig an – sowohl wissenschaftliche als auch solche, die sich an eine breite Leserschaft richteten. Das Ideal von einer aktiven und erfüllten Sexualität kam auf, und indem es das zuvor proklamierte Recht auf Gesundheit ablöste, trat es nun seinerseits als ein neues Recht in Erscheinung, das jedem Menschen zustand.

Um es zusammenzufassen: Was hat diese gewaltige und durchaus lobenswerte, wenn auch nicht unanfechtbare Arbeit gebracht?

Zunächst einmal, dass die sexuelle Befriedigung, obwohl

von allen Menschen erwartet und erhofft, nur von manchen erreicht wird; der Grund dafür ist noch nicht gänzlich erforscht. Das haben die Massenuntersuchungen bestätigt, die nach der allerersten – dem berühmten Kinsey-Report – in verschiedenen Ländern durchgeführt wurden.

Zweitens, dass die sexuelle Physiologie bei Männern und Frauen grundlegend verschieden ist. Die weibliche Physiologie führt nicht nur zu einer intensiveren und länger dauernden Lust als die männliche, sondern ermöglicht überdies ihre sofortige und quasi unerschöpfliche Reproduzierbarkeit, wohingegen das Abschwellen, das beim Mann stattfindet, eine etwa zwanzigminütige refraktäre Phase mit sich bringt, in der keine neue Erektion möglich ist. Das wusste man zwar bereits in der Antike, dank der Aussprüche des Sehers Teiresias[4], aber heute ist es wissenschaftlich bewiesen, was heftige ideologische Debatten entfachte. Denn diese beiden Faktoren zog man heran, um den Forderungen zahlreicher feministischer Gruppierungen Glaubwürdigkeit zu verleihen. Der Kampf gegen die Ungleichheit und die Ungerechtigkeit fand darin ein neues Lieblingsthema. Da es die Frauen waren, die am häufigsten wegen fehlenden sexuellen Genusses frustriert waren, stand es ihnen zu, sich diesen Genuss zu erkämpfen.

Es war schon seit langem bekannt, dass die Frauen – im Gegensatz zu den Männern – mit zwei potenziellen Quellen der Lust ausgestattet sind, der Klitoris und der Vagina, die ihnen, wie man annahm, zwei unterschiedliche Formen des Genusses verschafften. Doch nach Kinseys Veröffentlichungen schrieb Shere Hite[5]: »Der Orgasmus, ganz gleich, ob er durch den Koitus oder auf anderem Wege erreicht wird und welche Unterschiede in der Wahrnehmung bestehen (…), kommt immer durch klitorale Stimulierung zustande.«

Trotzdem wurde unwiderruflich bewiesen, dass beim Koitus beide Quellen – bei jeder Frau auf ihre Weise – gemeinsam zu ein und demselben Genuss beitragen, der auf die

Vasocongestion (Eintritt des Blutes in die Gefäße) zurückzuführen ist; an ihr sind auch andere Körperzonen beteiligt, darunter die Analregion. Auch Freud war übrigens der Auffassung, dass die Frau zwei Lustquellen habe, als er das Empfindungsvermögen der Klitoris als eine Art kleine Erbse bezeichnete, deren Aufgabe es sei, »die Flamme zu nähren und zu vergrößern«. Doch die Art und Weise, wie er die Konzentration auf die Klitoris interpretierte, ist angefochten worden. Denn er behauptete, dass die Konzentration darauf ein infantiles Stadium der Sexualität offenbare und bei der erwachsenen Frau zugunsten des vaginalen Genusses in den Hintergrund treten müsse. Lange Zeit hat man dem entgegengehalten, dass die anatomisch-physiologischen Merkmale der Vagina aus ihr ein Organ machten, das fast ausschließlich für das männliche Vergnügen und die Fortpflanzung da war. Eine feministische Strömung empfahl den Frauen sogar, auf Männer ganz zu verzichten und sich ohne Vorbehalte der Masturbation hinzugeben – ungeachtet des inzestuösen Äquivalents, das dies darstellt.

Man musste bis zum Jahr 1981 warten, als die Entdeckung des G-Punktes[6] publik wurde, so genannt nach dem Arzt Grafenberg, einem deutschen Gynäkologen, der schon 1950 als Erster die Existenz dieser Zone erwähnte. Grafenberg selbst sprach in seiner Publikation von 1950 übrigens noch nicht von der Existenz einer punktuellen Orgasmuszone in der Vagina. In seiner Schrift ging es lediglich um das Sexualverhalten einiger seiner Patientinnen, die sich Orgasmen verschafften, indem sie sich Hutnadeln in die Harnröhre einführten! Er hatte daraus geschlossen, dass die Harnröhre bei manchen Frauen eine erogene Zone darstellte. Zahlreiche Autoren bestritten in der Folge die Existenz dieses Punktes, wohingegen andere angeblich vier Punkte fanden und wieder andere versuchten, den Punkt in therapeutischer Absicht zu vergrößern[7] und der Vagina damit von Neuem eine wichtige Rolle für die Lust gaben –

diesem Organ, das nicht aufzuhören scheint, Geheimnisse preiszugeben.

Interessante Geheimnisse. Beispielsweise ist klar erwiesen, dass es Frauen gibt, die beim Orgasmus eine Ejakulation haben[8]. Die biologische Analyse der ejakulierten Flüssigkeit zeigt, dass sie aus einer Gewebezone vom Prostata-Typus stammt, die am Rand der Harnröhrenmündung liegt. Da aus einer solchen Quelle eigentlich nicht mehr als einige Tropfen Ejakulat kommen dürften, bleibt rätselhaft, warum diese Ejakulationen jedoch so reichlich sind, dass sie lange Zeit urologische Eingriffe rechtfertigten, um sie zu beseitigen.

Ferner wurde anhand dieser Merkmale festgestellt, dass bei beiden Geschlechtern auch die jeweilige Anlage zur sexuellen Erregung und zum Orgasmus Unterschiede aufweist. Männer werden häufig schneller erregt und erreichen auch den Höhepunkt gewöhnlich eher als Frauen, werden jedoch durch die danach eintretende Abschwellungsphase »bestraft«. Diese Tatsache hat man auf die Logik des Fortpflanzungsmechanismus zurückgeführt, weil der Mann ejakulieren, das heißt Genuss empfinden muss, um sich fortpflanzen zu können, wohingegen die Frau befruchtet werden kann, ohne Vergnügen dabei zu empfinden. Natürlich hat eine solche Logik heute keine Berechtigung mehr, weil Fortpflanzung und Genuss nicht mehr unbedingt miteinander in Zusammenhang gebracht werden. Darum hat diese Tatsache viele Reaktionen ausgelöst, die, wie ich bereits erwähnte, von der Ablehnung der Männer überhaupt, wie sie von radikalfeministischen Bewegungen gepriesen wurde – die die Vorteile der Masturbation lobten –, bis hin zu den Bemühungen reichten, Menschen zu einer für beide Geschlechter bereichernden Sexualität zu erziehen; dies wurde sowohl von populären Zeitschriften als auch von sexualwissenschaftlichen Publikationen befürwortet. Man brachte sogar fernöstliche Techniken ins Gespräch, beispielsweise Übungen, um das Sperma willentlich zurückzuhalten, wie die Taoisten sie praktizieren. Auch wenn es stimmt, dass ein solches Training den weiblichen Orgasmus fördern kann, so scheint es mir doch nicht so uneigennützig zu sein, wie man auf den ersten Blick denken könnte, wenn man berücksichtigt, dass es in erster Linie nicht auf die Befriedigung der Frauen abzielt, sondern auf den Wunsch, es möge keine männliche Energie verloren gehen (was der Ausstoß des Spermas unweigerlich mit sich bringt). Man erinnere sich des Ausspruchs von Mao Tse-tung, einem Anhänger taoistischer Techniken, der erklärte: »Ich spüle mein Glied in ihrer Vagina aus.«

Diese Fakten, die ich hier nur ganz knapp ausgeführt habe, weil ihnen unzählige Publikationen gewidmet wurden, sind zum Allgemeingut geworden und haben, weil sie die Unterschiede zwischen den Geschlechtern hervorhoben, das Unbehagen geschürt, das sich in die Beziehungen zwischen den Männern und den Frauen eingeschlichen hat. Es ist ein wenig so, als wenn sie die geheime Triebkraft der Hierarchie nun ans Licht gebracht hätten, die alle Kulturen seit Urzeiten zwischen den Geschlechtern errichtet hatten.

Und das ist sehr bedauerlich. Denn so beeindruckend die Arbeiten von Masters und Johnson auch sein mögen, man kommt doch nicht umhin, sich zu fragen, was die Testpersonen wohl dazu veranlasst haben mag, an den Experimenten teilzunehmen.

Tatsächlich habe ich den Eindruck, dass diese ganze Unternehmung sich nicht so sehr von irgendeinem x-beliebigen Versuch unterscheidet, Schlussfolgerungen über die Begierde und den sexuellen Genuss von Männern und Frauen mit Hilfe von statistischen Umfragen zu ziehen, die in Swinger-Clubs oder bei den Dreharbeiten für pornografische Filme gemacht werden. Die Autoren waren zwar so aufrichtig zu berichten, dass sie anfangs nur Prostituierte engagiert hatten, dass sie dann aber angesichts des Kandidatenandrangs darauf achteten, dass diese sich langsam und ihren Rhythmen gemäß an die Umstände der Experimente gewöhnen konnten. Aber ist ein solcher Andrang von Kandidaten nicht an sich schon suspekt? Und genügt eine solche Präzisierung, um glauben zu machen, man könne ein sexuelles Erlebnis auf eine einfache Vereinigung zweier anatomischer Apparate reduzieren?

Will man uns etwa einreden, man könne dieses Erlebnis von der Phantasmagorie trennen, die es stets begleitet, und von den gewaltigen emotionalen Phänomenen, die unweigerlich eine Rolle dabei spielen? Diese Phantasmagorie, deren Wirkung auf den mit Rätseln behafteten weiblichen Genitalapparat noch immer nicht ganz erforscht ist, wohingegen man sehr genau weiß, wie sie auf den männlichen Genitalapparat wirkt, dessen Funktion angeblich so einfach sein soll.

Ja, angeblich – denn man hat vor etwa 20 Jahren entdeckt, dass der Mechanismus, den man für den der männlichen Erektion hielt, in Wirklichkeit ganz anders arbeitet. Tatsächlich hatte man sich den Penis bis dahin als einen passiven Schwamm vorgestellt, der sich nur bei der Erregung mit Blut füllt. Man hat jedoch entdeckt, dass dieser Schwamm, ganz im Gegenteil, äußerst aktiv ist und dass der Zustand, in dem der Penis schlaff ist, keinesfalls sein »natürlicher« Zustand ist; in Wahrheit resultiert seine Schlaffheit aus einer unablässigen – von Gehirnzentren ausgehenden – Unterdrückung von Erektionsmechanismen; bei diesen Mechanismen kommt das Monozyt, ein gefäßerweiternder Stoff[9], zum Einsatz. Die Unterdrückung der Erektion wirkt über das Noradrenalin, das die glatten Muskeln der Penisarterien zusammenzieht und sie ständig daran hindert, sich mit Blut zu füllen. Doch das Noradrenalin wird auch im Zustand der Angst abgesondert. »Das gibt zu denken«, schreibt Philippe Brenot[10], »dass der Mann in einem permanenten Zustand der Erektion ist, will sagen, in einem Zustand, in dem er jederzeit eine Erektion bekommen kann, denn dazu genügt es ganz einfach, dass das Verbot seines Verstandes aufgehoben wird – durch das Fehlen von Angst, Befangenheit, Hemmungen oder Tabus.« Das ist eine Erkenntnis, die der breiten Öffentlichkeit noch relativ unbekannt ist, obwohl sie für das männliche Verhalten entscheidend ist. Es ist doch allgemein bekannt, dass die Männer »nur an das Eine denken«? Und das hat seinen Grund – kann man künftig darauf antworten!

Was sich auf dem riesigen Gebiet der Sexualität abspielt, wäre demnach so – um einen Vergleich heranzuziehen –, wie wenn ein Außerirdischer die Stadt Paris besucht, in allen Einzelheiten die heutige Architektur beschreibt und dabei seine Schlussfolgerungen aus der gleichzeitigen Betrachtung des Louvre-Innenhofs mit seiner Glaspyramide, des Eiffelturms, der Hochhäuser in den Vorstädten, der Conciergerie, der futuristischen Türme von La Défense, der Kathedrale Notre-Dame, der Tour Montparnasse und der Kirche Sacré-Cœur ziehen würde, ohne zu berücksichtigen, dass all diese Gebäude in ganz verschiedenen Epochen und Kontexten entworfen wurden. Wer kann mit 30, 40 oder 50 Jahren behaupten, er erlebe seine sexuelle Aktivität – und denke darüber – wie mit 16, 19 oder 22 Jahren? Daher erstaunt es nicht weiter, dass, ausgehend von der großen Ähnlichkeit zwischen den Wirkungen eines koitalen Orgasmus und eines Orgasmus, der durch Masturbation zustande kommt, die berühmten feministischen Bewegungen letztere Methode als einzige Art der Befriedigung rühmen; und man wundert sich auch nicht weiter über die Werbekampagne[11], die für Sextoys lanciert wurde, die eigens für Frauen hergestellt werden. Es wäre interessant herauszufinden – wie ich es an späterer Stelle dieses Buches tun werde –, wo eine solche Empfehlung herkommt und was sie bewirken will.

So beeindruckend die ehrgeizige Arbeit von Forschern wie Masters und Johnson auch sein mag – *die Sexualität ist mitnichten eine Physiologie. Man kann aus den körperlichen und physiologischen Merkmalen allein keine allgemei-*

nen Regeln ableiten. Denn diese Merkmale ignorieren die vielen unterschiedlichen Faktoren, die sie bedingen, wie es beispielsweise die Orgasmen beweisen, die Frauen erleben, denen man ein Stück Darmhaut anstelle einer fehlenden Vagina eingesetzt hat, oder die Orgasmen, die beschnittene afrikanische Frauen bekommen, oder die Orgasmen, die durch Analpenetration oder Fellatio erreicht werden. Während ich dies niederschreibe, erinnere ich mich an zwei besonders originelle und aufschlussreiche Fallbeispiele aus meiner Berufspraxis.

Ich behandelte die fünf Kinder – alle von verschiedenen Vätern – einer Frau, die sich selbst gleich bei der ersten Konsultation als »große Liebende« vorstellte. Sie hatte eine gut bezahlte künstlerische Arbeit und reiste ständig durch die ganze Welt. Und dabei hatte sie nicht nur unablässig Affären mit Männern – nein, sie »vernaschte« die Männer in »Scharen«, wie sie es gern ausdrückte. Je nach Lust und Laune brauchte sie zwei bis drei, ja manchmal sogar fünf oder sechs neue Männer pro Tag. Als Grund für ihr großes Bedürfnis gab sie an, sie benötige dieses sexuelle Stimulans zur Erhöhung ihrer Kreativität. Tatsächlich scheint der berühmte lateinische Spruch *Post coitum omne animal triste* nur für die Männer zu gelten, denn die Frauen behaupten häufig, Orgasmen hätten eine Energie spendende Wirkung auf sie – einen euphorisierenden Effekt, dessen Ursache, wie uns die Neurobiologie lehrt, die vermehrte Absonderung des Oxytocins ist. Die Macho-Sprache hat das aufgegriffen und bringt es in dem verächtlichen Ausspruch »Die ist nicht genug gevögelt worden« zum Ausdruck – als zeuge das Erleben von Orgasmen automatisch für eine harmonische Beziehung zu den Mitmenschen und sei eine Garantie für innere Ausgeglichenheit und gute Laune.

Wenn eine Affäre unserer »großen Liebenden« einmal einen ganz besonderen Verlauf nahm, dann behielt sie den jeweiligen Mann für einige Zeit, ließ sich, ohne es ihm zu verraten, ein Kind von ihm machen und trennte sich von ihm, sobald sie mit Sicherheit wusste, dass sie schwanger war. Sie ließ sich deswegen von ihrem dynamischen Sexualleben aber nicht abhalten; erst am Ende des sechsten Monats ihrer Schwangerschaft war sie bereit, es zu unterbrechen. »Nicht dass ich Mühe gehabt hätte, auch in dieser Zeit Sexualpartner zu finden«, vertraute sie mir an. »Wenn Sie wüssten, wie viele Männer das lieben! Es ist auch nicht so, dass ich in diesen Zeiten keine Begierde mehr hätte – ganz im Gegenteil, sie ist dann sogar noch stärker. Aber ich fürchte dann jedes Mal, vielleicht zu Unrecht, dass meine Liebesspiele sich schädlich auf die Gesundheit des Embryos auswirken könnten.« So hatte sie Kinder in allen erdenklichen Hautfarben bekommen. Als ich sie eines Tages dazu bewegen wollte, über den heftigen und unerschöpflichen Reiz zu sprechen, den das männliche Glied auf sie auszuüben schien, erwiderte sie: »Lieber Herr Doktor, Sie sind wie alle Männer, Sie verstehen das nicht! Ein Mann ist für mich kein Penis, hat nichts mit seinem Penis zu tun, ganz gleich, ob er groß, dick, schwarz, gelb oder klein ist. Ein Mann könnte für mich sogar überhaupt keinen Penis haben. Für mich würde das nichts ändern; es genügt, dass er ein Mann ist. Und allein das – das bringt mich auf Touren!« Das ist nun fast das Gegenteil dessen, was man – in einem ähnlichen Rahmen – beispielsweise bei Catherine Millet[12] lesen kann; ihre sexuellen Aktivitäten sind sehr stark und direkt mit dem männlichen Glied und mit der ganz offensichtlich autoerotischen Konnotation verbunden.

Ein sechsjähriger Junge, das zweite Kind seiner Mutter, die außerdem noch eine vier Jahre ältere Tochter hatte, gab Anlass zu viel Besorgnis. Er hatte gravierende Störungen beim Sprechen und im Verhalten. Phasen der Erregung wechselten sich mit Phasen des Rückzugs auf sich selbst ab, und er hatte einen sonderbaren und beunruhigenden Blick. Ich hatte, gleich als er in mein Sprechzimmer kam, überlegt, ob er nicht vielleicht psychotisch wäre. Als ich seine Mutter einmal ohne ihn empfing, bat ich sie, mir etwas über die Geschichte dieses Kindes zu erzählen und mir mitzuteilen, welche Ereignisse es vielleicht geprägt haben könnten. Anhand verschiedener Assoziationen berichtete sie mir dann von der Empfängnis, an die sie sich genau erinnerte, weil sie allen Grund hatte, sie nie zu vergessen: Ihr Mann hatte sie schon seit langem und sehr beharrlich gebeten, im Beisein eines seiner alten Freunde mit ihr intim zu verkehren. (Als Grund dafür gab er lediglich seinen heftigen Wunsch danach an.) Sie hatte das stets abgelehnt. Aber da er bei jeder Gelegenheit auf seine Forderung zurückkam, glaubte sie, sie könne der Sache ein Ende machen, indem sie ein einziges Mal darauf einging. Eines Abends gingen sie also zu dritt ins Bett; der Freund sollte im Prinzip nur als Zuschauer fungieren. Ihr Mann und sie schliefen miteinander. Sie war viel zu angespannt, um das geringste Lustgefühl dabei zu empfinden, ja, sie fühlte sogar eine Art Wut in sich aufsteigen – so heftig, dass sie, um sie zu überwinden und um ihren Missmut zu zeigen, aufstand und das Zimmer verließ, unter dem Vorwand, sie wolle ein Glas Wasser trinken. »Als ich durch die Küchentür trat, ist mir etwas ganz Unglaubliches passiert: In mir entfaltete sich einer der intensivsten Orgasmen, die ich je erlebt habe. Ich war ganz überwältigt davon. Ich musste mich an der Wand abstützen, um nicht hinzufallen. Als er zu Ende war, fühlte ich mich leer und traurig. Aber das hielt nicht lange an, denn ich wusste sofort mit Bestimmtheit, dass ich schwanger geworden war. Und so war es dann auch. Es geschah genau an diesem Tag und an keinem anderen, denn mein Mann reiste am nächsten Tag wegen eines zweimonatigen Lehrgangs ab.«

Wie soll man solche Ereignisse – deren Richtigkeit ich mir zuweilen bestätigen ließ – in die wenig aussagekräftigen Rubriken einer sexuellen Physiologie einordnen, die einzig auf die offenkundigen Wirkungen eines einfachen Mechanismus zurückgeführt wird? Wie soll man das Offenkundige ignorieren: dass es nämlich nur eine ganz individuelle Sexualität geben kann? Ich gehe so weit, dass ich, um in der klassifizierenden Terminologie der Medizin zu bleiben, vorschlage, diese bereits erreichten – sowie die künftigen – Forschungsergebnisse unter der Rubrik »Physiopathologie« einzuordnen. Und ich möchte den Wortteil »pathologie« hier keinesfalls negativ verstanden wissen. Ich behaupte nur: Da ein »normaler« Mensch eigentlich etwas Illusorisches ist, weil sehr viele Menschen unter Neurosen leiden, dem häufigsten Leiden überhaupt, kann es auch keine »normale« Sexualität geben; und dies deshalb, weil *die Sexualität eines Menschen immer eine ganz individuelle Angelegenheit ist. Sie ist ein wichtiger, ja sogar essenzieller Teil seiner Sprache. Sie ist eine Sprache seines Körpers, die sich in einem ganz bestimmten Gebiet – und durch dieses Gebiet – ausdrückt; sie ist nicht neutral, und sie ist merkwürdig expressiv, weil sie dadurch, dass sie auf ganz besondere Weise die Gesamtheit der Instanzen der Psyche mobilisiert, das ganze Wesen eines Menschen repräsentiert.* Wenn man zu dieser Einsicht kommt, versteht man, dass der alte Thoratext das Verb »erkennen« (connaître; – naître – geboren werden) verwendete, um zu bezeichnen, was sich in einer sexuellen Beziehung abspielt: Selbst wenn sie auf eine autoerotische Weise stattfindet, die den Partner instrumentalisiert, so führt sie doch zu einer Co-naissance (Erkenntnis; gemeinsames Geborenwerden), bei der sich jeder der beiden Partner zur gleichen Zeit wie der andere für eine neue Wahrnehmung – und sei sie auch nur bruchstückhaft – seiner selbst öffnet.

Nur so und nicht anders kann man die Entwicklung der

unterschiedlichen Fälle verstehen, die ich hier geschildert habe. Denn warum hatte die Frau des Mannes mit dem vorzeitigen Samenerguss sich bereit erklärt, ihr Leben mit ihm zu teilen und sogar zwei Kinder von ihm zu bekommen, ohne zuvor den Versuch zu unternehmen, Befriedigung im Sexualverkehr mit ihm zu erreichen? Und warum hatte dieser Mann, der bei dieser Frau stets einen vorzeitigen Samenerguss hatte, sie sich als Partnerin ausgesucht, obwohl er einige später Zeit durch eine andere Beziehung erfuhr, dass er sehr wohl imstande war, eine Frau zu befriedigen? Weshalb nahm sich ein verheirateter Mann eine unausstehliche Geliebte nach der anderen? Wieso hatte ein anderer jeden Sommer unzählige Affären? Was meinte die schöne Ehefrau von Doktor Harford bei dem nur einmal kurz gesehenen russischen Offizier finden zu können? Und was hoffte wohl Marianne bei David zu finden, was sie bei ihrem so vollkommenen Ehemann Markus nicht gefunden zu haben glaubte?

Wir sind hier mit unterschiedlichen Beispielen konfrontiert, wie der Außerirdische, der Paris besucht. Wollte man allgemeingültige Gesetzmäßigkeiten für die Bauten suchen, ungeachtet der Unterschiede, die ihre Geschichte und der Zeitpunkt ihrer Errichtung mit sich bringen, so käme man nicht weit. Will man hingegen aus der Gesamtheit der gemachten Beobachtungen die fundamentalen Regeln der Architektur herleiten, die den Bau dieser uneinheitlichen Ansammlung von Kunstwerken bestimmt haben, so wird man seine Ambitionen herunterschrauben müssen. Man wird sich lediglich auf eine einzige Sache einigen können: Die Architektur kann alles tun und sich alles erlauben, sofern sie nie gegen eine grundlegende Regel verstößt: das allgemeingültige Gesetz der Schwerkraft, repräsentiert durch das Senklot.

So wie dieses allgemeingültige Gesetz nie verzeihen würde, dass man es ignoriert, so gehorcht die Beziehung zwischen Männern und Frauen einer impliziten Ordnung. Nur dass man diese Ordnung wegen der großen Variabilität ihres Ausdrucks noch nicht klar erfasst hat, obwohl man seit Urzeiten genau dies versucht. Die Existenz dieser Ordnung ist in den Mythen geahnt und dann von den religiösen oder philosophischen Systemen weiterverfolgt worden, die, da sie das Sozialgefüge regeln wollten, zahlreiche Maßnahmen verfügten, die sie aus den erahnten Kenntnissen von dieser Ordnung schöpften. Freuds Hauptziel war die Erforschung dieser Ordnung. Mutig beschritt er den Weg der Erkenntnis und verbrachte sein Leben damit, sein Abenteuer in topografischer Manier aufzuzeichnen, damit seine möglichen Nachfolger die Fährte nicht verlören. Diese Forschungsarbeit wurde – nicht ohne geniales Talent, das muss man einräumen – von Lacan fortgeführt, der seine Arbeit nicht nur der Bestätigung der Ergebnisse widmete, auf die Freud gekommen war, sondern wie niemand vor ihm all das in – zugegeben schwierige – Formulierungen fasste, was er am Ende dieser Fährte sah. In dieser Richtung situiere ich meine eigene Arbeit, die nur durch das Vertrauen, das mir die Eltern meiner kleinen Patienten entgegenbringen, möglich ist und in der ich mich zudem von den genannten großen Meistern inspirieren und belehren lasse. Diese Ordnung, die jeden von uns beherrscht, ist in unterschiedlicher Weise bei allen Fällen, die ich hier anführe, am Werke. Aber keiner dieser Fälle, selbst wenn er genau da hineinpasst, kann sofort darin »geortet« und erkannt werden. Nicht, weil die Ordnung uns etwa zum Narren hielte und sich unserer Methode entzöge, sondern weil unser Zugang dazu – heute mehr als je zuvor – dem sexuellen Unterschied zwischen den Geschlechtern nicht Rechnung trägt.

Dieser sexuelle Unterschied ist nicht nur der anatomisch-physiologische Unterschied der Geschlechtsorgane. Der existiert natürlich. Aber er geht insofern weit darüber hinaus, als er zur Herausbildung des typisch Männlichen und des typisch Weiblichen führt, die in ihrer Art und Weise wahrzunehmen, zu fühlen, zu handeln, die Welt zu sehen, zu denken und zu sein, grundlegend verschieden sind[13]. Das erklärt, warum Männer und Frauen der besagten Ordnung auf unterschiedliche Weise angehören und zudem einen ganz unterschiedlichen Gebrauch davon machen.

Davon ist die Ordnung in ihrer Expressivität betroffen, was, wenn man nicht aufpasst, zu einer schwerwiegenden Verzerrung ihrer Auslegung führt. Aus diesem Grund werde ich – auf die Gefahr hin, manche Empfindsamkeiten zu verletzen und nicht immer politisch korrekt zu sein – diesen sexuellen Unterschied nicht vom Aspekt seiner Anatomie und Physiologie her beleuchten, dessen Unzulänglichkeit ich betont habe, sondern von dem Aspekt aus, den ich das Weibliche und das Männliche nennen werde.

Meine Herangehensweise an diese beiden Typen, die sich teilweise überschneiden, hat nicht den Anspruch, Weiblichkeit, Männlichkeit oder das weibliche und das männliche Wesen umfassend darzustellen. Sie zielt lediglich darauf ab, die sexuellen Unterschiede in eine Gesamtheit von anderen Unterschieden zu integrieren, um die Thematik besser zu beleuchten. Es scheint mir, dass der sexuelle Unterschied – somit stärker hervorgehoben – endlich eine Art Filterfunktion einnehmen kann, die jedem, der diese Beispiele und Fälle noch einmal liest, ermöglicht, die Ordnung, von der ich rede, zu erkennen und vielleicht Schlüsse für sich selbst daraus zu ziehen.

Das Männliche

Wenn ich zuerst über das schreibe, was ich »das Männliche« zu nennen beschlossen habe, dann liegt dem weder Chauvinismus zugrunde – wie man mir unterstellen könnte – noch mangelnde Zuvorkommenheit gegenüber den Frauen. Wenn ich so vorgehe, dann nur, weil mir, da ich selbst ein Mann bin, die männliche Beschaffenheit vertrauter ist und weil ich einen leichteren Zugang zu ihr habe als zur weiblichen.

Eine verschwenderische Energie

Wie soll man diesen Typus charakterisieren?

Ich würde sagen, es ist ein Typus, der vom energetischen Standpunkt aus zu einer Art anstrengender Aktivität verdammt ist. Er verbirgt Zweifel und Unsicherheit, die im tiefsten Inneren an ihm nagen, hinter einer aggressiven Haltung, er ist aufs Dominieren konditioniert, in dem – vergeblichen – Versuch, sich seiner niemals gesicherten Identität zu vergewissern. Das zeigt sich durch einen paranoid anmutenden Verteidigungsreflex, der so heftig ist wie die Angst, die auch ihrerseits schwer zu erfassen, zu identifizieren und noch schwerer zu beherrschen ist.

Warum ist das so?

Das kann man nur verstehen, wenn man zu den Ursprüngen eines Vorgangs zurückgeht, der begonnen hat, noch ehe der Fötus drei Monate alt war. Denn zu diesem Zeitpunkt hat das Chromosom Y an die noch undifferenzierte Genitalanlage sein Gen SRY angedockt, den entscheidenden Faktor für die Entwicklung der Hoden. Von nun an muss der im Wachsen begriffene Fötus diese nach und nach herausbilden; und er muss sie dazu bringen, unablässig Testosteron abzusondern, damit seine Geschlechtsorgane sich richtig entwickeln. Denn wenn dieses Hormon durch irgendeinen Zufall nicht mehr sekretiert würde, und sei es nur für kurze Zeit, würde seine Anlage sofort von weiblichen Elementen besetzt. Und damit noch nicht genug: Sobald die Hoden herausgebildet sind, muss er dafür »sorgen«, dass sie von der Nierengegend, aus der sie kommen, bis zum Hodensack wandern, und er muss darauf »achten«, dass sie außerhalb des Körpers bleiben –, denn sie benötigen eine Temperatur von unter 37 Grad.

Daher ist es – seit jeher – so, dass das männliche Wesen schon vor seiner Geburt und dann sein ganzes Leben lang gar nicht anders kann, als sich an den Zustand permanenter Anstrengung anzupassen (begonnen mit der frühzeitigen Absonderung des Testosterons und der »Wanderung« der Hoden), seine Normalität zu beweisen (seine Organe müssen absolut konform mit denen anderer Männer sein) und später, Leistungen zu erbringen (die unerlässliche Peniserektion ist nicht die geringste und das Testosteron ein bemerkenswertes »Dopingmittel«) – um es einmal auf den Punkt zu bringen. Das männliche Wesen kann sich dieser Tatsache nicht entziehen, will es nicht Gefahr laufen, das zu verlieren, was seine anatomische und biologische Identität begründet, denn darüber definiert es sich. Dies wird den Mann sogar dazu zwingen – ganz gleich, was er will oder tut –, eines Tages seine Ausgangsbasis zu verlassen, um sein eigenes Abenteuer zu beginnen. Ein Abenteuer, das er für neu hält und das für ihn im Zeichen der Entdeckung steht, obwohl sein Weg doch immer mit der unvermeidlichen Rückkehr verbunden ist. Der Text der Schöpfungsgeschichte (2,22–24) zieht – anhand der Legende, wonach Adam[1] eine Rippe entfernt wurde, aus der seine Gefährtin dann geschaffen wurde – daraus eine Lehre und begründet damit die Tatsache, dass der Mann immer seine Ursprungsfamilie[2] verlässt, um einer Frau zu begegnen.

So ist die Beschaffenheit des Mannes: nackt, ohne Schutz und ohne Möglichkeit des Rückzugs – der Kälte und der Aggression wie auch den Blicken ausgesetzt.

Man könnte sich vorstellen, dass er noch nicht ganz seinen Urzustand überwunden hat, gleich einem beharrlichen und verspäteten Sprössling seines Urahns, selbst wenn das lange Abenteuer, das er bereits hinter sich hat, ihm den Kopf mit einer Unmenge von Erfahrungen vollgestopft hat, die, wie sich erweist, alle dazu bestimmt waren, ihm ein gewisses Rüstzeug und Sicherheit zu geben. Doch dies ist nicht gelungen. Warum nicht? Das lässt uns verstehen, weshalb er schon sehr früh begonnen hat, sich einen Unterschlupf zu suchen und weshalb er in diesem Wartezustand, angetrieben vom animalischen Instinkt des Fortbestands seiner Art, auf seinem gesamten Weg seine Genitalien in besonderer Weise schützte. Man stelle sich einmal vor, wie er allein und gebückt durch die wüstenartige Landschaft läuft, immer bemüht, seine Hände freizuhalten, um auf seine Umgebung zu reagieren zu können, immer in Angst, das unbedacht zu entblößen, was ihm seine Identität verleiht und von dem er – während eines Großteils der Geschichte seiner Art – nicht wusste, dass es auch sein zeugungsfähiges Potenzial enthielt.

Aber was soll man mit diesen Bildern anfangen? Was damit anfangen, wo doch seither Jahrmillionen vergangen sind und ein einfacher Knopfdruck in unseren komfortablen Behausungen heutzutage ermöglicht, die Temperatur zu regeln? Was soll man mit den Bildern anfangen, wo sich die wüstenartige Landschaft von einst doch in wimmelnde Megalopolen verwandelt hat? Was soll man tun, wo doch Raum und Zeit so klein geworden sind? Wo so viele Möglichkeiten existieren, um die Kommunikation zu fördern, jegliche Sicherheit zu geben und jedem die Kontrolle über seine Entscheidungen zu garantieren? Trotz der wohlberechneten Kraft dieser heraufbeschworenen Bilder beruht diese Kraft nicht doch auf einem Wahn?

Doch! Denn ganz gleich, ob bekleidet oder nicht, das männliche Wesen bleibt von Grund auf nackt und stets bemüht, seine Blöße zu bedecken, ein Bemühen, das in der Schöpfungsgeschichte[3] mit dem Verzehr der verbotenen Frucht des Baumes der Erkenntnis von Gut und Böse begründet ist. So schlicht die Bedeckung auch zuweilen sein mag – wie zum Beispiel jene, die der Mann am Strand benutzt –, sie ist deshalb nicht weniger verbreitet. Und es handelt sich hierbei auch nicht um einen Zwang oder den Wunsch, die soziale Ordnung aufrechtzuhalten: Bei den Naturvölkern wird ein erwachsener Mann niemals bereit sein, seine Penisbedeckung zu entfernen. Also müssen wir wohl oder übel zugeben, dass es, wenn irgendetwas die Zeiten überdauert zu haben scheint, diese obskure Scheu ist, die der Mann davor hat, sein Geschlecht zu entblößen.

Und aus gutem Grund!

Ein irritierendes Organ

Denn dieses Geschlecht irritiert, mit seiner Neigung, andauernd steif zu werden! Es stellt den Mann in Frage, es verfolgt ihn, es »bewohnt« ihn und hört nicht auf, ihn zu beunruhigen. Wie ein lebendiges Wesen, sonderbar und enervierend, weil es ein Eigenleben führt und so autonom ist mit seinen Launen, seinen Forderungen, seinen unkontrollierbaren und zuweilen sogar lästigen Reaktionen. Es kostete den Mann so viel Mühe, sich daran zu gewöhnen, ehe er daraus das kostbarste seiner Besitztümer machen konnte! Diese zur Unzeit erfolgenden Erektionen (als sollte damit ständig das Funktionieren der Maschinerie überprüft werden), ausgelöst durch eine diabolische Chemie, die noch heute nicht vollständig entmystifiziert ist – wie viele Probleme haben sie ihm bereitet! Welcher kleine Junge ist nicht deswegen erschrocken und hat sie nicht – verwirrt von den subtilen Empfindungen, die sie begleiteten – lange Zeit verheimlicht, in einer Mischung aus Entsetzen und Scham, und in der Annahme, er dürfe nicht darüber reden?

Was die Erektionen in den anderen Altersphasen angeht – wie oft haben die Männer, diese Draufgänger, die immer bereit sind, schamlos mit ihren Eroberungen zu prahlen, um ihre Sorgen und ihre tiefe Beunruhigung zu kaschieren, sie in Texten aller Arten beschrieben! Es gibt die nächtlichen Erektionen, unvermeidlich und physiologisch bedingt, von denen man nicht genau weiß, ob sie erotische Träume begleiten oder welche wecken, deren Vorkommen die Andrologen und die Sexologen bei ihren Patienten jedoch untersuchen, und zwar anhand von Ringen, die über das Glied zu streifen sind, welche, falls die erotischen Träume intensiv genug sind, zerbrechen. Dann gibt es noch die lästigen Erektionen, mit dem »triumphierenden Aufwachen«, von denen der alternde Victor Hugo so jubilierend sprach. Dann die selbstgefälligen, unrealistischen und deprimierenden, beispielsweise durch pornografische Lektüre hervorgerufenen, dann solche, die ganz überraschend erfolgen, andere, die unverhältnismäßig lange anhalten und die man allzu gern zum Aufhören brächte; auch solche, die ärgerlicherweise nicht lange genug andauern, und schlussendlich jene, die durch ihre Abwesenheit glänzen, obwohl man den Himmel anfleht, er möge einen durch ihr peinliches Ausbleiben bitte nicht demütigen! Kurz gesagt, es sind also nie die gleichen. Aber sie sind immer gleichermaßen tyrannisch. Als wenn sie sich, keck und unverschämt, unbedingt davon überzeugen wollten, dass ihre »Befehle« von einem Ort stammen, der sich einerseits über die mechanische Logik hinwegsetzt und sich andererseits der Kontrolle ihres Urhebers entzieht.

Wenn man bedenkt, dass Claude Bernard, der Begründer der modernen Medizin, Gesundheit als »das Schweigen der Organe« definierte, dann versteht man, dass die Männer sich ständig Sorgen über ein so »lautes« Organ machen, das nie aufhört, sich zu manifestieren. Von da bis zu der ängstlichen Annahme, es könne tatsächlich vergänglich und bedroht sein, ist nur ein einziger Schritt – dessen Aussicht umso bedrohlicher ist, als er von einer archaischen Wahnvorstellung genährt wird, auf die ich noch zurückkommen werde. Die männliche Hypochondrie tritt jedenfalls nirgendwo anders so ausgeprägt in Erscheinung. Auch den ithyphallischen, auf Sühneopfer ausgerichteten Kulten der antiken Hochkulturen ist es nicht gelungen, die Fixierung des Mannes auf dieses Organ aufzulösen.

Es ist zwecklos, es zu leugnen, zu mogeln oder sich darüber zu entrüsten: Für jeden Mann ist sein Penis ein neuralgisches Zentrum seiner Gedanken, so sehr, dass sich auf mehr oder weniger klar erkennbare Weise alles, was er erlebt, darauf auswirkt.

Ihm ist nicht bewusst – er hat es sicherlich niemals gewusst und noch weniger heutzutage, wo dies eigentlich seine letzte Sorge sein sollte –, dass er sich mit diesem Verhalten in den Dienst des machtvollen Fortpflanzungsinstinkts stellt. Dieser Instinkt, schlau wie bei allen lebenden Arten, hat es tatsächlich verstanden, sein Ziel mit dem Genuss zu kaschieren, der wie kein anderer ist, gewaltig und unerschöpflich und erzeugt von dem geheiligten Organ. Ein Genuss, der genau in dem Augenblick empfunden wird, wo die dämonische chemische Maschinerie, die im Körper wirksam ist, indem sie den Druck beseitigt, ganz plötzlich die Schleusen öffnet und Blut heranströmen lässt, und dem Organ einen majestätischen oder furchterregenden, attraktiven oder abstoßenden Aspekt verleiht, je nach Stimmung der Person, die – zuweilen nur in Gedanken – die Begierde auslöste. Die Qual der Erwartung und die so unmissverständliche Manifestation dieser Begierde machen den Mann beim Erleben des Höhepunkts durchschaubar und verwundbar, sodass er unfähig wäre, irgendetwas vorzutäuschen.

Eine unmögliche Transaktion

Bei allen anderen Säugetieren wird der Geschlechtsverkehr durch lange Pausen reguliert, die dem Körper ermöglichen, sich zu regenerieren, sich zu entspannen und zu faulenzen. Die menschlichen Weibchen haben keinen Östrus. Sie sind ständig für den Sex verfügbar – was die Männchen verrückt macht, die sich unablässig in einer von Pheromonen (Sexuallockstoffen) gesättigten Atmosphäre bewegen. Und wäre es nur das, dann wäre es ja noch erträglich! Aber sie sind so zahlreich, diese Frauen, so anziehend und nach außen hin so bereit für die Umarmung! Was für eine Qual, eine, manchmal zwei, höchstens aber drei oder vier auswählen zu müssen, wenn man, ohne es zu wollen, zuweilen davon träumt, alle zu haben, ganz gleich, ob nacheinander oder auf einmal! Denn »die Treue kann der Mann nur als Verzicht, *trotz* seiner Begierde, begreifen. Aber sobald ihm bewusst wird – und sei es im Laufe einer von wirklicher Liebe geprägten Beziehung –, dass die weibliche Schönheit der anderen Frauen ihn physiologisch gleichgültig lässt, wird früher oder später das Gespenst der Impotenz am Horizont auftauchen«[4]. Was also soll der Mann tun, wenn seine Begierde so heftig, wenn das Leben so kurz ist und wenn ihm jede Befriedigung, die er dem Penis gibt, das Gefühl verleiht, ein wenig mehr von seiner Identität erfasst und ein kleines Stück von der Ewigkeit erhascht zu haben? Von dieser seltsamen Energie getragen, hat er keine andere Wahl, als listig vorzugehen. Doch das ist nicht so einfach… Durchschaubar, fürwahr, weil durch den unkontrollierbaren Ausdruck der Begierde verraten, die sich so offenkundig manifestiert, befindet er sich in der unbequemen Lage dessen, der etwas von anderen will. Nun weiß man aufgrund der Gesetze des Marktes – und noch besser, seit die Logik der Interaktionen erforscht ist –, dass derjenige, der in der Kommunikation etwas von einem anderen möchte, stets mit der potenziellen Ablehnung seines Gesprächspartners rechnen muss und im Dialog immer die »niedere Stellung« einnimmt, wohingegen sein Gegenüber die Macht hat, diesen Dialog nach seinem Willen zu steuern. Wie also soll man da zum Zuge kommen, ohne allzu viele Federn zu lassen? Das ist eine wichtige Frage. Vor allem in unseren Zeiten. Denn während eines Großteils der Geschichte seiner Art hat sich der Mann nicht mit allzu vielen Skrupeln belastet: Getrieben von der Macht seiner Begierde und durch seine Erektion in der Lage, sie zu befriedigen, zwang er sie ohne die geringste Rücksicht und mit großer Brutalität einer Partnerin auf, in deren Anatomie keine Veränderung vorgehen musste, um eine Penetration zu ermöglichen – denn sie war unter allen Umständen machbar. Aber seit das, was wir als Kultur bezeichnen, aufkam und seit mit Hilfe der Sprache eine gewisse Förmlichkeit in die Kommunikation einfloss, ist das ganz anders. *Der Mann, dessen Anatomie ermöglicht, »nein« zum Geschlechtsverkehr zu sagen, ist aufgrund seiner heftigen Erektionen praktisch immer im Zustand, »ja« zu sagen, und bringt das auch ganz deutlich zum Ausdruck, wohingegen die Frau, deren Anatomie stets »ja« zum Geschlechtsverkehr sagen kann, des Öfteren »nein« sagt und ein »Ja« nur mit der allergrößten Vorsicht gewährt.*

Die Asymmetrie der Positionen, »unten« für den einen und »oben« für die andere, erklärt sich nicht nur aus der Stellung, die der verbalen Sprache – in Form der Konventionen und der Kodexe – durch das Aufkommen der Kultur verliehen wurde. Diese Konventionen und diese Kodexe haben – da sie nichts von dem Mechanismus verstanden, der sie bestimmte – die vorherige Situation, in der sich die beiden Partner befanden, nur bestätigt und geregelt; fast so, als wäre die Auffassung definitiv akzeptiert worden, dass Männer »nur daran denken«, wohingegen Frauen diesbezüglich eher gleichgültig wären. Wiederum stehen wir hier vor einem Rätsel, das vom Fortpflanzungsinstinkt hervorgebracht wurde: Der Mann mit seiner so einfachen »Machart« und seiner so konfusen Ökonomie stellt Milliarden Spermien her und verbreitet sie mit je 50 Millionen pro Milliliter in einer einzigen Ejakulation von mehreren Millilitern, die er auch noch mehrmals am Tag wiederholen kann – von seiner Pubertät an bis zum Ende seines Lebens. Die Heftigkeit seines Sexualtriebs steht demnach gewissermaßen einzig im Dienst dieser verschwenderischen Ergüsse, die keinerlei greifbares Ergebnis hervorbringen – zumindest kein schlüssig beweisbares. Da der Zweck seines Aktes nie konkret im Zusammenhang mit seiner Durchführung gesehen werden kann, ist der Mann dazu verurteilt, ihn ewig zu wiederholen.

Anders auf der weiblichen Seite. Man könnte tatsächlich von der Frau sagen, dass sie eine reifere Anlage besitzt, die im Dienst eines klugen und sparsamen Umgangs mit ihrem Fortpflanzungspotenzial steht: Bei ihrer Geburt wird ihr ein begrenzter, aber ausreichender Vorrat an Ovozyten – weniger als 2000, von denen nur 400 heranreifen – mitgegeben; unabhängig von ihrer sexuellen Aktivität produziert sie jeden Monat während einer relativ begrenzten Zeit ihres Lebens – im Laufe der drei oder vier Jahrzehnte, die zwischen Pubertät und Menopause liegen – ein einziges Ei. Wahrscheinlich sah sie sich schon relativ früh in der Geschichte der menschlichen Gattung genötigt, ihre Schwangerschaften und ihre sexuelle Aktivität miteinander in Verbindung zu bringen. *Wenn sich man vorstellt, dass sie ihre sexuelle Aktivität stets nur »ertrug«, so begreift man, dass sie die Möglichkeit hatte, mit einem bestimmten Resultat zu rechnen, selbst wenn es erst nach einiger Zeit eintrat.* Getrieben durch ihren »Bauchinstinkt« – wie die anderen weiblichen Säugetiere –, entdeckte sie bestimmt recht bald, dass ihre Rolle beim Aufziehen der Kinder, die sie auf die Welt brachte, die Ergebnisse der Aktivität verstärkte, der sie sich hatte hingeben müssen. Wahrscheinlich ist es ihr auf diese

Weise gelungen, nach und nach die vielfältigen Quellen der Befriedigung zu kultivieren, die ihre weiblichen Nachfahren heutzutage kennen: begehrt zu werden, Geschlechtsverkehr zu haben und überdies Kinder in die Welt zu setzen und sie aufzuziehen.

Beschrieb man diese unterschiedlichen Dynamiken mit diesen Worten, wurde man lange Zeit kritisiert – eine solche Ausdrucksweise galt als ideologisch gefärbt. Es war unzulässig – und ist es für viele Feministinnen noch heute –, dass man sexuellen Beziehungen so deutliche, unsymmetrische Komponenten zuschrieb und hervorhob, dass Frauen und Männer ganz unterschiedliche Bindungen an ihre Kinder haben. Denn die neuesten Kenntnisse, die man von der Chemie der »amourösen« Zustände[5] hat, zeigt, dass sie durch eine ganze Anzahl von Molekülen bestimmt sind, worunter ein Hormon ist, das Oxytocin– das man aus diesem Grund »Hormon der Bindung« genannt hat –, das bei der Intensität des sexuellen Interesses, das die Partner füreinander haben, ein Rolle spielt; das geht so weit, dass es bei beiden einen Zustand erzeugt, der ähnlich dem der Drogensucht ist: Beide Partner brauchen ihren Anteil an diesem Hormon. Nun hat sich aber herausgestellt, dass der Mann nur auf den Reiz der Absonderung des Oxytocins reagiert, die während des Geschlechtsverkehrs erfolgt, wohingegen die Frau ihrerseits über zwei Reize verfügt: den Geschlechtsverkehr einerseits und die Beziehung zu ihren Kindern andererseits. Deshalb können wir auch die oft bitteren Äußerungen der Väter verstehen, die nur schwer ertragen, dass sie, wenn sich die Mütter mit den Kindern beschäftigen, auf den zweiten Rang verwiesen werden; Äußerungen, die heikel – und politisch sehr inkorrekt – in unserer Epoche sind, die mit der »Idolatrie« des Kindes einen neuen Kult erfunden hat, den sie für *den* Kult der Zukunft hält.

Jedenfalls ist »Stoff« genug da, um wieder einmal die grundlegende Asymmetrie der Beziehungen zu beschreiben.

Der eine, der nur eine einzige Quelle des Genusses hat, bindet sich an die andere, die zwei zu ihrer Verfügung hat. Der eine kann nicht ohne die andere auskommen, wohingegen diese andere sehr wohl ohne ihn auskommen kann. Wer beherrscht also wen? Wer hat auch schon früher den anderen beherrscht, selbst in den patriarchalischen Gesellschaften? Man beantwortet diese Frage im Allgemeinen, indem man das anführt, was klar und sichtbar ist: die von den Männern demonstrierte Gewalt, die ebenso offenkundig ist wie ihr Geschlechtsorgan (jedoch ohne die weibliche Gewalt zu berücksichtigen, die unendlich viel subtiler und verborgener ist, genauso wie das weibliche Geschlechtsorgan selbst). Und man wird natürlich hinzufügen, dass die Rücksicht des einen auf die Freiheit des – der! – anderen, über den eigenen Körper zu verfügen, heutzutage wohl nicht mehr in Frage gestellt werden kann. Aber es bleibt trotzdem eine Tatsache, dass zwei Partner, die sich kraft einer fundierten Übereinkunft über diesen Punkt zusammengetan haben, häufig mit der Geburt der Kinder erleben müssen, wie ihre sexuelle Beziehung in eine Krise gerät. Und man kann hier durchaus von einer subtil angewandten Gewalt sprechen. Denn was sichert dem Mann seinen Nachschub an Oxytocin zu, wenn die Frau, mit der er sich vereinigen will, sich ihm verweigert? Natürlich kann sie es immer damit begründen, dass sie nicht das Bedürfnis verspürt und dass sie sich nicht dazu zwingen will... selbst wenn sie ahnt, dass sie dann vielleicht wieder Geschmack daran finden könnte. Die Partner werden also in einen Teufelskreis geraten, dessen Ausgang meistens ziemlich düster ist. Die übermächtige Wirkung dieser Verweigerung wird häufig von Verhaltensweisen und Äußerungen erhöht, die noch viel zerstörerischer sind. Dann ist der Weg offen – und wie oft hatte ich Gelegenheit, dies festzustellen – nicht nur für den Ehebruch, mit dem der Mann sich innerlich zu stärken und zu trösten sucht, sondern für die definitive Trennung des Paares.

Wenn der Partner also ein Mann ist, der sich bemüht, vernünftig, verständnisvoll, sanft, geduldig und friedfertig zu sein, wenn er ein Mann ist, der willens ist, seine Triebe zu beherrschen, statt sich von ihnen leiten zu lassen, ohne etwas über die Chemie der »amourösen« Zustände zu wissen, dann versucht er, sich mit der Situation zu arrangieren – wie es die Männer wahrscheinlich seit langer Zeit schon getan haben.

Er nimmt sich also die Macht, die in seiner Reichweite ist, dann alle Arten der Macht: die Macht über die Organisation der Gesellschaft, über alles Materielle, die Legislative, die Politik, die Institutionen, ja sogar über den Familienalltag! Auf diese Weise bringt er die für sein Wesen typischen Merkmale zum Einsatz. Er greift an, er macht sich größer, er betet sein Pseudo-Zepter von Phallus an, den er für das wichtigste Trostmittel für alle Frustrationen hält. Er sublimiert – wie manche es gern sagen, das heißt, er verlagert einen Teil dieser Energie, die dazu hätte dienen können, alle diese anderen zurückhaltenden, unerreichbaren und verbotenen Frauen zu befriedigen. Er entfaltet seine Energie in Unternehmungen, wo er diese Anlagen, die er seit seiner Geburt – und sogar schon davor – erworben hat, zur Entfaltung bringen kann. Er stellt seine Kraft, ein bisschen Paranoia, seine Entschlussfähigkeit und seine Disziplin in den Dienst der Eroberung. Er bemüht sich, persönliche Vorteile zu erlangen. Er bedient sich: Das »Ich zuerst« ist schließlich die Grundregel für jede Existenz, warum sollte er sich da ausschließen? Er schützt sich. Er verteidigt sich. Er trampelt auf den anderen herum. Er schaltet andere aus. Er rafft. Er hortet. Er kultiviert ein energisches äußeres Auftreten. Er identifiziert sich noch mehr mit dieser berühmten, bereits erwähnten Kraft, und er zeigt sie, weil er sicher ist, dass sie ihn attraktiver macht. Entspricht es nicht dem Gesetz eines jeden Herrschaftssystems im Tierreich, dass die Weibchen die stärksten Männchen wählen? *Auch wenn er seine Frus-*

trationen nicht ganz und gar überwunden hat, so hat er doch wenigstens nicht seine Zeit verloren. Vielleicht weil er Geschmack an einer Situation fand, die seine Brutalität noch fördert, und für alle Zeiten Gefallen daran finden wird, vielleicht, weil er die Vorteile im Auge hat, hinter denen er her war und die sich nun als greifbar erweisen: Genügt es denn nicht oft, mit den Finger zu schnipsen, um zu sehen, wie einem das begehrte Objekt fügsam folgt?

Wenn man begreift, welch negative Wirkung das Nichtausüben des Geschlechtsverkehrs hat gegenüber der heilsamen Wirkung seines Vollzugs, wird besser verständlich, dass die pazifistischen Bewegungen empfahlen: »Macht Liebe, nicht Krieg.« Man könnte übrigens noch weiter gehen und diese Anweisung durch andere, mehr oder weniger schlagkräftige ergänzen, wie: *»Macht doch besser Liebe miteinander, anstatt euch gegenseitig den Krieg zu erklären« oder »Macht Liebe miteinander, vor allem dann, wenn ihr eigentlich Lust habt, euch gegenseitig den Krieg zu erklären« oder auch »Die Liebe, die ihr euch gegenseitig schenkt, kostet euch bedeutend weniger und gibt euch wesentlich mehr als der Krieg, den ihr meint, euch gegenseitig bereiten zu müssen.«*

Die Folgen einer weit zurückliegenden Bindung

Nackt also. Einzig und allein mit sich selbst beschäftigt und vor allem mit seinem Geschlecht. Nun denn! Aber ist diese Beschreibung für das männliche Wesen, das so viel geschaffen hat und sein Umfeld und seine Person so sehr verändert hat, nicht ein wenig unzulänglich? Wie soll man hinter dieser Ausgangslage den Gründer, Denker, Herrscher, Eroberer, Schöpfer und Künstler ausmachen?

Nichts ist einfacher. Denn seine Anlage hat ihm nicht verboten, eine unbegrenzte Palette von Entfaltungsmöglichkeiten wahrzunehmen. Nur ist es ihm trotzdem niemals gelungen, dadurch ein wenig mehr Gelassenheit zu erlangen und ebenso wenig, seine Angst und seine sexuellen Zwänge zu lindern, die beide direkt damit zusammenhängen.

Um ihn also zu verstehen, muss man sich ihn noch einmal nackt vorstellen.

Aber in einem anderen Kontext, in einer anderen Landschaft als der, die dieser – verkürzt dargestellte – Weg seiner Ontologie skizziert hat; versuchen wir daher, in die Geheimnisse dessen einzudringen, was ich weiter oben angedeutet habe, als ich von seiner Veranlagung sprach.

Stellen wir ihn uns also noch einmal nackt vor, doch keineswegs als den bedrohten Erwachsenen, der durch eine feindliche und wüstenartige Landschaft irrt, sondern als ganz kleines, zartes Kind, in die Arme seiner Mutter geschmiegt, mit der er noch lange Zeit, wenn nicht sein Leben lang, das Abenteuer fortsetzen wird, das in seinem fötalen Stadium begann.

Ihn fröstelte ein wenig, als er seine schützende Hülle verlassen musste. Aber das ist jetzt zu Ende, nachdem ihn der große Körper an sich genommen hat. Und nun ist er eingetaucht in ein neues, geräuschvolles Universum, und inmitten von vertrauten Empfindungen nimmt er neue Empfindungen wahr. Das Licht fällt auf seine Netzhaut, die, obwohl mit allen Sehsinnenzellen und Sehstäbchen ausgestattet, ihm noch nie zuvor zum Sehen diente. Flüchtige, bewegliche Schatten sind um ihn herum. Er wäre ganz sicher verloren, würde er nicht die Stimme erkennen, die zu ihm spricht, und die Gerüche, die von dem Körper stammen, der ihn getragen hat und der ihn jetzt nur auf eine andere Weise trägt. Er ist ein Junge. Gleich nach der Geburt richtete sich der Blick auf sein Geschlecht und stellte dies fest. Dieser bekannte Blick, auf den er sein Leben lang lauern wird, ihn gleichzeitig erwartend wie fürchtend; dieser Blick, vor dem er sich so durchschaubar, so durchsichtig fühlen wird und den er während seines ganzen Sexuallebens immer wiedererkennen wird. Dieser Blick, den er aussenden wird, um den Anblick der Frau zu genießen, die er begehrt oder von der er wünscht, dass ihr sein Äußeres gefallen möge, wobei er versucht – ohne dass ihm dies immer gelingen würde –, so weit Abstand zu halten, dass er ihm sowohl Voyeurismus als auch Exhibitionismus gestattet. Dieser Blick also, den seine potenzielle Partnerin genießt, die im Übrigen alles tut, um ihn auf sich zu ziehen.

Dieses Geschlecht, an dessen Entwicklung er kraft der Biologie selbst aktiv beteiligt war, ist also anerkannt, bestätigt und mit einem Namen versehen worden. Von nun an ist unwiderruflich, dass er damit ausgestattet ist, und ebenso ist sprachlich manifest, dass er es trägt. Der Name, der ihm gegeben worden ist, wird es für immer bestätigen. Aber er weiß noch nicht, dass alles, worauf ihn seine biologische Bestimmung vorbereitete, von dem, was Sprache und gesellschaftlicher Diskurs vermitteln, berührt sein wird. Sein Geschlecht wird das lange und bewegte Abenteuer des Geschlechts der Männer kennen lernen und sich daher notwendigerweise mit der Meinung arrangieren müssen, die seine Mutter, die erste Frau seines Lebens – aus deren Leib er kam und deren Prägung für immer in ihm lebendig sein wird – davon hatte und ihm mit auf den Weg gegeben hat.

Albert Cohen[6] beispielsweise hat kein Geheimnis daraus gemacht, dass seine Mutter ihn geradezu vergötterte; er hat davon gesprochen, welch immense Unterstützung sie ihm dadurch zuteil werden ließ, und er hat ihr durch seine Werke seine Anerkennung und seine Huldigung bezeugt. Ist es da ein Zufall, dass es ihm gelang, sein beeindruckendes Wissen über die weibliche Seele zu entfalten und in seinem Helden Solal[7] den prototypischen Urheber einer unmöglichen Liebe darzustellen, deretwegen er am Ende Selbstmord begeht?

Albert Camus gibt in einem Interview am 12. Dezember 1957, mitten im Algerienkrieg, als man ihm den Nobelpreis für Literatur überreichte, ohne zu zögern eine Erklärung ab, die aus dem Mund eines Philosophen, der sich vehement gegen Ungerechtigkeit einsetzte, ergreifend wirkt: »Ich glaube an die Gerechtigkeit, aber ich würde meine Mutter vor der Justiz, die sie verhängt, verteidigen.« Mehr noch als die Faktoren, die uns die Details der Biografien liefern, die ihm gewidmet sind, ermöglicht uns die Lektüre seines posthum erschienenen Werks *Der erste Mensch*[8] zu begreifen, was ihn zu diesem »Glaubensbekenntnis« veranlasste, das weniger metaphorisch ist, als es scheint.

Romain Gary seinerseits erklärte, um auszudrücken, welch gewichtigen Einfluss die Wünsche seiner Mutter auf sein Schicksal hatten, in seinem autobiografischen Werk *Erste Liebe – letzte Liebe*[9]: »Vielleicht sollte ich um der Klarheit meines Berichts willen gleich zu Anfang sagen, dass ich heute Generalkonsul von Frankreich, Kampfgefährte der Résistance und Offizier der Ehrenlegion bin und dass ich, wenn ich weder ein Ibsen noch ein d'Annunzio geworden bin, dann nicht etwa, weil ich es nicht versucht hätte.« Für diese Mutter hat er sein Werk geschrieben, für diese Mutter, von der er, wie man erfährt, noch drei Jahre nach ihrem Tod Briefe erhielt: Sie hatte über 200 geschrieben, die sie einer Freundin anvertraute, damit diese sie noch einige Jahre lang an ihren Sohn schicken konnte.

Ebenso weiß man – und viele Autoren haben diesen Aspekt der Dinge herausgearbeitet –, welch große Bedeutung die Mütter von Marcel Proust[10] und André Gide[11] auf das Schicksal ihrer Söhne hatten. Pier Paolo Pasolini bringt es in der Verszeile eines wunderbaren Gedichts[12] auf den Punkt, wo es heißt: »Sei mia madre e il tuo amore è la mia schiavità« (Du bist meine Mutter, und deine Liebe macht mich zum Sklaven).

Man könnte noch mehr solche Beispiele anführen, wenn

man sich in anderen Ländern umschaute; auch hier würde die Statistik mit Sicherheit unsere Schlussfolgerung bestätigen. Das Interessante daran ist, dass alle diese unterschiedlichen Persönlichkeiten zwar brillante Karrieren machten und beneidenswerte Erfolge hatten, sie sich in ihrem Sexualleben jedoch – ganz gleich, ob sie heterosexuell waren, wie die ersten drei genannten, oder homosexuell, wie die letzten drei – nie von ihren jeweiligen Müttern entfernen konnten, um diese nicht zu verraten.

Die Heterosexuellen waren alle – ohne ihr Wissen, natürlich – das, was man »Frauenhelden« nennt: Sie hatten eine Menge Affären, sie verboten sich für lange Zeit, wenn nicht ihr ganzes Leben lang, sich fest an eine Frau zu binden anstelle der Frau, die ihnen die eigenen Prioritäten aufgezwungen hatte.

Was die homosexuellen Männer angeht, so haben sie sich noch radikaler verhalten, indem sie sich überhaupt jegliches Engagement für eine Frau untersagten. Pasolini drückt es ganz unmissverständlich in dem Gedicht aus, von dem ich bereits eine Zeile zitierte: »Sei insostituible. Per questo è dannata/Alla solitudine la vita che mi hai dato« (Du bist unersetzbar. Deshalb ist verurteilt/Zur Einsamkeit das Leben, das du mir geschenkt hast). Noch extremer sind z.B. Fälle wie bei Leonard Bernstein[13], die statistisch gesehen anscheinend weniger selten sind, als man meint, wo Männer »Frauenhelden« sind und überdies auch noch homosexuell.[14]

Selbstverständlich könnte man hier als Deutungsinstrument dieser verschiedenen Lebenswege den Begriff Phallus einbringen. Man wird zugeben müssen, dass diese ganz unterschiedlichen Männer immer nur die Phallen ihrer jeweiligen Mütter gewesen sind. Dann wird man verstehen, warum ich im vorigen Kapitel behauptet habe, dass der Phallus durchaus auch von einer Frau besessen werden kann.

Ebenso wird man dann verstehen, warum Marianne ihren Ehemann so schnell abgeschrieben hat. Sie hat verstanden – und die Entdeckung der langjährigen Geliebten ihres Mannes hat es ihr bestätigt –, dass Markus, den sie als Besitzer des Phallus angesehen hatte, vielmehr der Phallus seiner eigenen Mutter gewesen war. Das ist die Tragödie, die sich im Innersten dieses dämonischen Mechanismus abspielt. Denn Markus, der Künstler, der sich mehr auf seine Kunst als auf Worte verließ, hat elf Jahre lang ganz ernsthaft versucht, aus diesem Status herauszutreten, den er vermutlich lange Zeit innehatte. Es war ihm scheinbar gelungen, zweifellos mit der vorherigen Hilfe dieser langjährigen Geliebten. In gewisser Weise lebte er damit in Bigamie – weil er spürte, dass er mindestens zwei Frauen brauchte, um sich ganz und gar von dem Status zu befreien, in den ihn seine Mutter wohl versetzt hatte. Man kann sich, nebenbei bemerkt, fragen, ob, empirisch gesehen, die antiken Gesellschaften vielleicht eine Ahnung von diesen Komplexitäten hatten, was dazu führte, dass sie die Polygamie amtlich anerkannten, wodurch den Männern vermutlich eine bessere Loslösung von ihren Müttern ermöglicht wurde.

Fest steht jedenfalls, dass es Marianne war, die Markus' Bemühen unterlief und ihn in den Status zurückversetzte, dem er entflohen war, als hätte sie ihm die Vergeblichkeit seiner Anstrengungen gezeigt, indem sie sich mit David einließ, einem »Frauenhelden« – anders gesagt, einem Menschen, der dazu verurteilt ist, unablässig der Phallus seiner eigenen Mutter zu sein. Wenn man Mariannes Weg als einen Irrweg deutet, auf dem sie vom Phallus einer Mutter zum Phallus einer anderen Mutter geht, ist man gezwungen, einzuräumen, dass dieses »Phallus-einer-Mutter-Sein« ihr deshalb so viel sagt und so vertraut ist, weil sie selbst der Phallus ihrer eigenen Mutter ist. Das erklärt – mit einer verblüffenden Stimmigkeit in der Filmmontage – die Anwesenheit und das punktuelle Auftreten der allgegenwärtigen

Großmutter im Hintergrund. Sich einen Liebhaber nehmen entsprach für Marianne – wie oft bei Frauen – dem Versuch, einen weiteren Menschen (neben Markus) zwischen sich und ihre Mutter zu stellen. Aber David zum Liebhaber zu nehmen war gleichzeitig eine Art »Gehorsamsverhalten« gegenüber ihrer Mutter, das – ich erinnere daran – begann, nachdem sie bei der Probe des Brahms-Quartetts festgestellt hatte, dass ihre Tochter sie nicht mehr zu brauchen schien; und das lässt durchblicken, dass sie selbst aus ihrer Tochter ihren eigenen Phallus machen wollte. *Die Moral von der Geschichte: Wenn zwei Phallen sich begegnen und sich zusammentun, ist die Tragödie unausweichlich! Die Moral der Moral: Wann werden die Mütter aufhören, aus ihren Kindern ihren Phallus zu machen? Die Moral der Moral der Moral: Wann werden sie an den Vater ihrer Kinder diesen Phallus abtreten, der ihnen so viele Probleme bereitet – eine Aussicht, die heutzutage in immer größere Ferne rückt, und dazu mit so großer Geschwindigkeit, dass es an Utopie grenzt.*

Ein Beweis für die Richtigkeit meiner Analyse findet sich in den immer häufiger anzutreffenden, nicht sanktionierten Verbindungen: Der Mann, der sich weigert, eine Ehe einzugehen, tut das nicht etwa, weil er – wie er lautstark beteuert – genug Liebe empfindet, um auf einen Trauschein verzichten zu können, sondern ganz einfach, weil die Beziehung, die seine Mutter zu ihm hergestellt hat, ihm weiterhin (ohne sein Wissen) verbietet, sich wirklich auf eine andere Frau einzulassen. Die Frau ihrerseits verhält sich – wie man noch sehen wird – nach derselben Logik; sie nimmt das Risiko nicht auf sich, sich zugunsten eines Mannes von ihrer Mutter zu lösen, weil diese es ihr verbietet. Übrigens ist es kein Zufall, dass diese Formen der Verbindung – historisch und soziologisch gesehen – auftraten, nachdem die patriarchalische Rolle des Mannes innerhalb der Familie schwächer wurde.

Ein anschaulicher Dialog zwischen einer Schwiegertochter und ihrer Schwiegermutter erlaubt, sich vorzustellen, was sich zwischen diesen beiden Frauen abspielen würde, wenn die jüngere lediglich die nicht verheiratete Freundin des Sohnes wäre:

– Du bist gewiss seine Mutter, aber ich bin seine Frau.

– Derzeit, ja! Ich aber werde immer seine Mutter sein.

Wenn man auf solche Weise diesen Aspekt der Dinge begreift, kommt man gar nicht darum herum, ein bestimmtes paradigmatisches Verhalten unter die Lupe zu nehmen: das von Don Giovanni. Jede neue Frau dient im Grunde lediglich dazu, seine erste Bindung an seine Mutter zu verstärken, deren Phallus er früher war und es noch immer ist. Sagt er es nicht klar und deutlich, wenn er (in Mozarts Oper *Don Giovanni*) seinem Diener Leporello erklärt[15]: »Die Weiber lassen! Dummkopf! Die Weiber lassen? – So wisse, dass sie mir nötig sind, wie das Brot, das ich esse, wie die Luft, die ich atme…« und er fährt dann mit dem fort, was hinter den Tatsachen steht, von denen die Rede ist: »Doch nur aus Liebe. Wer bloß einer getreu ist, begeht ein Unrecht an den andern.« Das an sich muss den unverbesserlichen Verführer schon ängstigen. Denn das Auftauchen der verborgenen, verdrängten Bindung belebt gleichzeitig wieder eine schreckliche wahnhafte Furcht: Sein Vater könnte diese verbotene Bindung entdecken und ihn bestrafen – indem er ihn, den Sohn, kastriert! Der Wahn wird also seinerseits eine neue Angst hervorbringen, die nur durch einen neuen Geschlechtsakt bekämpft werden kann, der ihn, zumindest solange er dauert, davon überzeugen soll, dass seine Geschlechtsteile unversehrt sind. Der Geschlechtsakt wird von Neuem die allererste Bindung beleben, dann die Angst… Das Ganze erzeugt einen Teufelskreis, aus dem auszubrechen ihm praktisch untersagt ist. Auf seine Weise ein Sisyphus und erbarmungswürdig, beauftragt er seinen Diener

Leporello, seine Erfolge zur Schau zu stellen und eine genaue Liste seiner Eroberungen anzufertigen – mit dem berühmten Refrain: *Aber in Spanien – tausendunddrei*. Als habe er verstanden, dass es Frauen geben muss, die die verzehrende Liebe erahnen können, die er seiner Mutter entgegenbringt und die, da sie dieselbe Faszination für *ihre* Mutter haben, gar nicht anders können, als die Vereinigung mit ihm anzustreben[16]. Eine solche Sichtweise hilft einem besser zu verstehen, warum Donna Elvira ihn hartnäckig mit ihrer Liebe verfolgt, die er nicht will, wohingegen ihn Donna Anna, Tochter des Komturs, der im Duell mit Don Giovanni umkommt, mit ihrer Rache verfolgt.

Es ist jedoch schwer vorstellbar, dass es ein Zufall ist, dass von den Söhnen dieser verschiedenen phallusfixierten Mütter einige heterosexuell und andere homosexuell sind. Aber warum sind die einen so und die anderen anders, wo doch die Mütter in beiden Fällen gleichermaßen auf ihre Söhne fixiert waren? Ich persönlich behaupte, dass dies vermutlich mit der Sexualität der Mütter zu tun hat. Die Mütter von »Frauenhelden« konnten sich genug als Frauen fühlen und ihre Sexualität so weit annehmen, dass ihre Söhne sie zur Kenntnis nahmen. Deshalb werden diese im immer wiederkehrenden Anblick weiblicher Orgasmen den zu erkennen suchen, den ihre Mutter bei ihrer Empfängnis gehabt haben könnte. *Dagegen haben die Mütter von Homosexuellen ihre weibliche Sexualität höchstwahrscheinlich erduldet, wenn nicht sogar gehasst. Deshalb wollen ihre Söhne, die das erkannt haben – ohne dass es ihnen bewusst wäre –, anderen Frauen dies nicht »zumuten«. Sagte Lacan nicht »heilige Mutter, perverser Sohn«?*

Natürlich passen die Geschichten, die man zu hören bekommt, oder die Wahrnehmung, die jeder Mensch von seiner eigenen Geschichte oder von seinem Verhalten hat, nicht unbedingt in meine knappen Darstellungen. Natürlich gibt es da Unterschiede. Erhebliche sogar. Natürlich gibt es viele, viele Männer, die, ohne ein trübseliges Leben zu führen, ein hässliches Äußeres zu haben oder gehemmt zu sein, solide Ehen eingegangen sind, in denen sie sich als glücklich erachteten. Natürlich gibt es Männer – und ich werde an späterer Stelle auf ihr Schicksal zurückkommen –, die sich weder den Kopf zerbrechen noch Fragen stellen. Umso besser! Es bleibt jedoch eine Tatsache, dass ein Mann früher oder später – und heute mehr als je zuvor –, und selbst wenn seine Lage noch so zufriedenstellend ist, sich möglicherweise mit dieser Frage des Sexus als der großen Konstante seiner Besorgnis und seiner Freiheit konfrontieren muss.

Erinnern wir uns noch einmal an den Dr. Harford, den Helden aus *Eyes Wide Shut*: Er hat sein ganzes Leben lang seinen lukrativen Beruf als Arzt ausgeübt, sich hin und wieder einen Joint gegönnt, war der nette, gehorsame Betreuer seiner alten, reichen wie perversen Patienten; er hätte gerne mit seiner hübschen Frau so weitergelebt, ohne mehr zu verlangen. Aber da drängt sich ihm eine Frage auf, und er kann sich nicht mehr taub stellen! Er entdeckt, wie riesig und zentral die Sorge der – wie er meint – respektabelsten Männer ist, die er kennen gelernt hat. Man ist glücklich für ihn, dass in dem Augenblick, wo er nicht mehr weiß, was er tun soll, seine Frau ihm in der letzen Replik des Films die Lösung gibt: »Let's fuck!« In früheren Jahrhunderten, wo die Frauen ihren Männern diese Lösung nicht vorschlugen und diese deshalb ihre Antwort in den Bordellen suchten, fand die Syphilis rasante Verbreitung. Die freieren Sitten von heute haben diese Fragestellung nicht etwa blockiert – aus Furcht vor Aids, einer Krankheit, die nur bedingt mit der Syphilis vergleichbar ist –, sondern vielmehr die sexuelle Misere von Menschen offen gelegt, die sich im unentwirrbaren Geflecht der Determinanten ihrer Geschichte verirrt haben. Die ängstlichsten – um nicht zu sagen, die am meisten resigniert haben – bekämpfen diesen Zustand, indem sie Kokain schnupfen, falls sie die Mittel dazu haben (das Medellin-Kartell braucht sich um seine Zukunft also keine Sorgen zu machen).

Wie soll man nach all dem noch glauben, dass ein Mann sein Geschlecht mit Gelassenheit »bewohnen« kann, auch nur die geringste Kontrolle über seinen Penis haben und sich seiner auf eine Art bedienen kann, die die pornografischen Schriften als »gewöhnlich« bezeichnen, die die sexualwissenschaftlichen Lehrbücher als Norm darstellen und von der erotische Abhandlungen behaupten, sie sei mühelos zu erreichen? Wo doch allein schon der Gebrauch dieses Geschlechts buchstäblich unterminiert ist durch das, was die Geschichte ihm vermittelt?

Eine panische Angst, mit der alles beginnt

Natürlich wird dem Leser nicht entgangen sein, dass ich sowohl bei den Autoren, die ich erwähnte, als auch bei den Fällen, die ich erzählt habe, nur vom starken und schädlichen Einfluss der Mütter und der Verantwortung sprach, die sie auf die Entwicklung ihrer Söhne hatten. Als wenn diese Jungen keine Väter hätten, obwohl sie doch zumindest einen gehabt haben mussten, um geboren zu werden! So erstaunlich es erscheinen mag – aber diese Männer hatten tatsächlich keine Väter gehabt, zumindest nicht im funktionalen Sinn des Wortes. Sie hatten nur Erzeuger – Spermaträger, die immer noch unerlässlich für die Fortpflanzung sind –, die sich jedoch aus eigener oder aus Schuld ihrer Partnerin nicht erlaubten, sich in irgendeiner Weise in die Entwicklung einzumischen, die die Mütter ihren Kindern zugedacht hatten. Handelt es sich hierbei um extreme Fälle? Weit weniger, als man glauben möchte. Denn ein Blick auf das menschliche Leben genügt, um zu zeigen, dass die Einmischung der Väter in das Schicksal ihrer Kinder höchst wichtig und trotzdem ein Ding der Unmöglichkeit ist[17]. Genauso, wenn nicht noch mehr, wie im Fall des Gebärens, dessen ganzes Sein stets etwas Vollkommenes zu sein scheint.

Aber worin macht sich das Fehlen des Vaters im Leben der Kinder, seien es Töchter oder Söhne, bemerkbar?

Fehlt der Vater, der imstande wäre, die Mutter zu »relativieren«, dann werden Töchter wie Söhne eine so große und unfassbare Angst vor ihrer Mutter haben, dass diese Angst sie ihr Leben lang quält. Diese Angst, die an Entsetzen grenzt und – das sollte man nicht vergessen – auch auf die Mechanismen der Erektion einwirkt, kann erklären, warum es Männern, die mit solch ausgeprägten intellektuellen Fähigkeiten ausgestattet waren wie die Autoren, die ich anführte, nicht gelang, die Richtung ihrer Existenz auch nur um ein Jota zu ändern. Um zu begreifen, dass diese Angst ihre Intensität bewahren konnte, permanent vorhanden und immer leicht auszulösen war, muss man sich vorstellen, dass sie zuerst immens groß und dann so sehr verborgen war, dass sie sich jeglicher Behandlung entzog. Und so ist diese übermäßige Angst vor der Mutter noch immer: Im selben Zustand wie in dem ihres Entstehens, und verborgen in einer völlig unerreichbaren Zone der Psyche. Da sie – mit einer Intensität, die man nur erraten kann – im Laufe jener Entwicklungsphase vor der Sprechfähigkeit des Kindes aufgetreten ist, die man aus diesem Grund die »archaische« Phase nennt, kann keine Sprache sie je erreichen oder sie aufspüren, um sie zu vertreiben oder zu lindern. Der Beweis dafür ist, dass sehr respektable Menschen – von denen ich persönlich eine ganze Anzahl kenne – selbst nach vielen Jahren Psychoanalyse noch immer die »Frauenhelden« bzw. die Homosexuellen sind, die sie zuvor waren. Das erklärt zum Beispiel, dass der Psychoanalytiker Wladimir Granoff, ein sehr begabter Mensch (er sprach fließend sieben Sprachen) und äußerst brillant (er wurde mit nicht einmal 30 Jahren lehrendes Mitglied der psychoanalytischen Gesellschaft von Paris) im Alter von 65, im Jahre 1989, das Bedürfnis verspürte, in einem Brief an seine Mutter in wütendem Tonfall zu schreiben[18]: »Ich möchte Dich ganz nebenbei daran erinnern, dass ich seit 1959 Chefarzt des medizinisch-psychologischen Kinderzentrums der Stadt Nanterre bin (...) Du sprichst mit Deiner üblichen Selbstgefälligkeit über ein Thema, für das ich zufällig Spezialist bin, von dem Du selbst hingegen keinerlei Kenntnisse hast.«

Diese Angst, die, so behaupte ich, das wichtigste Ereignis der menschlichen Existenz ist, tritt im Leben aller Säuglinge beiderlei Geschlechts auf, ohne Ausnahme, und zwar aufgrund zahlreicher unvermeidlicher winziger »Katastrophen«, die im sechsten Lebensmonat[19] erfolgen, wenn die Sinne schärfer zu werden beginnen, die Wahrnehmung feiner wird, die motorischen Fähigkeiten sich verbessern und das Erleben des eigenen Ich einsetzt.

Das geht stets folgendermaßen vonstatten: Der Säugling ruft aus irgendeinem Grund nach seiner Mutter, die aus irgendeinem Grund nicht sofort reagiert. (Vielleicht steht sie unter der Dusche, telefoniert oder holt gerade die Post aus dem Briefkasten.) Wiederholt sich dieser Vorgang, so wird der Säugling nach und nach von einem unbestimmten, ganz neuen und erschreckenden Bewusstsein seiner Hilflosigkeit erfasst. Er wird auf seine Weise daraus folgern, dass er zwar, wie er es immer getan hat, auf seine Mutter zählt, um am Leben erhalten zu werden, sie hingegen aus freien Stücken beschließen kann, ihn nicht am Leben zu erhalten. Er nimmt undeutlich wahr, dass er sterblich ist, aber er kann nicht anders, als diese Wahrnehmung in der Person seiner Mutter zu »komprimieren«. Das Kind verleiht ihr – ganz gleich, was sie tut, und seinerseits höchst widerwillig – eine wahrhafte »Allmacht«, die erschreckend und im Grunde entfremdend ist. Neben zärtlichen Gefühlen, die es ihr weiterhin entgegenbringt, entwickelt es eine panische, fast lähmende Angst vor ihr, gegen die es zu reagieren versuchen wird, indem es, ohne große Überzeugung, seine eigene lächerliche Allmacht entgegensetzt. Dies ist das Alter, wo es die Mutter auf die Probe stellt, indem es alles, was in seiner Reichweite ist, auf den Boden wirft, um sie zu zwingen, es aufzuheben; wo es sich launisch verhält, um sie aus der Fassung zu bringen, sich an ihr festklammert usw. Aber was auch immer das Kind tut, seine entsetzliche Angst vor ihr schwindet nicht; sie wird in der so genannten »Spiegelphase« gipfeln, die um den neunten Lebensmonat erfolgt, wo der Höhepunkt der Angst sich nach und nach in einer Art Resignation auflöst. Doch will ich ausdrücklich betonen, dass die Intensität dieser Angst immer umgekehrt proportional zu der Verfügbarkeit ist, die die Mutter bisher zeigte. Das heißt, sie wird unendlich viel größer bei dem Kind sein, das stets Gegenstand so aufmerksamer Betreuung war, dass seine Bedürfnisse immer sofort befriedigt wurden, als bei dem Kind, das aus allen möglichen Gründen, die mit den Lebensumständen der Mutter zusammenhängen, die Erfahrung machen musste, dass es hin und wieder zu warten hatte und dass die Befriedigung seiner Bedürfnisse erst nach einer gewissen Zeit erfolgte. Deshalb ist die Psychoanalyse der Auffassung, dass die gegenwärtige Methode, Kinder aufzuziehen, die ich als Folge der »Idolatrie«[20] (Vergötterung) des Kindes anprangere, äußerst »obsessionelle« Strukturen erzeugt, bei denen die Angst vor dem Tod eine vorherrschende Stellung einnimmt.

Wie groß die Intensität der Angst auch ist, sie kann nur dann ein wenig gelindert werden, wenn das Kleinkind feststellt, dass seine Mutter – dieses Wesen mit der so erschreckenden Macht – wie durch ein Wunder sehr viel weniger machtvoll ist, wenn ein anderer Mensch präsent ist, der, fremd und zugleich vertraut, zum familiären Umfeld gehört und von dem man sagt, er sei sein Vater. Doch damit diese Mutter von ihrem Kind so wahrgenommen werden kann, ist es notwendig, dass sie ihm ermöglicht zu spüren, dass dieser Vater für sie wichtig ist und dass sie so weit beeindruckt von ihm ist, dass sie sich in ihrem Verhalten und in den Entscheidungen, die sie fällt, nicht für autark hält. Das ist die allererste und genaueste Definition, die ich der väterlichen Funktion zuschreibe, wobei ich in meinen Beobachtungen die Verhaltensmerkmale der Säuglinge mit der Art und Weise assoziiere, in der sie Krankheiten »erzeugen« und erleben. Hat nicht die englische Psychoanalytikerin Melanie Klein – die Lacan als »geniale Bauchanalytikerin« bezeichnete – ebenfalls ihre ganze Theorie der therapeutischen Methode für Kleinkinder auf das Konzept des sogenannten »schlechten Objekts« aufgebaut, und auf die Überlegung, was eine Mutter sein kann und was sie überhaupt vermag?

Das brachte sie auf die Behauptung, dass Mütter allein durch ihre Lage eigentlich immer mehr oder weniger »schlechte Mütter« sein könnten. Und das, weil es, aufs Ganze gesehen, immer nur »Schein«-Väter gab. Diese Sachlage hat sich heutzutage enorm verschlimmert. Ein leicht zu erbringender Beweis dafür ist, dass Männer zu allen Zeiten und an allen Orten Angst vor den Frauen hatten.[21] Sie haben zwar nur mehr oder weniger Angst davor, aber das ist unbestritten. Es ist eine anerkannte Tatsache, deren potenzielle Wirkung auf die Dynamik ihres Begehrens man wahrscheinlich noch gar nicht ermisst. Weniger anerkannt und im Allgemeinen nicht zur Kenntnis genommen wird, dass auch die Frauen immer Angst vor den Frauen hatten und haben. Das heißt, dass die Frauen den Männern ebenso Angst machen wie den Frauen. »Die Frau ist Feind(in) der Frau, so wie der Mann und genauso wie er«, sagt eine weibliche Figur der Schriftstellerin Goliarda Sapienza.[22] Man kann die Existenz einer solchen Angst nur dann verstehen, wenn man sie genau mit dieser frühen, verborgenen Angst in Verbindung bringt, von der ich sprach und die – weil sie sich darin niederschlägt – mit jener verknüpft ist, die Frauen und

Männer von der ersten Frau vermittelt bekamen – in der Person ihrer Mutter.

Eine intelligente Strategie gegen die Angst

In der Tat habe ich davon bisher noch nicht gesprochen, vor allem nicht, als ich das leidenschaftliche Verhältnis schilderte, das der kleine Junge zu seiner Mutter unterhält. Aber nur, weil ich dieses Verhältnis für ein Alter beschrieben und ihm zugeordnet habe, wo alles, was vorher erschreckend erscheinen konnte, allmählich beherrscht und kontrolliert wird – so sehr, dass es später verdrängt sein wird. Und es ist wahrscheinlich der Wunsch, diese Verdrängung zu vollenden, die erklärt, welchen Weg die Liebe nimmt, die der kleine Junge entwickeln wird. Es handelt sich nicht um ein Verhalten, das aus dem Nichts kommt. Es handelt sich auch nicht um ein Stadium oder eine Entwicklungsphase, die einzig auf die Heftigkeit des Sexualtriebs zurückzuführen ist. Es handelt sich um eine wahrhaft strategische Operation. Um eine strategische Operation, die, auch wenn sie zumeist wirkungslos ist, trotz allem von bemerkenswerter Intelligenz zeugt.

Ich behaupte, dass das, was man seit Freud als »ödipale Phase« bezeichnet, während der sich die Bindung des kleinen Jungen an seine Mutter manifestiert[23], nur aufgrund dieser Angst im Kleinstkindalter eintritt, die der kleine Junge, ein bewundernswerter Ökonom und großartiger Metaphysiker wie alle Kinder, unbedingt loswerden will. Seine Grundstimmung wie seine Intensität und seine Chancen auf Erfolg entsprechen im Übrigen ganz direkt der Intensität der Angst selbst. Bleibt noch zu verstehen, wie der kleine Junge vorgehen wird.

Er hat keinerlei Zweifel über die Absicht seiner Mutter, ihm Gutes zu tun, denn das beweist sie ihm ja ständig. Dennoch bleibt er, ganz gleich, ob ein Vater da ist oder nicht, von der Furcht beherrscht, dass sie – aufgrund einer zufälligen Rückkehr zu ihren alten Dämonen – aufhören könnte, ihm wohlgesinnt zu sein. Daraus schließt er, dass sie, wenn er ihr nur immer alles recht macht, ihm stets wohlgesinnt sein wird. Also wird er mit allen Mitteln versuchen, sie zu verführen. Er wird dazu diesen Sexualtrieb einsetzen, dessen verschiedene Phasen – oral, anal und phallisch – er durchlebt hat. Er wird ihr die Dienste seines Penis anbieten, weil er sicher ist, dass er freudig angenommen werden wird, wo er ihm selbst doch so wichtig ist. Im Übrigen ist der Junge so sehr von der Richtigkeit seiner Initiative überzeugt, dass er aus diesem Organ und seiner Effizienz die sicherste Abwehr gegen den Tod machen wird. Das wird nicht nur dazu beitragen, seinen künftigen Umgang mit dem Organ zu prägen, sondern es wird eben diesem Organ zudem eine so zentrale Bedeutung verleihen, dass der Junge seinen etwaigen Verlust mit dem Tod gleichsetzt. Aus diesem Grund sprechen die an Lacan orientierten Psychoanalytiker nicht von der »Angst vor dem Tod«, sondern von der »Angst vor der Kastration«.

Nach jahrelangem hartnäckigen Versuch, seine Mutter zu verführen, muss er eines Tages einsehen, dass sie für ihn verboten ist. Er wird sich damit abfinden, nicht gerade mit Begeisterung, sondern nur deshalb, weil er Angst vor seinem Vater bekommt, der sicherlich so weit gehen könnte, ihn zu kastrieren.

Diese Angst vor dem Vater, die neu ist, wird von nun an ein wenig die frühere Angst vor der Mutter lindern, ja sie ersetzen. Diese Angst vor dem Vater wird bewirken, dass sich der Junge wirklich abnabelt. Nur sie wird ihm ermöglichen, auf seine Mutter zu verzichten und sich von ihr zu entfernen – allerdings unter der Bedingung, dass sie selbst es gestattet. Das heißt, dass sie ihre Aufmerksamkeit für ihn nicht in der Absicht steigert, sich für die Begrenztheit ihres Einflusses zu trösten und sein Verzeihen dafür zu erhalten, dass sie ihm die Befriedigung nicht gewährt, die er erhoffte. Unter der Bedingung also, dass sie darauf verzichtet, ihm zu suggerieren, dass sie, trotz dieser Frustration, die sie ihm aufzwingt, »die Alleinige« für ihn bleibt und kein anderes Ziel hat, als ihm »alles« zu geben. Denn wenn sie ihn in einer solchen Illusion verharren lässt, hindert sie ihn daran, sich mit der Unmöglichkeit des Inzests abzufinden, zu dem er fast schon bereit war.

Ist der Junge dagegen in das Gesetz der Art eingetreten, das Gesetz, das den Inzest verbietet, und zwar aufgrund seiner Angst vor seinem Vater und des gesunden Verhaltens seiner Mutter – und dennoch durchdrungen von der heterosexuellen Dimension der Liebe, die er für die Mutter empfindet –, dann wird er sich trösten, indem er sich sagt, dass er später eine Frau finden wird, die ihr möglichst ähnelt. All das schlummert im Zustand von erinnerten Eindrücken in ihm, die der geringste Anlass in jedem Augenblick zu wecken vermag. Es ist also kein Zufall, wenn er später häufig in genau derselben gefühlsmäßigen Verfassung in einer außerehelichen Affäre den berauschenden Reiz der verbotenen Frau wiederfindet.

Man hat Unrecht, wenn man annimmt, dass diese ödipale Phase immer vorübergehend und früher oder später in der Entwicklung des Jungen abgeschlossen ist. Denn die Berichte der Schriftsteller, die ich genannt habe, zeigen, dass sie oft lange, ja lebenslang andauern. Daran ist nichts Ungewöhnliches. Denn, wie ich bereits sagte, hatten sie entweder gar keine Väter oder bei denen, die Väter hatten, zählten diese nicht viel für die Mütter; die waren zwar bereit, ihnen den Platz des Erzeugers und die entsprechende gesellschaftliche Rolle zuzugestehen, doch zugleich wollten diese Mütter nicht, dass die Männer sich in die Beziehung einmischten, die sie selbst zu ihren Söhnen aufbauten. In allen diesen Fällen handelt es sich also um Konstellationen des Lebens, das zu einem Leben zu zweit reduziert wurde, in dem die Mutter durchaus nicht neutral war.

Die starke Anfangsbindung, die sie zu ihrem Kind – Junge oder Mädchen[24] – hat, passt in den durchaus logischen Verlauf einer Beziehung, die ich bereits ausführlich geschildert habe. Das Kind ist in ihrem Bauch herangewachsen, und sie hat ihm alles gegeben, was es brauchte, damit es zur Welt kommen konnte: Wärme, Schutz, Sauerstoff und Nahrung. Sie hat das Kind in seinem sensorischen Gehirn sogar mit allem Nötigen ausgestattet, um mit ihr zu kommunizieren: Dadurch erkennt es ihre Stimme, ihren Geruch, den Geschmack der Nahrungsmittel, die sie zu sich nahm, und ihre Art, sich zu bewegen; all diese Dinge werden dem Kind nach seiner Geburt helfen, die Mutter auch visuell wiederzuerkennen. Sie ist sein Universum. Sie ist der Ursprungsort seines Lebens. Sie ist die Quelle des Lebens, die bis zu ihm reicht und sich in ihm ausbreitet. Außer in dieser schrecklichen vorübergehenden Phase, in der sich die Angst bei ihm einnistet, wird er sie mit dem Leben schlechthin gleichsetzen und sie mit allem assoziieren, was zu seiner Sicherheit und seinem eigenen Überleben beiträgt.

Der Junge geht also mit diesem Elan ins Leben hinaus, aber widerstrebend und immer wieder zurückschauend, ohne dass es ihm gelänge, sie aus den Augen zu lassen; ja, er kultiviert sogar die Fantasie, ganz und gar zu ihr zurückkehren zu können. Er ist so sehr von ihr fasziniert, dass er mit ihr verschmelzen will, sie sein will. So sehr, dass er in einer leidenschaftlichen Anwandlung sogar erwägt, sein Organ, das ihn von ihr unterscheidet, zu opfern – was ich an früherer Stelle als »archaische Fantasie« bezeichnet habe. Aber er revidiert sein Ansinnen sogleich und nimmt als gegeben hin, dass dieses Organ seine eigene Identität begründet. Er wird dieses unkluge Zugeständnis, zu dem er fast bereit war, wieder rückgängig machen und es durch das Versprechen ersetzen, später einmal wie die Mutter zu sein. Doch dazu ist es leider schon zu spät: Er hat so gut verstanden, dass sein Organ ihm weggenommen werden könnte, dass er nun daraus das Kostbarste seiner »Besitztümer« macht und künftig geradezu obsessiv darüber wacht. Er wird diesen Besitz nicht mehr mit Gelassenheit tragen können; vielmehr fantasiert er bei jeder Gelegenheit davon, dass dieser Gegenstand in Gefahr sein könnte. Gefangen in seinem Dilemma rebelliert er gegen das Gesetz, das ihm aufgezwungen ist, das er jedoch nicht übertreten kann, ohne die größten Risiken einzugehen. Er wird diesen Vater, diesen potenziellen Kastrierer, im Stillen hassen, der ihm befiehlt, seinen Blick von der Mutter zu lösen, sich abzuwenden und auf normale Weise ins Leben hinauszugehen. Wie könnte er die Dinge auch anders empfinden, wo er doch weiß, dass am Ende seines Weges der Abgrund des Todes auf ihn wartet, der sein Schicksal ist? Sobald er beginnt, die »engrammierte« Angst zu verdrängen, wird er die Faszination für seine Mutter in eine so mächtige Liebe verwandeln, dass sie die Matrix für alle seine künftigen Liebesbeziehungen darstellen wird. Während seiner ödipalen Phase schämt er sich nicht, sie zu zeigen, sie ihr zu beweisen, sie ihr zu erklären – es ist seine Art, die Angst weiterhin zu verdrängen. Bestenfalls wird er sich am Ende dank der Intervention seines Vaters von ihr entfernen und sich schlussendlich eine ihm gestattete Frau suchen. Und er wird sie finden. Denn diese Frau wird er aufgrund einer chemischen Prägung – vergleichbar mit einem Fingerabdruck – ausgewählt haben, die sein sensorisches, olfaktorisches Gehirn von ihren Pheromonen behalten hat. Ohne es zu wissen, wird er – wie ein Tier mit seiner Nase, genauer, mit dem, was ihm von seinem vomeronasalen Organ[25] geblieben ist – der Fährte folgen, bis er sie gefunden hat. Es ist das, was ich zu Beginn dieses Kapitels, als ich die Schöpfungsgeschichte zitierte, das Abenteuer der Rückkehr genannt habe.

Aber er war und ist natürlich niemals allein auf diesem

langen und schwierigen Weg: Beständig ist seine Mutter da, um ihn zu begleiten.

Denn sie kann nicht gleichgültig gegenüber all dem bleiben, was ihre Glanzleistung steigert, die darin besteht, das Leben einem Wesen geschenkt zu haben, das in all seiner Unschuld aus ihr den Mittelpunkt seiner Welt gemacht hat. Sie müsste schon verrückt oder von ernsthaften und sehr dubiosen Gründen getrieben sein, wollte sie ein solches Privileg nicht bis zur Neige auskosten. In der Tat ist alles so eingerichtet, dass der gegenseitige Austausch stets befriedigend sein wird. Sie hat in ihrer Reichweite das Wesen, das endlich – dank dem neuen Status, zu dem sie gefunden hat – für alle Zeiten an sie gebunden bleiben wird; es wird sie trösten, sie für ihre Frustrationen entschädigen, alle ihre Demütigungen rächen und ihr die Macht übertragen, die ihr bisher verweigert worden war; wir finden damit noch einmal den Begriff Phallus, dem der Penis dieses Jungen Substanz, ja Körperlichkeit verleihen wird. Ungeachtet des Gesetzes und der Weisungen dieses Vaters, aus dem sie sich häufig nicht viel macht[26], wird sie um ihn herum – gleich einer Hülle – einen virtuellen, dehnbaren Uterus fertigen, in dem sie ihn sein Leben lang einschließen wird.

Warum und wie kann eine für beide Parteien so befriedigende Situation eigentlich ein Ende nehmen?

Im Grunde nimmt sie nie ein Ende, oder zumindest selten – es gibt in der Welt der Mütter nur wenige Frauen, die der Folcoche[26] aus dem berühmten Roman von Hervé Bazin gleichen. Auf eine mehr oder weniger offenkundige Weise bleibt diese Situation das ganze Leben unverändert – und zwar für die Mütter wie für die Kinder. Deshalb habe ich an früherer Stelle gesagt, dass *für einen Mann die Begegnung mit dem Körper einer Frau – ganz gleich, welche Stellung diese Begegnung einnimmt – diese Frau immer auf den zweiten Rang verweist, weil der erste Rang für alle Zeiten von seiner Mutter eingenommen wird*. Nur dass bei den

Autoren, die ich angeführt habe, dieser erste Rang einen so bedeutenden Platz einnahm, dass es nicht mehr den geringsten für irgendeinen anderen Menschen gab. Was aber nicht bedeutet, dass die meisten dieser Frauen ihren Söhnen den Zugang zu einer Frau völlig verboten hätten. Aber den Söhnen war auf keinen Fall gestattet, einer anderen Frau dauerhaft in ihrem Leben Raum zu geben. Das kommt in Romain Garys bereits zitiertem Buch sehr gut zum Ausdruck: Im Gegensatz zu André Gides Mutter hatte seine Mutter ihm unaufhörlich befohlen, *der* Verführer schlechthin zu werden. Nebenbei bemerkt greift er auf einigen sehr polemisch gehaltenen Seiten die Psychoanalyse an, der er vorwirft, behauptet zu haben, dass ein Junge sexuelle Begierde für seine Mutter empfinden könne. Er erklärt, er habe niemals eine solche Begierde empfunden. Kein Analytiker würde ihm da widersprechen, weil eine solche Begierde so sehr verdrängt werden kann, dass sie jeder möglichen Erinnerung entgeht und dafür – aufgrund mehrerer Verlagerungen – zahlreichen Ersatzelementen Platz macht.

Anhand meiner Auslegung der Logik, die sämtliche hier nur angedeutete Geschichten durchzieht, könnte man mich – wie schon des Öfteren – beschuldigen, ich wolle mit den Müttern im Allgemeinen »abrechnen« (und im Besonderen mit meiner eigenen, würden manche wohl durchblicken lassen). Ich würde mich nicht gegen eine solche Beschuldigung wehren, ja, ich würde sie sogar selbst unterstützen, wenn ich nicht bereits in allen meinen bisherigen Publikationen ausdrücklich darauf hingewiesen hätte, *dass keine Mutter – weil sie selbst das Ergebnis einer Geschichte ist, die sie sich nicht ausgesucht hat – die innere Freiheit hat, so zu handeln, wie es sinnvoll wäre, nämlich, indem sie sich in ihren Handlungen von der Vernunft leiten lässt.* Welches »Rezept« und welchen Rat man ihr auch immer geben mag, sie kann sie nur so aufnehmen, indem sie sie durch die Filter ihrer Geschichte – deren Ergebnis sie ist – gehen lässt: Sie ist ein Wesen, das, obwohl es weiblich ist – denn dies gilt nicht nur für die Beziehung einer Mutter zu ihrem Sohn, sondern auch für die zu ihrer Tochter –, einst zum »Auffangbecken« der Botschaften ihrer eigenen Mutter wurde, die mit den Botschaften ihrer spezifischen Biologie in Konflikt gerieten und ihr die Merkmale des Weiblichen verliehen.

Wenn man das einräumt, ist man auf dem Weg der Entschlüsselung der Ordnung, die zu entdecken meine Absicht ist.

Das Weibliche

Eine Frau ist wie Marmor!
Zäh, dicht, unveränderbar.
Eine Frau ist wie Marmor,
das ist sie immer,
auch wenn du sie von der Wasseroberfläche
eines Bächleins aufgreifst, auf dem sie treibt.
Volkstümliches Lied aus meiner algerischen Heimat

Einzigartig

Ich gebe ohne die geringste Verlegenheit zu, dass die Arbeit an diesem Kapitel schwieriger war, als ich zunächst annahm. Ich wusste und ich machte daraus auch kein Geheimnis, dass ich mich auf ein Gebiet einließ, das einmal nicht mein eigenes und obendrein viel komplexer ist als das Männliche. Über das Weibliche etwas Ähnliches zu produzieren wie das, was ich über die Männer skizziert habe, kann nur unvollständig sein und an den hohen Anspruch kaum herankommen. Denn es ist nicht sicher, dass es ausreicht, sich ein ganzes Leben mit dem Weiblichen beschäftigt und so viele Bücher mit seinen unzähligen Blickwinkeln gelesen zu haben, um eine soundsovielte und etwas bessere Version hervorzubringen. Es wurde eine von vielen Veranschaulichungen davon, so scheint mir, worauf der Ausdruck von Lacan abzielte, der immer *den* Mann *einer* Frau gegenüberstellte, um auszudrücken – falls der bestimmte Artikel eine gewisse Verallgemeinerung all dessen zulässt, was den Mann betrifft –, dass der unbestimmte Artikel nie die Einzigartigkeit dessen aus den Augen verlieren darf, was an die Frau auch nur irgendwie herankommen könnte. Das Weibliche behandeln zu wollen, das per definitionem das Allgemeine zum Inhalt hat, bedeutet, ob man es will oder nicht, jene Dimension erkennen zu lassen, die aus jeder Frau *eine* macht. Maria, die Mutter Gottes, hat somit nichts mit Lysistrate, Medea, der heiligen Johanna, Judith, Messalina, Antigone oder Mutter Teresa zu tun.

Lacan sagte übrigens auch von *einer* Frau, dass sie »das Symptom *des* Mannes« sei, und schloss dabei wohlweislich jegliche Umkehrung oder Symmetrie seiner Aussage aus, dass *der* Mann nie das Symptom *einer* Frau sei und es auch nie sein werde.

All das erscheint willkürlich und vor allem undurchsichtig, solange man den Ort nicht versteht, den Lacan immer wieder dem Symptom zuschreibt. Sehr früh schlug er eine bessere Betrachtungsweise des psychischen Vorgangs vor und postulierte, dass das Unbewusste drei Ebenen umfasse: das Reale, das Imaginäre und das Symbolische, dargestellt in ebenso vielen, durch einen Borromäischen Knoten verbundenen Kreisen (das ist ein Knoten, bei dem, wenn einer der Kreise bricht, die Verbindung zwischen den beiden anderen auch unterbrochen wird). Als Lacan in späteren Jahren das Symptom behandelte, über das er so viel gesagt hatte, fügte er einen vierten Kreis hinzu, der gemeinsam mit den drei anderen ihre ursprüngliche Verbindung, ja ihren Fortbestand sicherte. Im Unterschied zum Dichter[1], der sich damit zufrieden gab, aus der Frau »die Zukunft des Mannes« zu machen, sagte er gewissermaßen über sie, dass sie für *den* Mann lebenslang unentbehrlich sei, ganz gleich in welcher Lebensphase er sich befinde.

Man kann diese Opposition zwischen bestimmtem und unbestimmtem Artikel noch erweitern und jene hinzufügen, die man zwischen *der* Geschichte und *einer* Geschichte macht, die Geschichte von jedem einzelnen und per definitionem immer einzigartigen. Wenn *die* Geschichte sich bis in die Gegenwart in den Werken *des* Menschen/Mannes

(L'homme) unbestritten manifestiert, dann ist jeder Mensch, der sie gemacht hat, individuell durch *eine* Geschichte geprägt, durch seine eigene, mit einem einzigartigen oder zweifachen Ursprung, der immer exklusiv durch *eine* Frau, seine Mutter, auf ihn übertragen wurde.

Eine solche Behauptung löst vielleicht Erstaunen aus, aber nur, weil ich mir hier nicht die Zeit nehme, im Detail zu erklären, welche besondere Position die Mutter in dieser Übertragung einnimmt.[2] Ich erinnere kurz daran, dass die Mutter durch das sensorische Zentrum der Kommunikation, das sich im Fötus während der Schwangerschaft entwickelt, zur Hauptperson jeder Übertragung wird, und das so sehr, dass selbst die Geschichte des Vaters eines Kindes, Mädchen oder Junge, nur durch sie als Vermittlungsperson auf das Kind übertragen werden kann. Dadurch wird verständlich, dass jedes Individuum, Mann oder Frau, automatisch durch die eigene Mutter, ohne dass es dieser bewusst ist, die Bestandteile der Geschichte empfängt, deren Trägerin sie ist. Es wird sich, wenn die Mutter dafür nichts weiter tut, im günstigsten Fall wie ein Einbeiniger durchs Leben schlagen. Ich sage »im günstigsten Fall« und denke an die Tendenz, die sich heute für diese wie modischer Firlefanz produzierten Kinder abzeichnet, die ohne Zugang zu einer als überflüssig erachteten Geschichte nur als Amputierte auftreten werden. Es stimmt, dass unsere Versorgungsgesellschaft nicht versäumen wird, diese Krüppel in Rollstühle zu setzen, die sie auch wirklich brauchen werden. Ein Kind wird rascher vorankommen als die anderen und dennoch hinken, wenn seine Mutter ihm nicht ein Stück der Geschichte seines Vaters überträgt. Hingegen kommt es perfekt weiter und wird ganz bewusst selbst seine Wahl treffen können, wenn es mit Hilfe seiner Mutter auf beide elterlichen Geschichten zurückgreifen kann. Aber heutzutage ist das sehr selten, ja zur Ausnahme geworden. Denn, wie ich zeigte, wird es notwendig sein, dass die ödipale Phase, in der die Mutter aktiv vermittelt, vollkommen gelingt, damit die unvermeidliche Angst der Frauen, von der sie in ihrer frühen Kindheit ergriffen worden sind, abgeschwächt und erträglich wird, und zwar Dank der Position, die dem Vater durch die Mutter in der Familie eingeräumt wird.

Darin liegt übrigens die mögliche Wiederherstellung dessen, was sich physiologisch hätte umsetzen müssen, und das ist im Allgemeinen das angestrebte Ziel einer Psychoanalyse. Wenn die Heilung gut verläuft, kann im günstigsten Fall die Person tatsächlich die Signifikanten der Geschichte ihres Vaters erforschen und integrieren, die ihr durch die Mutter nicht ausreichend übertragen wurden, sofern sie nicht mehr oder weniger dazu gebracht wurde, die Geschichte des Vaters zu verdunkeln.

Somit komme ich wieder auf die Regel, die ich mit dem Senklot des Architekten vergleiche. Sie erlaubt jedem einzelnen, eine zuverlässige Deutung der Geschichte der anderen wie der jeweils eigenen vorzunehmen. Mit dieser genauen Topologie der Kommunikation kann man tatsächlich verifizieren, dass *alles, was eine Person unabhängig von Geschlecht oder Alter an Leidvollem erlebt hat, an Hand des nichtsymmetrischen Zugangs zu den beiden jeweiligen Geschichten ihrer Eltern mehr oder weniger offensichtlich und direkt aufgedeckt werden kann.* Ganz gleich ob die Person diesen Zugang durch ihre Mutter hatte oder nicht, oder nur unzureichend, man kann praktisch alles, was sie in der Beziehung zur eigenen Mutter erlebt – diese Beziehung brachte auch die Art der Beziehung zu sich selbst hervor –, und dem Ort, der ihr zugewiesen wurde und den sie in der Geschichte dieser Mutter besetzte, an Hand dieser Geschichte selbst aufrollen. Die Psychoanalytiker, vor allem Françoise Dolto[3], haben gezeigt, dass man den genauen Ursprung einer Psychose, von der eine Person betroffen ist, auffinden kann, indem man ihre Geschichte bis in die dritte Generation zurückverfolgt.

Mit dieser Verantwortung ist jede Frau ausgestattet, vor allem wenn sie Mutter wird. Sie nimmt sie als erdrückend wahr, protestiert vehement gegen sie und wird – wie oft sagt sie das nicht! – sich schließlich ihr vollkommen entziehen. Wenn sie diese Worte hört, schreit sie auf und weist sie zurück, bevor sie vehement gegen sie protestiert und den Prozess verurteilt, den man ihr macht und gegen den sie sich wendet, weil sie beschuldigt wird. Wenn man den Dialog, anstatt ihn abzubrechen, geduldig weiterführt und Argumente und geeignete Differenzierungen vorbringt, um die Debatte aufzuklären, scheint sie die Unterscheidung schließlich zu erkennen, die sie zwischen Verantwortung und Schuld machen soll. Man glaubt, sie überzeugt zu haben, indem man betont, dass der Fahrer eines Fahrzeugs, der für die Passagiere verantwortlich ist, nicht *a priori* für ihren Ort verantwortlich ist. Man bildet sich somit ein, sie in dieser Hinsicht gewonnen zu haben, und unterstützt sie in der Veränderung, die manchmal in ihr vorgeht. Aber meistens stellt man fest, dass sie, angesichts des Ereignisses, das sie beschäftigt, die Situation auf ganz neue Art betrachtet und beurteilt und darüber nachdenkt, und nie zögert, sich ihrer anzunehmen, sich sogar für sie mit einer Entschiedenheit zu schlagen, die mit der Zeit ihr Spiel treibt, um eine besondere Lösung zu finden. Alles, was sie an Ernte einfahren wird, wird in gewisser Weise durch einen Filter gehen, dessen Muster und Form nur durch sie geprägt sind und in keinem Fall von einer anderen Person; und wenn diese andere Person auch eine Frau wäre.

Pathetisch

Aufgrund dieses Verhaltens, das insofern paradox erscheint, als es oft in Situationen die scharfsinnigste Intelligenz mit dem unreflektierten und mysteriösen Reflexartigen eines »Gedärms« verbindet, das sich widersetzt und sich immerzu Ausdruck verschafft, war das erste Wort, das mir im Umfeld dieser Arbeit über das Weibliche in den Sinn kam, das Wort »pathetisch«.

Das Weibliche, mit dem ich im Laufe meines Lebens in Berührung gekommen bin, erschien mir in der Tat grundsätzlich pathetisch.

Man kann das für Übertreibung halten und meine Einschätzung anzweifeln und zunächst anmerken, dass ich bei meiner Tätigkeit in Wirklichkeit vor allem mit Müttern Kontakt hatte und dass man sich folglich schwer vorstellen kann, das Adjektiv »pathetisch« für Frauen wie Margaret Thatcher, Hillary Clinton, Angela Merkel, Laurence Parisot und andere energische, in der Öffentlichkeit stehende Frauen zu verwenden. Den ersten Vorbehalt weise ich sofort zurück, denn er verrät eine seltsame Spaltung – man spricht Müttern die Möglichkeit ab, Frauen zu sein! Was die energischen Frauen betrifft, so bestehe ich darauf, dass sie der gleichen Weiblichkeit angehören wie die anderen, und zwar einfach aus dem guten Grund, weil sie vollständig Frauen sind und es bleiben, auch wenn der Platz, den sie in Politik oder Wirtschaft einnehmen, ihre vielfältigen und fast schon unmöglichen Aufgaben etwas erschwert. Darüber hinaus mache ich keinen Unterschied zwischen Frauen, die erwerbsmäßig arbeiten, und anderen, die es nicht tun. Denn dieser Unterschied betrifft nur eine Äußerlichkeit und keineswegs die Weiblichkeit, die ich erforschen möchte.

Ich behaupte somit, in welchem Bereich oder Ort die Frau ihr Potential auch entfaltet, sie tut es immer mit einer gewissen Leidenschaft, Leidenschaft in der doppelten Bedeutung, die man normalerweise diesem Begriff zuschreibt. Die Frau hat immer etwas zu »ertragen«, und sie »trägt«. Aber durch diese eigensinnige Bestimmung wird das Mysterium, das sie umgibt, wenn der Blick auf sie fällt, noch stärker – falls dieser Blick übrigens ein männlicher ist, von dem man der Meinung ist, dass er von ihr im Allgemeinen nicht alles versteht, oder der Blick einer Frau, die, da sie mit ihr etwas gemeinsam hat, eigentlich, was sie betrifft, eine gewisse Scharfsicht aufweisen sollte.

Es könnte so sein, als wäre eine Frau in ihrer ganzen Person die verräumlichte Metapher ihres anatomischen Geschlechts. *Während der Mann sich durch die Betonung seines Penis, der ihn leicht durchschaubar macht, stolz zur Schau stellt, entwickelt sie dagegen unauffällig das Geheimnis, das Mysterium.* Und zwar das höchste Mysterium, das sich in ihrem Begehren oder in ihrem Orgasmus ausdrückt. Um eine Idee davon zu vermitteln, was letzterer sein könnte, verwendete Lacan für den Umschlag seines Buches[4], in dem es eben um dieses Thema ging, ein Foto der Statue der heiligen Teresa von Avila von Bernin: eine Heilige in Ekstase, bei der wegen der weiten Falten ihres Gewandes nicht erkennbar ist, dass sie dieses Geschlecht hatte, von dem man behauptete, dass Frauen, für die es selbst unsichtbar ist, sich dafür schämen. Ging man nicht im Übrigen so weit und sagte, sie würden es insofern als hässlich empfinden, weil die ganze Schönheitspflege, die sie aufwenden, nur dazu da sei, den Horror, den es bei den Männern auslöst, vergessen zu lassen!

Es stimmt, dass die Fragen, die Frauen immer wieder zu diesem Thema gestellt haben, lange ohne Antworten geblieben sind. Denn der dazugehörige Diskurs bemühte sich über Jahrtausende, den Schleier der Prüderie über dieses Geschlecht zu werfen oder es sogar ganz einfach auf seine Zeugungsfunktion zu reduzieren: Dazu bestimmt, eines Tages ganz offensichtlich zugunsten des Mannes das befruchtende

Sperma zu empfangen, wurde es immer so betrachtet, eines Tages die Frucht der Befruchtung wieder zurückzuerstatten. Tritt dadurch nicht eine unbestreitbare Wahrheit für diesen numerisch wichtigen Teil der Menschheit zutage, der meinte, allen Grund dafür zu haben, die Frauen als untergeordnete, potentiell diabolische Wesen zu betrachten, die aber leider für die Zeugung unentbehrlich sind? Es stimmt, wenn man – im Gegensatz zum *Kleinen Prinzen*, der nur das für wesentlich hält, was für die Augen unsichtbar ist – dazu neigt, die Weiblichkeit auf die Mutterschaft zu reduzieren, denn diese Brüste am Körper der Frau, die dazu da sind, eines Tages Nahrung zu spenden, springen einem auf den ersten Blick ins Auge. Dass der Verhaltensforscher Desmond Morris[5] daraus sexuelle Lockmittel machen wollte und meinte, sie wären »Hintern von vorne«, ist wohl eine geeignete Konstruktion, die Spur der Beziehung, die jeder einzelne in den ersten Lebensmonaten erfahren hat, zu verdecken. So wie die griechische Mythologie uns überdies überliefert, wie oft der Anblick des weiblichen Geschlechts dazu führte, Dämonen und Hexen zu vertreiben, stellt das alle diese Betrachtungen in eine Weltansicht, die männlicher nicht sein kann und die einmal mehr den Blick und nur ihn privilegiert.

Über den Blick hinaus

Aber was könnte eine andere Sicht sein, eine Sicht im weiteren Sinn des Wortes, die mit dem Blick und dem Spektakel, das ihm dargeboten wird oder nicht, eine Empfindsamkeit verbindet, die für eine Vielzahl anderer Möglichkeiten offen ist?

Im Moment lässt sie ihre mögliche Existenz nur in der Anbahnung eines Diskurses erraten, der vor wenigen Jahrzehnten eingesetzt hat und der noch keine eindeutige Sprache gefunden hat, um von allen vernommen zu werden. Man muss sagen, dass der zu erklimmende Berg und das zu erobernde Terrain äußerst rutschig sind!

Es stimmt, dass man bis vor kurzem in Bezug auf die Frauen praktisch nichts finden konnte, was hinsichtlich ihrer Beziehung zur Welt, zu anderen Personen, zum Leben, zu ihren Fantasien, hinsichtlich dessen, wie sie ihr eigenes Geschlecht oder das des Mannes und noch weniger ihre eigenen Sexualität erleben, etwas Gehaltvolles aussagen würde, während sich die Geschichten der Männer in einzelnen Punkten immer wieder vervielfältigten und sich seit der Erfindung der Schrift in allen Sprachen verbreiteten. Mit einigen Ausnahmen, die von einer erfahrenen Öffentlichkeit geschätzt werden, wurde alles, was es zu diesem Thema gibt und den Frauen zugeschrieben wird, von Männern verfasst, die auf sie ihre eigenen Vorstellungen projizierten. Offenbar kann man diese Zurückhaltung den herrschenden Sitten zuschreiben, die lange Zeit Frauen den Zugang zu diesen Bereichen verboten haben. Da offen bekundet wurde, dass »eine ehrenhafte Frau keine Lust empfindet«, kann man sich schlecht vorstellen, wie diese Frau öffentlich über ihre Emotionen spricht oder gar über ihre Empfindungen, vor allem sexuelle. Ich glaube aber nicht, dass es nur darum geht. Ich denke, es geht vor allem und einmal mehr um die Einzigartigkeit jeder Frau, wie ich es nenne. Eine Einzigartigkeit, die sie zutiefst als ihre eigene verspürt, die sie sprachlos macht und sie davon abhält, laut aufzuschreien, so sehr erscheint sie ihr als unhörbar, weil es ihr selbst nicht gelang, in einen Diskurs von jemand anderem einzutreten, der versucht hat, mit ihr zu sprechen. Auf die Gefahr hin, einen Pleonasmus zu begehen, füge ich hinzu, dass eben diese Einzigartigkeit aus ihr *eine* macht, auch wenn sie der Brennpunkt vieler Botschaften ist, denen sie sich nicht entziehen kann, die sie in sich aufnimmt, integriert und in eine Dynamik umsetzt, die, auch hier, immer die ihre und von keiner anderen ist.

Es ist kein Zufall, dass diese unendliche Vielheit der vielen *einen*, die sich so grundsätzlich voneinander unterscheiden und die sicher all das, was ich über sie zu sagen versuche, ablehnen werden, die Männer aus der Fassung brachte – besonders die scharfsinnigsten unter ihnen und jene, die noch am ehesten etwas von den Frauen zu verstehen meinen.

Freud, der bekannt ist für seine Aussage über die Frau, sie sei ein »dunkler Kontinent«, sah sich auch veranlasst zu sagen, dass bei ihr »die nämliche polymorph perverse Veranlagung erhalten bleibt«[6], insofern, fügt er im selben Absatz hinzu, als »unter der Leitung eines geschickten Verführers (sie) an allen Perversionen Geschmack finden und dieselben für ihre Sexualbetätigung festhalten (wird)«. Man weiß, wie sehr seine Meinung, die von einer unwiderleglichen Scharfsinnigkeit war, immer wieder Aufregung auslöste und bekämpft wurde. In der Folge ermutigte Lacan in seiner Schule sehr bald die weiblichen Psychoanalytiker, etwas Gehaltvolles über das Weibliche herauszuarbeiten. Aber als er auf einem Kongress in Amsterdam (5.–7. September 1960) den Vortrag von Françoise Dolto über die weibliche Sexualität hörte, meinte er nur zu ihr: »Du bist wirklich unverschämt.«[7] Jahre später schrieb er: »Von diesem Genießen weiß die Frau nichts. Schon ewig lange fleht man sie an, auf Knien fleht man sie an – ich sprach das letzte Mal von den weiblichen Psychoanalytikern –, doch zu versuchen, es uns zu sagen, aber nein, kein Wort!«[8] Es stimmt, dass seit damals die Anzahl der einander teilweise widersprechenden psychoanalytischen Arbeiten und Veröffentlichungen nicht viel größer wurde. Wenn es ihnen gelungen ist, über einen sehr kompakten phallozentrischen Diskurs ein wenig herzuziehen, indem sie die Aufmerksamkeit auf ein unbestreitbares vaginales Erleben in der Entwicklung des Mädchens lenkten[9], dann trugen sie eher dazu bei, die technischen Grundlagen für die Heilung auszubauen, sodass die Männer ein wenig mehr über die Frauen wissen und Letztere ein wenig mehr über sich selbst. Dieses Wissen bleibt dann doch stark vereinfacht dem ideologischen Diskurs verhaftet, der häufig von den Massenmedien aufgegriffen wird.

Ausgehend von meiner Beobachtungsposition kann ich dazu nur sagen, dass, falls diese Art von Informationen bei den Frauen, die ich kennenlernte, Interesse geweckt hätte, sie meiner Erinnerung nach mir nicht anvertraut haben, dass sie davon überwältigt, verändert oder gewissermaßen bewegt gewesen wären.

Ist sie vielleicht, jede einzelne, in einem Turm eingesperrt, den sie sich – allein? – gebaut hat, von dem sie will, dass niemand ihn anrührt, und auf den sie ein Plakat mit der Aufschrift angebracht hat: »Hinschauen verboten – es nicht einmal versuchen«? Aber wenn dies der Fall wäre, was hätte sie veranlasst, so zu agieren? Welche Erfahrung hätte sie machen müssen, um ihre Entschiedenheit so auszudrücken? In welchem Teich hätte sie gefischt und nach welchen Kriterien hätte sie ausgewählt? Angesichts dieser so nachdrücklichen Fragen kommt von ihr nicht das geringste Anzeichen einer geeigneten Antwort. Es stimmt, dass diese Fragen nur wieder einmal das männliche Wesen enthüllen. Denn was sie betrifft, so kann sie sich nicht einmal vorstellen, dass man diese Fragen stellt!

Die Mission des Gesetzes

Und wenn sie demnach nur im Turm eingemauert wäre, damit sie glaubt, ohne es sagen oder erkennen zu können, eine Mission zu sein?

Eine Mission. Ihre Mission. Unbewusst natürlich und dennoch eine Mission, die sie in keinem Fall weder erkennen lassen noch klar ausdrücken kann – was für sie einem Verrat gleichkäme und von der sie nur erahnen lässt, dass sie ein Komposit ist und dass sie sich auf besondere Weise mit all den potentiellen Fähigkeiten, über die sie verfügt, um sie bemüht; eine Mission, die darüber Rechenschaft ablegt, was ich des Öfteren als ihren Filter bezeichnete. Tochter, Schwester, *superwoman*, Geliebte, Mutter, Freundin, Vertraute oder Ehefrau – sie wird all diese Rollen immer irrational leidenschaftlich erfüllen, was von ihr verlangt, den Platz, der ihr zugeschrieben wurde, sowie die Aufgabe anzuerkennen, das Beste daraus zu machen und gemacht zu haben. In diesem eigensinnigen Bedürfnis, ihr Bestes zu geben, manifestiert sie nichts Anderes, als perfekt sein zu wollen, und entwirft ununterbrochen eine Bilanz einer erwarteten rätselhaften Anerkennung.

Nie feilschte sie um ihre Zeit oder Energie, nie wich sie vor dem Beweis zurück, immer stellte sich den Hindernissen, tat immer alles, was sie konnte, und mit den Mitteln, die sie zur Verfügung hatte, aber man muss sie gerecht behandeln: Sie war immer bemüht und tat ihr Bestes! Ihr Bestes, obwohl sie am Markt der Betrogenen die Rolle spielt, in der sie sich befindet, seit sie auf der Welt ist, und über die Moustapha Safouan schrieb:[10] »In der Beziehung zwischen Tochter und Mutter geht es um eine bestimmte Frage: Was fordert das kleine Mädchen von seiner Mutter? (…) Die Analyse lehrt uns: Was das kleine Mädchen *nicht will*, was es in Wut bringt und außer sich geraten lässt, ist der Umstand, dass dem, was sie von der Mutter bekommt, der ehrgeizige Anspruch (dieser Mutter) hinzugefügt wird, zu wissen, was es braucht. (…) Was braucht es? Schönheit, Intelligenz usw.? Für das Mädchen ist das unwichtig. Es möchte vielmehr *wissen, warum, auf Grund welchen Mangels sie das alles bekommen soll.*« Obwohl sie nie auch nur die leiseste Antwort auf eine Frage bekommen hat, die sich ihre eigene Mutter, wie übrigens alle Verwandten ihrer

Nachkommenschaft auf beiden Seiten, auch selbst gestellt haben musste, nach dem Motto »Vergiss, wo die Erinnerung an das Gesetz ist«[11], tat und tut sie dennoch ihr Bestes. Von diesem Besten, das loyal ist und erklärt, dass sie dieses Symptom, der an die Wirklichkeit, ans Symbolische und an das Imaginäre eines Mannes gekettete Ring sein kann. Dieses Beste, das vernehmbar ist, und gleichzeitig die machtvolle Gegenmacht, die sie konstituiert, und die Sehnsucht sowie der Verdruss darüber, diese Zaubermacht nicht vollkommen zu besitzen, wobei sie mit all ihrer Kraft versucht, sich dafür nicht zu interessieren. Eine ewige und erschöpfende, durch den Schmerz ihrer Rückkehr skandierte Debatte, die das Vergessen neutralisieren soll, indem eine einzigartige Beziehung zur Zeit und zum Gedächtnis geschaffen wird, das sie bezeugt. Die Milde hat hier ihre Wurzeln – die Frauen verfügen über eine große Fähigkeit zu verzeihen –, ganz so wie der Moment massiv daran arbeitet, Dauer und Vergehen hintanzustellen. Man muss sehen, dass das von ihnen erhaltene Resultat unmittelbar ist, dass sie sich in sogenannten »weiblichen Arbeiten« auszeichnen: auskehren, das heißt auch selbst sauber werden, bügeln, das bedeutet Falten glätten, ein Kind ernähren, das heißt unmittelbar seine Schreie oder seinen Hunger besänftigen. Während *der* Mann nicht aufhört auswendig zu lernen, um sein Zeitbewusstsein zu bilden, machen die Frauen aus dem Moment die Emanation einer gut an die Ewigkeit angeschlossenen Zeit, sodass sie davon abgehalten werden, sich erinnern zu müssen.

Wenn man von daher auf ihre »polymorph perverse Veranlagung« zurückkommt, von der Freud sprach, könnte man weiter gehen und sagen, dass das, wodurch jede Frau zu *einer* Frau wird, wie es auch genauso bei den Perversen ist, in Verbindung mit dem Gesetz der Art gesehen werden muss.

Die Perversen – das sind Männer, und man behauptete lange, es gäbe keine perversen Frauen – wollen von diesem

Gesetz nichts wissen und verbringen ihre Zeit damit, es zu umgehen oder zu ignorieren. Die Frauen würden sicherlich schon von ihrer Strukturiertheit her das Gesetz der Art zwar kennen, aber würden sich bewusst ihm widersetzen. Und was *eine* jede von ihnen macht, spiegelt den Grad dieses Widerstands, den sie markiert, indem sie darin nur partiell einwilligt, widerwillig und immer unter Druck oder Bedrohung. Als ob sie von allen Seiten dazu gezwungen wäre, sie selbst sein zu müssen, akzeptiert sie als Lippenbekenntnis nur einen gewissen Formalismus, ohne je die hintergründige und einzigartige Disposition anzutasten, die wirklich immer schon ihre eigene war. In der Dialektik des »Vergessens und Erinnerns« ermuntert jede Frauengeneration die nächste zu vergessen, um gegen den Druck von außen anzukämpfen, der die Erinnerung an das Gesetz aufrechterhält.

Dies wird immer schon durch ihr Verhalten und ihre Haltung ausgelöst und kostet sie, je nach Umständen und Gesprächspartner, paradoxerweise genauso viel Missachtung wie Rührung ihr gegenüber, die sie oft sprachlos sein lassen! Das macht die Männer manchmal ratlos, die sich, dem Gesetz unterworfen, angesichts dieses Verhaltens der Frauen entmutigt und mittellos fühlen. Auch das hat männliche wie weibliche Psychoanalytiker stutzig gemacht, als sie die Sexualität der Frauen erforschen wollten und anhand einer derart expressiven Aktivität die Natur der Frauen und die Art, wie es ihr gelingt, sie aufrechtzuerhalten, zu verstehen versuchten.

Ist es nicht auch für all diese Frauen, die so gesprächig sind, was man ihnen immer zum Vorwurf machte, erstaunlich, in dieser Bestimmung, die sie miteinander teilen, sprachlos geblieben zu sein? Es stimmt, sie sind sprachlos, aber wahrscheinlich deshalb, weil ihre Sprache, die vollkommen in Harmonie mit ihren anatomischen und physiologischen Charakteristika ist, ganz einfach für die Männer unhörbar ist, die es übrigens nicht verabsäumen, ihnen das vorzuhalten. Was darauf hinausläuft, will man *die* strikte weibliche Bestimmung verstehen, dass man sich nicht nur darum bemühen muss, dass sie zum Ausdruck gebracht wird, sondern man muss sie dort suchen, wo sie sich in den Tatsachen, Gesten und Verhaltensweisen von jeder einzelnen dieser *einen* sichtbar wird.

Darauf könnte man erwidern, dass diese Geschichte der Sprachlosigkeit demnach nur auf die klassische Sackgasse der Kommunikation zwischen den Menschen verweist und dass auch die Frauen gegenüber der Sprache der Männer taub sind. Das stimmt nicht: die Frauen verstehen gewöhnlich am besten die Sprache der Männer, selbst wenn es ihnen nicht gelingt, selbst verstanden zu werden. Jede einzelne entfaltet sogar in dieser Aufgabe eine ihr eigene, immer unbestreitbare Kunst.

Zerlina in *Don Giovanni* von Mozart[12] beschreibt in einer schönen Metapher dem unglücklichen, von Schlägen gezeichneten Mazetto, dass sie ihm ein Heilmittel anbiete, welches sie »in sich trägt und das kein Apotheker zu mischen weiß« und das all seine Leiden heilen werde. Sie kennt es und macht sich daran, es zuzubereiten. Sie hat erkannt, dass sie in sich und ihrem Wesen über ein souveränes Mittel verfügt, ihren dummen Ehemann einen Betrug vergessen zu lassen, den sie beinahe begangen hätte und den er ihr zu Recht vorwerfen hätte können.

Eine andere Frau[13] sagt noch viel ergreifender zu ihrem Partner: »Wenn du mich an dich drückst und mich umarmst, mich, die Frau, dann helfe ich dir, dich zu erinnern und dich nicht davor zu fürchten, was sich ändern muss, damit wir weiterhin lebendig sein können.« Man muss nicht sehr bewandert sein, um bei einer so ergreifenden Einladung erkennen zu können, dass diese Frau sich ganz anbietet, um ihrem Mann die Lust zu verschaffen, die er erhofft und ihm auch jenes Stück Ewigkeit zu vermitteln – und zwar durch die letztendliche Übertragung seiner Geschichte auf die gemeinsamen Kinder –, die ihm in seinem sterblichen Schicksal ein wenig Trost spendet. Wenn sie so spricht, dann spricht sie genauso mit ihrer Erinnerung, ihrem Herzen und ihrer Intelligenz wie mit ihren Brüsten, ihrem Geschlecht, ihrem Bauch und ihren Eingeweiden. Sie spricht mit all diesen Teilen ihrer Person, an die sie jeden der Begriffe hängt, von denen sie glaubt, dass sie ihre Mission seien, diese berühmte Mission, die sie unbedingt und verbissen so gut wie sie irgend kann, erfüllen möchte.

Und so ist es für jede einzelne dieser *einen* Frau. Ihre Liebhaber, zu glücklich, um die Nutznießer einer solchen Generosität zu sein, genierten sich nie, sich darauf zu berufen und ihre Freude laut hinauszuposaunen.

Aber weshalb wollen sie unbedingt etwas erfüllen, von dem sie denken, es sei ihre Mission, bei der sie ihr Bestes geben müssen? Was erwarten sie sich davon? Die kleinen Mädchen wollen nichts von dem, was ihre Mütter für sie wollen? Erhoffen sie eine Entlastung bei ihrer Mission, die das berichtigt, was sie als symbolische Schuld wahrgenommen haben und ihnen erlaubt, eine Freiheit zu erlangen, die sie sich vorstellen und wünschen, auch wenn sie davon nicht die geringste Ahnung haben? Glauben sie, deswegen zu ihren Müttern zurückzukommen, um deren Zustimmung zu erlangen, um sich dann wieder zu entfernen? Welche diabolische Form der Anziehung zwingt sie zu so einem regressiven Vorgehen und entzieht sie dabei brutal ihrem gegenwärtigen Universum? Wie können sie die Gefahr einer derartigen Rückkehr auf sich nehmen, die sie erneut und, ja oft sogar für immer, in den Abgrund stürzen wird, aus dem sie so schwer wieder herauskommen?

Wenn sie sich dazu entschließen, dann ohne auch nur ein klein wenig mit der Seele dabei zu sein, ganz einfach, indem sie gegenüber der Sprache ihrer Partner taub werden.

Man weiß, dass das plötzlich passieren kann, zum Beispiel wenn ein Kind für sie eine einzigartige Stelle einnimmt oder ein drittes Wesen in ihr Leben tritt, falls diese beiden Faktoren nicht zusammenfallen. Der eine oder der andere dieser Faktoren, oder auch beide zugleich, bezeugt, dass sie in ihren potentiellen Möglichkeiten oft überschäumen, dass sie aber zurückgedrängt werden, um dann auf dem Weg, der für sie der direkte ihrer Mission ist, die regressive Abzweigung zu nehmen, von der sie nicht einmal ahnten, dass sie existiert und die sie zufällig entdeckten. Was sie auch in der Dynamik, die immer die ihre war, wollen oder tun, sie können sich da nur hineinwerfen – außer wenn sie ihre Mission verraten, was sie nie und nimmer tun würden, denn diese Mission konstituiert bis zu eben diesem Moment ihren Seinsgrund!

»Meine Mutter sagte zu mir: Den Mann kannst du vergessen. Er ist überhaupt nicht wichtig. Er ist immer austauschbar. Wichtig ist nur das Kind, einzig und allein das Kind.« Die Dame, die so sprach, war eine Großmutter väterlicherseits. Sie begleitete regelmäßig die Sitzungen eines jungen Paares, ihres Sohns mit seiner jungen Frau, die ihr Baby zu mir brachten. Ich höre gern die Geschichten und schreibe ihnen im Schicksal der Generationen große Bedeutung zu, deshalb schätzte ich sie und ermunterte dazu. Sie setzte ihre Erzählung fort und berichtete, dass ihre Mutter von ihrem Vater verlassen wurde. Was sie zuvor gesagt hatte, kann man wie den Ausdruck einer Liebe verstehen, den ihre Mutter ihr mitteilte und für sie empfunden hatte. Wie um die Last der Schuld zu mindern und dabei mehr oder weniger die Geschichte ihrer Mutter zu wiederholen, löste sich die Beziehung zum Vater ihres Sohnes auf. Erst als sie durch das, was sie sagte, erahnte, dass sie Gefahr lief, der Mutter ihres Enkels zu vermitteln, sich aus ihrem Sohn nichts zu machen, hielt sie sich zurück: »Mein Sohn ist so außergewöhnlich, dass seine Frau ihn sicherlich genauso wie ihr Kind lieben wird.« Sie drückte damit aus, dass der Befehl der Mission, den ihr die eigene Mutter auferlegt hatte, nur von der Mutter auf die Tochter überliefert werden darf und auf gar keinem Fall von der Schwiegermutter auf die Schwiegertochter. Hatte sie deshalb einen Sohn und keine Tochter? Nahm sie deshalb an diesen Sitzungen teil, um es zu verstehen? Tolerierte ihr Sohn, dass sie mitkam, damit sie das sagen konnte?

Man stößt hier auf ein Muster, das es ohne Rückbeziehung auf das Gesetz der Art, das die frühere Generation vergessen wollte, nicht gibt. Während die Mutter dieser Großmutter gesagt hatte, dass die Abstammung die Männer ausschließt, so sagte diese Großmutter zu ihrer Schwiegertochter, dass sie sie ihrem Sohn anvertraute und warnte sie gleichzeitig – ausgehend von ihrer eigenen Position als Frau und Mutter – vor den Begriffen der Mission, die ihre Mütter für sie, wie für alle Töchter, destillieren.

Dies aber nicht ohne die Frage nach der Intensität und vor allem nach der Natur dieser Beziehungen zu stellen, die die Partner eines Paares nach wie vor mit ihren jeweiligen Müttern haben. Denn diese Beziehungen sind nicht immer einfach. Da sie je nachdem das eheliche Band stärken oder schwächen können, sind sie von der Problematik des Ehebruchs nicht immer ganz fern.

Am schwierigsten und am leichtesten zu verstehen ist, und das beweist die Erfahrung, dass unter solchen Umständen der *Partner einer Frau oft selbst ohne es zu wissen der Empfänger der Mission ist, die sie mehr oder weniger treu befolgt.* Er ist nie an dem unschuldig, was ihnen geschieht, denn er engagiert sich selbst in dieser Begegnung, indem er implizit, aber unbestreitbar über die Beziehung Bescheid weiß, die seine Partnerin zu ihrer Mutter hat, aber auch über die Gefahr, die darin besteht, dass seine Partnerin an die regressive Abzweigung gelangt und so ihr gemeinsames Abenteuer Schiffbruch erleiden könnte.

Ein Mann muss ganz besonders milde, unrealistisch oder verrückt sein, um diese Abzweigung, die sie vielleicht unerwartet nehmen kann – ob es sich um eine Rückkehr zu ihrer ursprünglichen Beziehung, um eine Entscheidung für ein Kind oder um einen Ehebruch handelt –, auf Grund irgendwelcher Versprechungen, die sie über die Ewigkeit machte, aus seiner Beziehung bewusst auszuklammern. *Denn nur mit ihm – weil sie ihn auf der Matrix der Liebe, die sie ihrer Mutter entgegenbrachte, ausgewählt hat –, wird sie die Konflikte regeln, die sie mit Letzterer hat.*

Das weibliche Geschlecht und der Widerstand gegen das Gesetz

Seit es Vegetation auf der Erde gibt, haben sich die Pflanzen immer Energie aus der Sonne geholt, um sie in Kohlendioxid zu verwandeln. Vor langer Zeit schon entdeckte man, dass dieser Vorgang durch ein Pigment namens Chlorophyll ermöglicht wird. Aber trotz der Bemühungen der Biologen konnte das Geheimnis der Photosynthese nicht vollständig gelüftet werden. Und doch wäre das so wichtig. Denn die Entdeckung des inneren Mechanismus dieses Vorgangs würde allein sowohl die energetischen als auch die ökologischen Probleme auf diesem Planeten lösen. Dieses Bild kam mir, weil das vergebliche Vorhaben, die Sexualität der Frau vor allem auf dem Umweg über ihr Geschlecht und den daraus folgenden Orgasmus zu erforschen, ein identisches Rätsel aufwirft.

Man weiß in der Tat immer noch nichts darüber, was sich bei der weiblichen Sexualität abspielt, trotz der vielfältigen Charakteristika und der ehrgeizigen Bestrebungen klinischer Sexologen, sie ganz genau und mit großer Sorgfalt zu beschreiben. Beruht die weibliche Lust rein auf der Klitoris? Oder der Vagina? Klitoris-vaginal? Im Uterus? Ist sie heteroerotisch? Autoerotisch, auf ihre Weise? Mehr oder weniger, im letzten Fall, wie beim Mann?

Hängt sie von der Anatomie, von einer vermeintlichen physiologischen Norm, von den anatomischen oder liebenden Qualitäten des Partners ab, obgleich sie in diesem Punkt von einer eindrucksvollen Konsistenz bestimmt zu sein scheint, die es zweifellos seit dem Beginn des Abenteuers Mensch gibt und die praktisch dazu bestimmt ist, sich in jeder Generation zu verstärken?

Da ich, während ich an meinem letzten Buch schrieb, viel über Paläontologie las, war ich überrascht, so viele Assoziationen zu einem Bild zu haben, das bei der Lektüre eines wirklich qualitätvollen Science-Fiction-Romans auftauchte.[14] Es erschien mir, dass an den Ursprüngen der Spezies Mensch vermutlich die erste jener Schichten entstanden sein musste, die, während sie bei *dem* Mann wenig verändert hat, Ausgangspunkt für alle die Schichten wurde, die weibliche Komplexität erzeugt haben mussten.

Man weiß vor allem, dass die Menschwerdung den Tod einer beachtlichen Anzahl von Frauen mit sich brachte. In der Anfangsphase entwickelten sich Beckendeformationen; nur die wenigen Frauen überlebten, die genetisch dazu bestimmt waren, sehr frühzeitig zu gebären – nach neun Monaten einer Schwangerschaft, die vermutlich mehrere Jahre in Anspruch genommen hätte. Solche Frauen waren sehr selten. Und da sie die einzigen Weibchen im Tierreich waren, die keinen Östrus hatten, machten sie durch ihre ständige sexuelle Bereitschaft die Männchen rasch verrückt, die sie ständig aufsuchten, um sich ihrer zu bedienen, ohne je sich um deren Zustimmung zu kümmern.

In diesem Science-Fiction-Roman – der dänische Autor, Forscher und Schriftsteller Jørn Riel verlegte den Schauplatz zu einem primitiven Stamm in Neu Guinea –, geht es um mehrere Begegnungen der Heldin mit Männern, bei denen sich zwangsläufig das abspielte, was vermutlich in jenen frühen Zeiten der Menschheitsgeschichte an der Tagesordnung war.

Bei jeder Begegnung fühlt sie sich durch den männlichen und Beunruhigung auslösenden Unbekannten, der sich ihr nähern will, bedroht; um ihr Leben zu retten, kommt sie ihm zuvor, indem sie sich auf den Rücken legt und ihm ihr Geschlecht offeriert. Dies ist, ich wiederhole, ein Science-Fiction-Roman, und nichts, rein gar nichts beweist, dass es sich so abgespielt haben könnte; aber unmöglich ist es auch nicht. Es wäre auch nicht ohne gewisse Logik der Erziehung junger Frauen, die lange Zeit den älteren Frauen oblag und ihnen bewusst machen sollte, dass sie durch ihr eigenes Geschlecht das Mittel in der Hand haben, nicht nur die Aggressivität des Mannes einzudämmen, sondern auch die Zukunft ihrer Partnerschaft zu bestimmen. Dadurch wurde den jungen Frauen signalisiert, dass die meisten Unstimmigkeiten, die das Leben eines Paares belasten, im Bett leicht aufzulösen sind; so wurde ihnen dieses einfache Wissen übergeben, dass ein Mann mehr oder weniger ein Wesen ist, das nur »durch seinen Schwanz« sein Leben meistert. Deshalb widersprechen die Männer nicht, wenn die Frauen zum Beispiel bekennen, dass »die Nacht einen Rat bringt« oder, wie man in Portugal sagt: »Ich muss mein Kopfkissen fragen.«

Solche Redewendungen erinnern daran, was Zerlina im Schilde führte oder an die Schlussfolgerungen von Goliarda Sapienza, die besagen, wie unentbehrlich – mehr als nur wertvoll für einen Mann – ein Geschlecht der Frau sein kann. Der Nebensatz drückt aus, dass der Mann, und sei es durch den autoerotischen Koitus, dank einer Frau von seiner Aggressivität befreit wird, gleichzeitig in den Austausch treten und wieder zur Vernunft kommen kann, die durch seine sexuelle Spannung – oder sein Defizit an Oxytocin, würden die Neurobiologen sagen – nur getrübt wurde.

Im Roman von Jørn Riel bedienen sich mehrere Männer der Heldin, ohne sich offenbar damit zu beschäftigen, was sie davon hält oder denkt oder sich vorstellt, weil sie ja schon glücklich war, überlebt zu haben. Eben diese relative

Schwäche, die dadurch entsteht, dass man zu jeder Zeit in sie eindringen kann, wodurch die Frau zu einer Passivität verurteilt wird, die sie je nach Situation annimmt oder ablehnt, lässt sie sehr einsam werden und konstituiert die ganz unterste Schicht ihrer Archäologie. Heute stößt man immer noch auf diese Charakteristik, die mit der Anatomie zu tun hat, wie jene Plage der sexuellen Belästigungen, Vergewaltigungen und Inzeste bezeugt. Nicht weil manche Frauen heute Kampfsportarten betreiben und Berufe ergreifen, die früher den Männern vorbehalten waren, weil diese Berufe so gefährlich sind, hat sich etwas verändert. Das Gefühl der immanenten, naturhaften Ungerechtigkeit, das daraus hervorgeht, scheint vielmehr den Boden für eine grundlegende Unzufriedenheit zu bereiten, zu der noch viele weitere hinzukommen.

Freud schrieb dazu: »Dass man dem Weib wenig Sinn für Gerechtigkeit zuerkennen muss, hängt wohl mit dem Überwiegen des Neids in ihrem Seelenleben zusammen (...).«[15]

Wenn eine solche Paranoia in längst vergangenen Zeiten bereits herrschte, so konnte sie durch die Verordnung des Gesetzes der Art nur gestärkt werden, nämlich das Inzestverbot. Ich erinnere daran, dass in Freuds Szenario[16] wie auch darin, wie man mit der Anthropologie umgegangen ist, dieses Gesetz von den Männern verordnet wurde, und weil sie verhindern wollten, dass sie sich um den Besitz der Frauen gegenseitig töten, beschlossen sie, sie untereinander auszutauschen, ohne sich jemals um deren Meinung oder Zustimmung zu kümmern. So kann man heute noch sehen, dass jede von ihnen auf ihre eigene Weise sich dem Gesetz widersetzt und ihre Kraft und ihre Wurzeln sicherlich aus dem schöpft, was in dieser fernen Vergangenheit geschah.

Jørn Riel, auf den ich jetzt zurückkomme, ging für seine Erzählung so weit, dass er den Orgasmus seiner Heldin beschreibt, und zwar ihren allerersten; er führte zu einer Befruchtung, die sie zur Mutter machte. Eine derartige Konstruktion und das ein wenig erzwungene Zusammenfallen zweier Ereignisse, deren Zusammenhang umstritten ist, erscheinen etwas zu vereinfachend und zu sehr von der Physiologie von Katzen und Kaninchen inspiriert zu sein. Dennoch kann man das Maß dessen erfassen, was ich weiter oben die Durchtriebenheit des Zeugungsinstinkts nannte. Sie führt letztlich dazu, den weiblichen Orgasmus – der bei weiblichen Säugetieren, die ihren Östrus haben, nicht existiert – als Potentialität zu sehen, die dazu bestimmt ist, auch wenn es nicht wirklich erforderlich ist, die Befruchtung von Frauen zu bevorzugen. Weniger um direkt in den Mechanismus der Befruchtung einzugreifen, sondern um die Frauen zu veranlassen, sich freiwillig dem Koitus hinzugeben. Ob dieser Orgasmus nun ursprünglich ein klitorischer war, wie Hite Shere[17] bekräftigt, oder ob es sich um das »zufällige Echo des männlichen Orgasmus« handelt, wie Elisabeth Lloyd[18] meint, bewirkt vermutlich kaum, dass sich die Beziehung zwischen Frauen und Männern verändert oder sogar in gewisser Weise eine gemeinsame Entwicklung in Gang gesetzt wird, die von jener Langsamkeit geprägt ist, die sonst immer all diese Prozesse in Richtung stabiler gesellschaftlicher Verbindungen bestimmt. Es ist daher gut möglich, dass ausgehend von dieser Etappe der sexuelle Austausch zwischen Männern und Frauen in einen gewohnheitsmäßigen Austausch zwischen Männlich und Weiblich eintrat, der im Tierreich unter dem Namen »Parade« bekannt ist. Die Logik der Beziehung würde sich umkehren, die Männer würden »stolzieren« oder kämpfen, um sicher zu gehen, dass sie von der Frau ausgewählt werden, die sie begehren.

Man kann sich ein Szenario nach diesem Muster in der Folge ausmalen.

Ohne die Ursachen zu kennen, von denen sie vorangetrieben werden, wurden die Männchen, deren Erregbarkeitsschwelle immer schon sehr niedrig gewesen war, immer von ihrem Bedürfnis nach Kopulation gequält, und dies in einer einzigartigen autoerotischen Weise, die weit entfernt davon ist, sich über das – vergegenständlichte, im buchstäblichen Sinn des Wortes, seelenlose – Objekt Gedanken zu machen, das dafür bereit war, sie zu befriedigen. Die Weibchen, die nur die potentielle Gewalt ihrer Partner kannten, denen sie in diesem Zustand begegneten, unterwarfen sich ihnen wohlweislich nur, wenn sie nicht anders konnten. Dass sie solche Begegnungen nicht spontan selbst suchten oder ihnen nur mit einer gewissen Abneigung entgegensahen, erscheint nach alledem nur logisch. Die Angst und die Taubheit als legitime Revolte angesichts dieser Unterwerfung haben lange Zeit sicherlich nicht viel dazu beigetragen, die Schwelle der sexuellen Erregbarkeit bei den Frauen herabzusetzen oder irgendeine Lust zu generieren. Man weiß übrigens nicht genau, inwiefern ähnliche Gefühle heute noch, im Zeitalter des unterschwelligen Geschlechterkriegs, auftreten, um sich zu erklären, warum nach einem Bericht von Spira[19] nur 35 Prozent der Frauen angeben, während des Koitus einen Orgasmus zu haben. Dennoch kann man mutmaßen, dass hinsichtlich der Gefühle, die eine mehr oder weniger eindeutige Abneigung ausdrücken, durchaus eines Tages eine Bandbreite lustvoller Gefühle existieren könnte, die die Frauen veranlasst, die Begegnung mit einem Mann zu schätzen, ja zu wünschen, – ein widersprüchliches Verhalten, das heute immer noch besteht und deshalb über jede Frau gesagt werden kann, wenn »ihr Geschlecht die Niederlage fordert, ihr Ich sie hasst«.[20] Heute wird der weibliche Orgasmus als Komposit, als etwas Zusammengesetztes erkannt und scheint in der Wirkung oder in seiner Ergiebigkeit dem männlichen Orgasmus überlegen zu sein. Dadurch will man vermutlich die Schwäche und grundsätzliche Passivität der anfänglichen Paranoia kompensieren.

Aber das gilt so nicht für alle Frauen, was nicht erstaunlich ist, wenn man annimmt, dass ein Sexualakt eine Kaskade von Emotionen auslöst, wodurch er nicht auf das Resultat eines einfachen mechanischen Vorgangs der Kopplung zweier füreinander geschaffener Apparate zu reduzieren ist.

Das Auftreten und der Ursprung der Emotionen hält immer noch hitzige Debatten in Gang, mit dem Versuch, eine korrekte Lesart des Weiblichen durch die gesamte Menschheitsgeschichte hindurch zu geben. Was ich zu diesem Thema sage, ist nach Umfang und Inhalt vollkommen lächerlich im Vergleich zu ganzen Bibliotheken von Werken, in denen unter historischen, soziologischen, anthropologischen, psychoanalytischen, ideologischen und politischen Gesichtspunkten über das Problem geschrieben wurde.

Heute werden die Männergesellschaft, die Macht der Männer und deren Anmaßung, eine so parteiische und univoke Lesart der Welt zu produzieren und im Namen dieser einzigen Lesart zu herrschen, verständlicherweise von Seiten der Frauen, aber auch von einigen Männern immer lauter angeprangert.

Seit kurzer Zeit sind wir, so scheint mir, in eine ganz heiße Phase eingetreten: Die Argumente ziehen immer weitere Kreise, lösen immer wieder Konfrontationen aus und werden schließlich in extremer Weise immer ungerechter und grotesker. Wenn man bedenkt, dass es in Frankreich, der Heimat der Menschen- und Bürgerrechte, bis 1945 dauerte, bis die Frauen endlich das Wahlrecht erhielten, dass bis in die 1960er Jahre eine verheiratete Frau, auch wenn sie erwerbstätig war, ohne die Zustimmung ihres Ehemannes kein Bankkonto eröffnen konnte, müsste man angesichts der Unreife der damaligen Politiker laut auflachen! Eigentlich ist das Ganze nur erklärbar, wenn man sich die umgekehrte Situation vorstellt, dass, wenn die Frauen immer schon den Männern misstraut haben und sich immer noch schlecht behandelt fühlen, die Männer ihrerseits, wie ich darauf hinwies, ihre Zeit damit verbringen, Angst vor den Frauen zu haben und es ihnen immer noch nicht gelungen ist, selbst wenn sie den Verlauf der Geschichte berücksichtigten, sich von der Angst[21] zu befreien, die in jeder ihrer persönlichen Geschichten zirkuliert.

Der Geschlechterkrieg

Es ist nutzlos, auf diese lange Beziehungsgeschichte zwischen Männern und Frauen zurückzugehen, um darin den grausamen und authentischen Krieg auszumachen, den man auch in jeder individuellen Geschichte entdecken kann.

Diesen Krieg, der sorgfältig von den jungen Menschen, die Partnerschaften eingehen, verdeckt wird, hat es immer schon gegeben und er wird mit Sicherheit genauso viele Tote kosten, wie er Schaden angerichtet hat. Was den Opfern zustieß, wird nicht in den Kompetenzbereich der repressiven Instanzen fallen, die nie darüber Rechenschaft ablegen werden, wenn sie den Konflikt nicht aus dem Weg räumen. Es gibt übrigens Versuche, die diesem Krieg Einhalt gebieten und sie haben die Entwicklung der sozialen Systeme, die auf unserem Planeten zögernd ausgearbeitet wurden, maßgeblich mitbestimmt. Aber jeder Versuch, ein befriedigendes Resultat für beide Parteien hervorzubringen, ist bis jetzt gescheitert. Die Frauen beklagen sich, mit mehr oder weniger großem Erfolg – und mit Recht, wie ich anhand einiger Beispiele aufzeigte – immer noch über die Ungerechtigkeit, die sie erleben. Dass heute die Männer mit ihnen Schritt halten wollen, ist begrüßenswert. Aber wenn man die reichlich übertriebenen Vorschläge von gewissen Frauen betrachtet, dann erscheint das für die Zukunft unserer Spezies irgendwie beunruhigend. Wenn man an Gesellschaften denkt, die den Frauen nur den erniedrigenden Status von Haus- und Sexualsklaven der Männer einräumen und in denen Frauen kaum ein Recht auf die Kinder haben, die sie in die Welt setzen, dann fühlt man sich in seinem Aufbegehren berechtigt. Aber wenn die Machthaber derselben Gesellschaften, die mitten unter uns sind, von gewissen Frauen vernehmen, dass sie nur ihren Familiennamen auf ihre Kinder übertragen wollen, oder propagieren, die Masturbation sei die einzige Quelle der Lust, dann haben jene ein leichtes Spiel, ihre brutale Haltung zu verschärfen. Der Schock der Zivilisation scheint sich völlig unbemerkt auf dem gefährlichen Terrain der Geschlechterbeziehung abzuspielen.

Wenn man angesichts dieser Fakten noch die Erfahrungen der Mutterschaft hinzufügt, kann dies nur zu weiteren Erklärungen des Problems führen.

Denn die prähistorische Frau, die Mutter wurde, war wie alle Weibchen in der Tierwelt über Millionen von Jahren mit ihrem Sprössling ganz allein, nur sie war für ihn verantwortlich und er brauchte für sehr lange Zeit ihre Pflege. Die Entwicklung der Kulturen, die erst sehr spät im paläontologischen Zeitalter einsetzte – also vor kaum 30 000 Jahren – und ihr einen Platz im Schoß einer Klein- oder Großfamilie zuwies, in der der Vater erstmals zu existieren begann, minderte weder ihre Einsamkeit noch ihre Paranoia. Sie hält im Grunde den Widerstand aufrecht, der sie, vor allem in unserer heutigen Zeit, dazu bringt, um ihr Kind herum einen virtuellen,[22] unendlich dehnbaren Uterus zu weben, innerhalb dessen es ihm an nichts fehlen soll.

Diese Bereitschaft zum Inzestuösen[23] wird dennoch im Laufe der Entwicklung des Kindes hinsichtlich seines Geschlechts einen jeweils anderen Weg nehmen.

Ich zeigte die Beziehung der Mutter zu ihrem Sohn auf, als ich die ödipale Phase beschrieb, die der Junge durchläuft. Die Beziehung zu ihrer Tochter ist ganz anders gelagert und Ergebnis ganz anderer Kräfte.

Sie kann die Tochter als Klon ihrer selbst betrachten und durch die Übertragung auf die Beziehung, die sie zu ihr hat, jene Beziehung, die sie zu ihrer eigenen Mutter hatte, projizieren – die Logik der russischen Puppe. Sie kennt sie und das, was sie ihr übertragen wird, durchläuft eine noch durchlässigere Bindung als jene, die sie zu ihrem Sohn hatte. Wenn sie, auch wenn ihr Sohn noch so süß ist, einwilligt, dass er früher oder später und mehr oder weniger leicht in die Horde der Männer wechselt, dann kommt für sie keineswegs in Frage, dass sich dieses ihr so ähnliche Wesen von ihr trennt und einem Gesetz ausgeliefert wird, mit dem ihresgleichen immer noch eine Rechnung offen hat. Sie lehrt der Tochter alles, was sie weiß und was seit Anbeginn der Zeiten als das Wesentliche von der Mutter auf die Tochter übertragen wird.

Die Tochter durchläuft die ersten Lebensjahre in dieser Beziehung auf gleiche Weise wie ihr Bruder: Sie erlebt sich ebenfalls als unreif und sterblich und entwickelt am Ende der ersten drei Monate ihres Lebens eine intensive Angst vor ihrer Mutter. Erst in der darauf folgenden Etappe ändern sich die Dinge. Freud bezeichnete das Verhalten des Mädchens als *Penisneid*, von dem das Mädchen beherrscht ist, das glaubt, einen Penis haben zu können, weil es den Träger, seinen Vater, danach gefragt hat – das ist die Einleitung der ödipalen Phase. Ohne Anmaßung und ohne es je ganz verstanden zu haben, meine ich[24], dass diese Beziehung zum Penis, nämlich ihn besitzen zu wollen, als »Heimweh« zu verstehen ist. Denn dieser Besitz würde der Tochter zunächst helfen, eine eigene Identität zu entwickeln und der exzessiven Identifikation, ja Fusion zu entkommen, die ihr ihre Mutter anbietet. Sie würde ihr außerdem erlauben, ihre Mutter gefahrlos zu verführen und sie, wie es der Bruder tat, zu gewinnen, um den Schrecken auszulöschen, der sie erfasst hat. Angesichts der objektiven Unmöglichkeit, die der Tochter bewusst wird und was sie bitter enttäuscht, legt sie je nach ihren Fähigkeiten eine entsprechende Anpassungsstrategie an den Tag. Sie wendet sich der Person zu, von der sie weiß, dass sie ihrer Mutter imponiert und die bereits allein durch ihre Präsenz ihre Angst gemildert hat: dem Vater. Das Mädchen wird sich in diese Beziehung ohne zu zögern integrieren, um daraus die vertrauensvollste Bindung zu entwickeln, die ihr am meisten Schutz gibt.

Für den kleinen Jungen ist die Sache relativ einfach. Die Angst vor dem Vater ersetzt die Angst vor der Mutter und erlaubt ihm, in das Gesetz einzutreten und in der Heterosexualität seiner ersten Liebe zu bleiben, während die Strategie, die vom Mädchen entwickelt wurde, bei ihm die Sachlage einzigartig verkompliziert. Die Angst, die es vor seiner Mutter hat, kann sich in der Tat nur vervielfachen. Es wird sich zunächst vor der Missstimmung fürchten, die sein neues Verhalten hervorrufen wird: Die Mutter wird nicht wollen, dass es sich gegen sie wendet und den Vater vorzieht! Das Mädchen wird in der Folge fürchten, dass seine Mutter es bestrafen wird, weil es ihr Liebesobjekt, den Vater, verführen möchte. Die Tochter handelt sich dabei nichts Gutes ein: Da sie eine eindeutige Angst loswerden wollte, kommt sie unfreiwillig in die Lage, sie mit zwei zusätzlichen Komponenten zu erweitern! Sie kann aus dieser Sackgasse nur heraus, wenn es ihr gelingt festzustellen, dass ihre Mutter, wie schrecklich sie auch ist, selbst etwas Ähnliches wie die Angst gegenüber der von ihr als Vater bezeichneten Person verspürt; eine Position, von der man heute weiß, dass sie utopisch ist. Deshalb wird ihr Versuch, sich massiv in der heterosexuellen Liebe zu investieren und das Gesetz zu umgehen, nur zögerlich bleiben.

Während der Mann in der Angst lebt, sein Geschlecht zu verlieren, lebt sie in der Angst, die Liebe zu verlieren und vor allem die Liebe ihrer Mutter, die sie nie ausreichend geliebt hat! Das drückt die amerikanische Dichterin Anne Sexton (1928–1974) besonders klar aus:[25] »Es geht mir nicht darum, dass ich schön bin, sondern dass ich es fertig bringe, dass sich die Männer in mich verlieben,« erklärt sie. »Dieses Vorgefühl ist stärker als Alkohol. Nicht bloß mit ihnen schlafen: Es ist ein Ritual. Wenn ich es erzwingen will, sage ich bloß ›Ich brauche dich‹ … Ich denke manchmal, gut, daran werd' ich sterben, es ist eine Krankheit; es wird die Kinder zerstören, wird meinen Mann und die Meinung der anderen über mich zerstören. Seit George, meine Mutter gestorben ist, brauche ich das Gefühl, dass jemand in mich verliebt ist. Von George bis zu Jim. Ein nettes Betäubungsmittel – Menschen haben, die in mich verliebt sind.«

Dieses weibliche Wesen investiert somit immer viel mehr in die Liebe, die es bekommt, als in das Begehren, deren Objekt es sein wird. Je nach den Umständen und den Einzelheiten in ihrer Geschichte – und zusätzlich jener ihres Vaters und ihrer Mutter[26], mit der eventuell doppelt entfremdenden Liebe, zwischen der sie hin- und hertreibt – tritt sie in das sexuelle Leben in einer Weise ein, die für sie immer spezifisch sein wird. *Sie wird nie die Homosexualität ausklammern können.* Sie wird damit nie völlig abgerechnet haben; und vor allem ist sie für sie immer verboten, weil sie nie in irgendeiner Weise Worte für sie finden kann, einfache Worte, die es ihr ermöglichen würden, davon ein auch nur minimales, aber genaues Bewusstsein zu haben. Sie wird dies, nicht ohne darüber erstaunt zu sein, in einem möglichen Ehebruch erleben, denn »die offensichtliche Forderung der Frau, die Ehebruch begeht, richtet sich an einen Mann, sogar an zwei, aber sie dient auch dazu, sich gegen die Homosexualität zu wehren, die in die Geschichte des kleinen Mädchens – und zweifellos letztlich im Weiblichen – eingeschrieben ist. Die heterosexuelle Forderung deckt weiterhin die unstillbare homosexuelle Forderung zu.«[27]

Es ist mir wichtig, nur ja kein Missverständnis aufkommen zu lassen, was ich hier über die homosexuelle Dimension sage, die in immer spezifischer Weise an der Sexualität jeder Frau schmarotzt. Es geht nicht darum zu glauben, dass diese Homosexualität den genitalen Bereich betrifft und dass im Laufe einer sexuellen Beziehung mit einem Mann jede Frau fantasiert, eine sexuelle Beziehung mit einer anderen Frau zu haben! Natürlich gibt es das auch, und mir vertraute einmal eine Frau an, dass sie, obwohl sie vollkommen heterosexuell sei, nur einen Orgasmus haben könne, wenn sie das Bild vor sich hat, an einem großen Busen zu saugen, oder sich eine Frau vorstellt, die am Busen einer anderen saugt. So etwas kommt aber viel seltener vor als man denkt. *Die homosexuelle Färbung der Beziehung liegt prinzipiell in der mehr oder weniger massiven Ablehnung der männlichen Dimension und der männlichen Sicht der Welt, ganz zu Gunsten der weiblichen Qualitäten und Kriterien.* Männer wurden vermutlich nie genug verhöhnt für ihr Verhältnis zu Wildwestfilmen, ihre Treffen mit ihren Freunden, das Bier, Fußball, die schönen Autos und die Geistlosigkeit ihrer Gespräche, ihre oberflächliche Reinlichkeit, weil sie immer gleich wieder aus der Dusche steigen, und für ihren lächerlichen Glauben, immer den Pfau spielen zu müssen, sobald sie Frauenbeine erblicken. Ihr Bart scheint rau zu sein und ihr Geruch abstoßend. Und was ihr Geschlechtsteil angeht, das sie in den Mittelpunkt ihres Lebens stellen und das sie nicht abgeneigt sind, zu benutzen, ist sein Anblick ganz einfach unerträglich. Das blieb nicht ohne Auswirkungen auf diese Männer, wie der Boom der Kosmetik für den Mann mit Bräunung, Enthaarung, Deodorants, Cremes, Parfums und multiblättrigen Rasierklingen zeigt – alles Dinge, die die jüngste »metrosexuelle« Tendenz hervorgebracht haben und die den Erfolg der Männerzeitschriften sichern mit ihren Ratschlägen, wie man von Frauen am besten akzeptiert wird. Man hat verstanden, dass auch eine schräge Vision der Wirklichkeit des anderen Geschlechts die Formierung des eigenen durch eine Mutter begünstigt, von der man sich weiterhin nicht löst.

Es geht viel weiter und greift in die Beziehung zum Partner ein. *Von diesem Partner, der unter der Matrix der ganz frühen Liebe zur Mutter ausgewählt wird, erwartet die Frau, dass er sie glücklich mache, wie es ihre Mutter vor dem Ausbruch der Angst, die sie nun hat, getan hat. Wenn er es nicht tut, wird sie manchmal so enttäuscht sein, dass sie mit ihrer Erwartung zu einem anderen Mann geht. Aber wenn es ihm gelingt, wird sie von der Angst in zweifacher Weise eingeholt werden: Sie wird sich zunächst, auf Grund dessen, dass der Mangel verschwunden ist, ohne Begehren und wie tot fühlen; sie wird in der Folge bei jenem Mann mehr oder weniger stark misstrauisch sein, ja ihn sogar abstoßend finden, insofern sie das Gefühl hat, in ihm ihre Mutter wiederzusehen, und damit verbunden die Angst, die sie seit jener Zeit hat und die sie nie überwinden wird.* Sich einen Geliebten zu nehmen kann eine mögliche Lösung für sie sein. Blockiert wie die Frau lange Zeit durch das anstrengende Unternehmen von arrangierten Ehen war, war sie über alle Epochen hinweg dahingehend reduziert, sich in Missstimmung, Depression, höfische Liebe, Krankheit oder Fantasien zu flüchten. Heute ist sie viel freier, sie hat alle Möglichkeiten, ihren Spielraum durch eine oder mehrere außerehelichen, mehr oder weniger tröstenden oder befreienden Abenteuern zu erweitern – wie der Satz von Lucien Israël bestätigt, den ich zitierte.

Diese Schwierigkeit in der Liebesbeziehung, von der Freud als *Penisneid* sprach, wird übrigens das ganze Leben lang anhalten. Das tiefe und radikale Gefühl von Ungerechtigkeit, das diese Phase im frühen Kindesalter einleitet, führt beim weiblichen Wesen zu einer Form von strenger Buchhaltung, bei deren akribischer Gestaltung nichts dem Zufall überlassen wird. *Während auf der Seite des Männlichen jeder sexuelle Akt die Pendeluhr richtig stellt, führt er bei der Frau mehr oder weniger je nach Qualität des Orgasmus auf diese archaische Phase der Entwicklung zurück.* Man kann bei vielen alternden Frauen beobachten, wie sie in eine Missstimmung und Unzufriedenheit, ja sogar in eine Aggressivität rutschen, von der sie selbst zuweilen erstaunt sind. Wie um eine Funktion inmitten ihrer unmittelbaren Umgebung zu erfüllen, für die sie gerufen werden, ohne es zu wollen oder zu wissen, werden sie zu eben jenen Frauen, vor denen Frauen wie Männer Angst haben, vor allem jene, die sich in ihnen wiederfinden. Eigentlich gegen ihre Willen werden diese Frauen anspruchsvoller, kritischer, autoritärer, schroff und natürlich übermächtig. Versucht man, sie darauf hinzuweisen, wehren sie sich ganz erstaunt und verteidigen, ohne dass man ihnen Heuchelei zusprechen könnte, in guter Absicht ihre Zärtlichkeit und ihr Verständnis von Hingabe, aber eben um so bald wie möglich wieder so zu sein, wie sie scheinbar sein müssen. Denn die ganze existenzielle Ökonomie ihres Paares wird hier in Frage gestellt. Das Ausmaß ihres Anspruchs und der Grad ihrer Sensibilität, die ihre Partner bei ihnen auslösen, werden ihr Schicksal prägen. Dies wird mehr oder weniger zu vorzeitigen Brüchen bei Paaren führen, die ihre Konflikte zur Schau tragen, ohne das letzte Szenario einzubeziehen, das ausgehend von beruhigenden Statistiken gezeichnet werden kann: die viel längere Lebenserwartung von Frauen beruht nicht nur auf physiologischen Faktoren.

Mir scheint, um diese Gedanken abzurunden, dass sich genau hier der Ausdruck von Lacan einschreiben muss – »Die Frau ex-istiert nicht« –, der, kaum veröffentlicht, in der gesamten Presse auftauchte und einen Skandal auslöste. Ich assistierte damals im Seminar, als er das sagte. Und ich erinnere mich, dass Lacan sich die Mühe nahm und auf die Tafel schrieb, was er dann anschließend sagte, eben wie ich es hier wiedergebe. Wie alle Ausdrücke, die er im Laufe seiner Karriere lanciert hatte, nahm dieser die Form einer psychoanalytischen Interpretation an, die nichts erstarren ließ. Man kann ihn dennoch wortwörtlich lesen und die Aufmerksamkeit auf seine Schreibweise richten: Sie ex-istiert nicht, *die*

Frau. Ich habe bereits gesagt, wie die Tatsache zu verstehen ist, dass für sie, die *eine* von jeder einzelnen ist, ein bestimmter Artikel nicht anwendbar ist. Daran fügt sich, dass sie »nicht außerhalb von« ist, im Gegensatz zu *dem* Mann mit heterosexueller Bestimmung ist sie immer irgendwie, im Weiblichen, das sie frühzeitig einsperrte, sie nie loslassen wird und sie zwingt, sich damit zu arrangieren, wird sie schließlich sich mehr oder weniger darin investieren. Sie entfaltet ihr Leben auf einem fragilen Bergkamm und vermeidet so gut wie möglich, in den Abgrund der beiden Inzeste, einer wie der andere instabil, zu stürzen: jener wieder verschlingende mit ihrer Mutter und jener attraktive, aber verbotene mit ihrem Vater.

Durch die Beschreibung des so vorgezeichneten sexuellen Lebens des Mädchens kann man besser verstehen, was Freud meinte, als er verkündete, dass »unter der Leitung eines geschickten Verführers es an allen Perversionen Geschmack finden (wird)«. All das erlaubt, den Orgasmus zu verstehen, der sich nicht in Worte fassen lässt[28], sich nicht symbolisieren lässt, beim einen wie beim anderen Geschlecht. Wenn er für den Mann kurz ist und schwer verlängerbar, so schützt ihn das vor seiner Kastrationsangst, aber ihr, die ihn viel intensiver und viel öfter empfinden kann, verleiht er die wiederholende Sicherheit, wenn sie ihn erreicht, dass sie sie selbst ist und nicht ihre Mutter. Was angesichts ihrer Geschichte und der Erlaubnis zu sein (die ihr das ödipale Abenteuer verliehen hat) dazu führt, dass sie den Orgasmus nicht empfindet und zu dessen Hemmung Ängste entwickelt, die sie konstruiert[29], bis sie ihn schließlich vielleicht doch mehr oder weniger kühn akzeptiert, ja um sogar in einen nie befriedigenden[30] Wiederholungszwang zu verfallen.

Man versteht nun, dass ich Vorbehalte gegenüber dem ausdrücken wollte, was uns die klinische Sexologie lehren will. Die genitale Aktivität einer Frau und die beachtliche

Palette ihrer Gestik, in der sich diese Aktivität entfalten kann, ist so sehr in ihrer archaischen Vergangenheit verwurzelt, dass es aussichtslos ist, noch weniger für *den* Mann, auch nur eine minimale Norm beschreiben zu wollen. Noch weniger erstaunlich ist es festzustellen, dass eine Frau, die immer in ihrem ehelichen Leben zurückhaltend ist, sich in einer außerehelichen Beziehung, die vorübergehend oder von Dauer sein kann, manchmal mit unvergesslicher Kühnheit selbst enthüllt.

Ich habe übrigens die gleichen Vorbehalte dem gegenüber, was mir als ideologische phallische Anklage erscheint, die für die regelmäßig konstatierte Dissymmetrie beim Erlangen des Orgasmus beider Partner während eines Koitus allein verantwortlich sein soll. Ich gehe sogar so weit hinzuzufügen, dass diese Dissymmetrie durch den Eintritt einer Frau in die phallische Ideologie vollständig ausgelöscht wird, allerdings unter der Bedingung, dass in ihrer Geschichte der Phallus durch ihre Mutter, die ihn ihrem Vater gewährt, nicht allein beansprucht wurde. Von da her leitet sich das Interesse ab, das der Mann hat, zu seinem Genießen zu kommen; dies garantiert ihm, dass sie bereit ist, ihm den Phallus zu verleihen, und dass sie ihn nicht für sich selbst beansprucht.

Die Beziehung im Herzen der Ehe

Da die eheliche Beziehung durch eine Rückkehr zum Mutter-Szenario immer mehr oder weniger parasitär ist[31], wäre es für diese Frau wirklich gut, wenn sie ein Mittel fände, diese Beziehung im Alltag zu managen und sie mit ihrem Partner zu gestalten. Wenn dieser sie an ihre Mutter erinnert und sie ihn nach diesen Kriterien ausgesucht hat, ist er nicht weniger mit einem Penis ausgestattet als jener Vater, mit dem sie sich einst verbünden wollte.

Die soziale Unterstützung, die die Kulturen bis in jüngste Zeit dem männlichen Teil in der Ehe anbieten, lud die Frauen mehr oder weniger ein, diesen Mann zwischen die Angst vor der Rückkehr ihrer Mütter und sich selbst zu stellen. Er übernimmt die Vermittlerrolle ihres Vaters. Dieses Inkrafttreten des Gesetzes der Art bietet bei jedem Paar formal jeder Frau eine Art Schutz – »ein Ehemann ist in der Position, das Gesetz einzuhalten, ein Liebhaber, um es zu übertreten.« Dies verhindert offenbar nicht, auf den Partner den nicht gelösten Konflikt mit der Mutter zu projizieren – wodurch der Partner übrigens veranlasst wird, auf eigene Rechnung zu handeln.

Durch die häufigen alltäglichen kleinen Konfrontationen zu jedem Anlass, manchmal wegen eines Nein oder Ja, ohne dass dabei ganz die jeweiligen Ängste überwunden werden, kann jeder einzelne testen, wie weit ihn sein Partner gegen die eventuelle Rückkehr seiner Geschichte schützen kann. Die Freude an der Versöhnung nach diesen häuslichen Szenen als mögliche Entwicklung der sexuellen Beziehung bringt die komplexen Hindernisse an die Oberfläche, die dem Konflikt zu Grunde liegen. Aber jeder überwundene Konflikt vergrößert den Abstand zur Vorstellung des Jugendlichen von Liebe, verleiht ihr ihre viel fröhlichere Erwachsenendimension und stärkt so die gemeinsame Bindung. Die Fortschritte in dieser Hinsicht spielen sich nicht innerhalb eines einzelnen Lebens ab, sondern im Laufe von Generationen. Als man antike Brücken und dann Kathedralen baute, war der Mensch noch in eine Perspektive der Ewigkeit eingeschrieben. Heute ist das nicht mehr so, weil man Brücken oft nur eine Lebensdauer von 160 Jahren voraussagt!

Heißt das, dass es immer so war und die Ehefrauen sich leicht an das Gesetz gewöhnten und ihm ganz die Beziehung zu ihren Müttern opferten, indem sie ihren Ehemann zwischen sich stellten? Dies geschah und geschieht übrigens immer noch, wenn auch selten. Diese Frauen erkennt man an ihrer recht einzigartigen Charakteristik: Sie sind in der Tat heiter und außergewöhnlich, haben nicht mehr Angst um ihre Kinder als vor ihnen. Andere wiederum entschieden sich bewusst für einen gewissen ehelichen Frieden. Sie entwickelten eine Strategie, mit der sie die Distanz besser ertragen, die durch die Anforderungen ihrer Partner zwischen ihren Müttern und ihnen selbst entsteht. Je nach psychischer Disposition und durch den Mechanismus der Verschiebung kultivieren sie etwa die Erinnerung an einen Verstorbenen, der ihnen sehr teuer war und um den sie nicht trauern können, oder auch die Erinnerung an eine unerwiderte Liebe, von der sie sich nie erholt haben, auch wenn sie es noch so sehr wollten.

Töchter müssen als ihre Mission das vollenden, was unvollendet geblieben ist, weil die Mütter nicht die Möglichkeit oder den Mut hatten, die Mission zu erfüllen, die ihre Großmütter ihren Müttern anvertraut haben, welche wiederum usw., und das unendlich über die Generationen hinweg. *Für jede Generation war das Eingreifen der Männer, durch das die Frauen mehr oder weniger erfolgreich zur Homosexualität gebracht werden, mehr oder weniger verantwortlich für das Scheitern der Mission, die seit Menschengedenken* – womit ihr Ewigkeit anhaftet – *den Töchtern durch die Müttern anvertraut wird. Daraus sind Väter für Kinder entstanden, wobei für die Kinder, seien sie bitter enttäuscht oder auflehnend, dieses zu Mütterliche ausgespart wurde,*[32] *»das auf die Ausgrenzung der Vaterfigur und die Verwendung des Kindes als narzisstische Ergänzung abzielt (…). Wenn (in der Tat)*[33] *in einer perversen Beziehung das Kind als erotischer Partner für die Mutter fungiert, dann ist seine künftige Sexualität im Erwachsenenalter bedroht. Eine Mutter, die sich (im Sinne der Vervollständigung) mit ihrem Kind vervollständigt, anstatt sich (im Sinne der gegenseitigen Ergänzung) mit ihrem Liebespartner zu* *komplettieren, bedroht die identitäre oder sexuelle Integrität ihres Kindes.«*

Durch die Umsetzung des demokratischen Ideals bei Paaren und die definitive Abschaffung der Rolle des Vaters innerhalb der Elternschaft sollte die ehemalige Rollenverteilung grundsätzlich verändert werden. Das ist gelungen! Aber zu welchem Preis und mit welchem Schaden! Jeder der beiden Partner findet sich plötzlich buchstäblich in einem entscheidenden und schrecklichen Streit mit seiner oder ihrer Mutter – und erst recht seit die Institution Ehe hinterfragt wird. Davon bleibt der Phallus, ergeben und gefügig in Bezug auf sein Unwissen, unbeeinträchtigt, und das umso mehr – hier kommt die hohe Lebenserwartung ins Spiel –, als die Mütter nicht aufhören, sich in den Alltag ihrer Kinder einzumischen. Dadurch wird die sexuelle Beziehung weitgehend verändert. Sie wird bald als enttäuschend erlebt und trotzdem als ein unverjährbares Recht auf Befriedigung empfunden, und sie eröffnet den Weg in den Abgrund einer Übertretung, die zur Norm geworden ist und außerhalb derer es kein Wohl gibt.

Man empfindet ein Unbehagen, das in hohem Maß die Beziehung zwischen den Männern und Frauen beeinträchtigt.

Die Männer beschäftigten sich in der Folge damit, neue Anknüpfungspunkte zu suchen. Sie versuchten sich darin, moderne Väter zu sein, später »neue Väter« mit jenem prätentiösen Image, das schon den »neuen Philosophen« anhaftete – nur das durfte zitiert werden, was als »neu« galt: Stil, Verhalten, Politik usw. Es folgten die »Gluckhennen-Väter« *(pères-poules)* und schließlich habe ich – aus einem gewissen Spaß heraus – auch den Begriff der »Verlorenen-Väter« *(pères-dus)*[34] geprägt! Sie sind immer noch nicht aus ihrer Sackgasse heraus und noch gar nicht bereit, aus ihr herauszukommen. Sie wurden zu sogenannten Kollateralschäden eines Fehlers der Diagnose, über den man nie genug spricht. Sie wurden in ihrer Individualität verunsichert während des langen Prozesses, den man dem Patriarchat machte, diesen »kleinen Vätern des Volkes« wie Mussolini, Hitler, Lenin, Stalin und Mao, die die anerkannte, weil notwendige Autorität bis zur Selbstherrlichkeit vorantrieben. Aber was waren denn all diese kleinen Väter, wenn nicht der Phallus ihrer allmächtigen Mütter, die sie mehr und schlechter als andere von ihren jeweiligen Vätern fernhielten, welche wiederum sie überzeugen konnten, dass alles von ihnen stammt und sich nichts ihnen widersetzen darf. *So bleibt heute den Vätern nur noch das übrig, was sie ohnehin tun: mit den Müttern in Konkurrenz zu treten und zu versuchen, ihre Kinder zu verführen, indem sie übrigens die Demagogie unserer klassischen Politik imitieren, die den Ton angibt.*

Diese hier in Kürze dargestellte Geschichte, die da und dort immer wieder aufgegriffen wird, ist an sich nicht sehr interessant. Denn die Frauen, die sich durch vielfache, außerordentlich irreführende Aktionen geschmeichelt fühlen, befinden sich nicht im gleichen Boot mit ihren Partnern. Indem sie immer mehr Rechte und Anerkennung erhielten, damit sie ihre alltägliche Wirklichkeit abwechslungsreich gestalten konnten, handelten sie sich gleichzeitig viele Unannehmlichkeiten von beträchtlicher Tragweite ein, wie Alleinerzieherin zu sein, Vervielfachung der Aufgaben und Einsamkeit!

Die Frauen sind alles in allem ihrer mütterlichen Abstammungslinie ausgeliefert, und zwar durch die Männer, die kaum besser davor geschützt sind, die aber glaubten, sich in der neuen Beziehung rasch aus der Affäre ziehen zu können, indem sie sich gleich einmal in die zügellose Sexualität gestürzt haben, die ihnen in der Konsumgesellschaft angeboten wird.

Warum sollten die Zeiten der Adoleszenz aufhören?

Warum sollte das Erwachsensein auf den Plan treten,

wenn alles andere dagegen arbeitet? Weil etwa die klinische Sexologie auf der inhärenten Dissymmetrie der sexuellen Beziehung besteht?

Wie falsch! Was für ein Irrtum! Welche Illusion!

Eine Regel gegen die Ratschläge von anderen

Paare in der Klemme

Eheliche Untreue wird gemeinhin eher mit der sexuellen Unzufriedenheit der betroffenen Person in Zusammenhang gebracht, insofern wird ihr sogar viel Verständnis wie Milde entgegengebracht. Liebende profitierten meistens von einer gewissen Sympathie, außer in bestimmten Ländern, die für ihre Fortschrittsfeindlichkeit und gewalttätigen Sanktionen, die dort immer noch herrschen, bekannt sind. Die Liebe, die die Liebenden offenbar dazu treibt, ihrer bestehenden Beziehung zuwiderzuhandeln, ist viel zu kostbar, als dass man es wagen könnte, über sie zu urteilen. Jeder einzelne wird von dem Mysterium, das sie auslöst, in den Bann gezogen, und keiner sollte behaupten, über sie Bescheid zu wissen, sie beherrschen oder reglementieren zu können. Liebe lässt sich nicht verordnen und weder ihre Launen noch ihr Verlauf sind absehbar. König Pausolos sprach die Frau einer seiner Gefolgsleute frei, als dieser sich bei ihm beklagt hatte, sie habe ihn ja betrogen.[1] Dessen Protest gegen das Urteil lautete: »Aber sie hat mir doch versprochen, mich ihr ganzes Leben lang zu lieben!« Pausolos erwiderte darauf: »Sie hätte dir auch genauso gut versprechen können, nicht vor dir zu sterben! Was würdest du tun, wenn sie vor ihrer Zeit gestorben wäre?«

Die Liebe entfaltet sich immer mit Maßlosigkeit, sie überwindet spielerisch Grenzen und sie bewirkt, dass sich Menschen von Grund auf verändern; aber die so wunderbar genussreiche und belebende Liebe kann auch töten. Und das offenbar immer öfter, wenn man sich die Krise vor Augen führt, die heute die Institution Ehe erfährt, weil es, so wurde implizit eingeräumt, keine sexuelle Zufriedenheit mehr gibt, die immer als die Bedingung der Ehe, ja als ihr Beweis galt. Wenn Liebende sich nicht mehr damit abfinden und nach einer anderen Lösung suchen, sollte man das nicht begrüßen und ihnen mit Sympathie begegnen? Und wer könnte etwas dagegen haben, wenn er selbst diese Angst vor dem Tod verspürte, wenn er wüsste, wie sehr er durch Liebesmangel auf seine eigene Gewöhnlichkeit zurückgeworfen wird, um in Bedürftigkeit und Traurigkeit zu versinken!

Wenn man über diesen Plan zum Thema Ehe nachdenkt, in denen die Liebe nicht einmal einen richtigen Platz hat, dann fragt man sich, welche Grausamkeit wohl den Sämann des Unglücks geritten hatte, als er meinte, er könne sich die Paare nach seinem eigenen Gutdünken fabrizieren, ohne ihr Bestreben mit einzubeziehen, das ganze Leben zusammenbleiben zu wollen. Von welchen Illusionen ließ er sich leiten! Wie konnte er glauben, dass in diesen Produkten auch nur das geringste Einverständnis in körperlicher oder affektiver Hinsicht möglich sein würde? Vielleicht war es gleichgültig und er maß diesem Faktor keine besondere Bedeutung bei. Lag nicht darin der Grund, dass er diese Zwangsmaßnahmen einsetzte, dem entsprechend er sein entsetzliches Unternehmen gestaltete? Es stimmt, die Ehe hat mit ihrer sehr eng gefassten Definition noch nie übereingestimmt. Abgeschreckt durch mögliche Folgeerscheinungen wie Scheidung und Ehebruch teilen die Partner in arrangierten Ehen ihr ganzes Leben lang das gleiche Joch. Man wird man sich fast fragen müssen, was sich wohl von dem Alptraum in uns festgeschrieben hat, den unsere Ahnen leben mussten und der so unglaublich ungerecht verteilt wurde. Ist unser heutiges Geschick nicht durch die Folgen dieses Leidens verschuldet, von dem wir bei unseren Ahnen ausgehen können? Und das, obwohl wir uns des Glücks bewusst sind, dass wir in einer Epoche leben, in der der Geist endlich frei ist!

Diese Zeiten liegen glücklicherweise lange hinter uns, sodass sich unser Horizont ausreichend erweitern konnte und uns Perspektiven anbietet, die leichter zu fassen zu sein scheinen! Die Liebe ist kein Privileg mehr für einzelne Auserwählte. Die Liebe ist nicht mehr die Trost spendende Fantasie für die, denen verboten wurde, sie auszuleben. Die Liebe ist kein unerreichbarer Traum mehr. Die Liebe hat volles Stadtrecht. Die Liebe lässt sich nicht mehr stören. Jeder kann sie empfangen und erreichen, gerade wie man sie versteht – und das bis zu den Kindergartenkindern, die sich mit ihr beschäftigen und, unter dem gerührten Blick der Eltern, offen über sie sprechen! Heutzutage braucht niemand mehr zu befürchten, zur Wahl seines Partners gedrängt, ja gezwungen zu werden. Die Entscheidungsfreiheit, die man heute hat, nährt sogar die Hoffnung, dass sie ewig ist. Einzig geleitet durch sie, lässt man sich ohne zu zögern auf sie ein und ist sich sicher, den richtigen Hafen anzupeilen. Das Vertrauen auf den eigenen Geschmack und die eigenen Absichten verleiht einem nicht nur respektvolle Würde, sondern erweckt auch die Hoffnung, volle Zufriedenheit in … seiner sexuellen Beziehung zu garantieren, wodurch die Liebe gestärkt wird, welche wiederum die Zufriedenheit wachsen lässt, die wiederum … Der berauschende Strudel, der sich dabei abzeichnet, scheint unaufhaltbar zu sein und stellt das Liebesabenteuer unter den allerbesten Stern.

Aber warum brauchte es im Laufe der Geschichte wirklich nur so wenig Zeit, bis sich die schließlich abzeichnende viel versprechende Perspektive so rasch als Enttäuschung entpuppte? Ihr jämmerlicher Untergang mit den dazu gehörigen Hoffnungen endete mit dem Auftauchen neuer Fragen im Zusammenhang mit Begriffen wie Besitz, Lust, Fantasien, Genuss, Gabe, Wirklichkeit, Austausch, die zur Liebe gehören und seit jeher so unlösbar miteinander vermischt sind, dass niemand je daran gedacht hat, eines Tages auch nur irgendeine Ordnung in sie hineinzubringen.

Wie kann man eine Frau oder einen Mann lieben und gleichzeitig eine andere oder einen anderen begehren? Wie kann man sein eigenes ehebrecherisches Verhalten rechtfertigen und gleichzeitig unter dem unermüdlichen Interesse von Seiten seines Partners oder seiner Partnerin leiden? Wie kommt es, dass die intensive Lust, die mit dem anderen erlebt oder durch ihn vermittelt wird, davon abhängt, welcher Raum ihr im Alltag, in einem Lebensprojekt wie der Ehe oder ganz einfach unter ganz bestimmten Umständen gewährt oder eingeräumt wird? Wo sind vor allem Erlaubnis, Schweigen, Unterlassen, Übergang, Vereinbarung, Verfälschung, Dauer oder Verbot zu lokalisieren, damit es zu solchen frappanten Wirkungen kommt? Wie und weshalb erträgt man oder auch nicht, dass ein Partner unloyal wird und weggeht, oder auch nicht, um anderswo weiterzuleben? *Warum hat man versagt? Warum leidet man? Warum ist man danach erleichtert? Warum, selbst wenn man überzeugt war, wachsam gewesen zu sein, zu allem bereit und mit allen Möglichkeiten ausgestattet, sein Leben so zu führen, wie es erwartet wurde: Warum ist einem jetzt alles derartig unklar?*

Freud hatte sich auf diesem überstrapazierten und mit Mystifizierungen besetzten Terrain dieses übergroßen und schmerzhaften Gefühls des Erstaunens angenommen und dazu gemeint, alles sei sexuell. Wir nehmen heute seine Diagnose wörtlich. Er erkannte nicht, dass *das besagte Sexuelle der Lebenstrieb ist.* Er verwechselte es mit dem Geschlecht. Er glaubte, alle Probleme gleichzeitig lösen zu können, indem er die Keuschheit beseitigte, die Hemmung und die Zensur hochhielt und die größtmögliche Freiheit rühmte, um die sexuelle Beziehung und die dabei erwartete Befriedigung als konstitutiv für die Paarbildung zu sehen. Niemand lässt sich täuschen: Das weiße Kleid und die Orangenblüten der jungen Braut haben heute nur noch rein ästhetische Bedeutung, die noch vage an die Tradition erinnert.

Warum sollten sie denn eine andere haben, wenn man doch weiß, dass seit jeher der Bräutigam es nicht versäumt, es sich – wie man so schön sagt – »gut gehen zu lassen«? Könnte die Braut dagegen das Gleiche tun, wäre dann eine legitime Symmetrie als Ergebnis eines Kampfes auf höchster Ebene sichtbar? Heirat oder nicht, die Paare, die sich formieren und gemeinsam niederlassen, haben im Allgemeinen eine Anlaufzeit hinter sich, in der sie notwendigerweise herausfinden, ob sie einander zufriedenstellen können. Und da *erhebt sich die Frage, warum die Prinzessin sofort ihre Attraktivität verliert und der charmante Prinz von seinem Streitross fällt, und zwar so, dass sogar im Bett – vor allem hier, wie man sagt – nichts mehr geht. Die Verschlechterung der sexuellen Beziehung, zu der es unter diesen Umständen unweigerlich kommt, ist der Grund für das Unbehagen, das die Paare oder besser die Paare in weiterer Folge befällt.* In der Tat kann man nichts *im Vorhinein* entscheiden.

Es handelt sich hier nicht um eine belangslose Frage, denn es ist klar, dass die Paarbeziehung wichtig ist und mit Recht in sie investiert wird, dass sie lange erwartet, erträumt und über sie immer fantasiert wird und dass in ihr sexuelle Befriedigung erlebt wird – wie immer sie sich entwickelt, weil es dafür entsprechende Organe gibt. Man weiß indessen, dass selbst bei Personen, die sich ganz bewusst und auf Grund gegenseitiger Anziehung füreinander entschieden haben, die Beziehung – wenn sie es nicht schon ist – zuweilen unbefriedigender wird, als man es erwarten würde. Freud, der es persönlich relativ früh aufgab, sich weiter damit zu beschäftigen, betonte die natürliche Fragilität von Beziehungen und erinnerte an die unvermeidliche Abnutzung im Laufe der Zeit, für die er allerdings keine Erklärung abgab.[2] Das illustriert Roger Vailland[3] sehr erfrischend, wenn er schreibt, es falle ihm »sicherlich leichter, mit hundert Frauen zu schlafen als hundert Mal mit einer einzigen«.

Aber muss man die Dinge so hinnehmen und diesen Fatalismus akzeptieren und ihn auch noch bestätigen, oder sollte man nicht vielmehr diese Einstellung selbst hinterfragen? Ich jedenfalls kann mir diese Einstellung nur durch eine notdürftige Bezugnahme auf andere Beispiele aus anderen Epochen erklären. Galt das Opium damals nicht als »Schlafmittel« schlechthin, und musste die Natur nicht für alle Zeiten einen *Horror vacui* haben? Die Naturwissenschaften haben es glücklicherweise nicht verabsäumt, solche Albernheiten anzuprangern. Und es gelang ihnen, bis dahin unverständliche Phänomene mit Erklärungen auszustatten, die immer wieder verfeinert wurden. *Im Namen welcher ernsthaften Beweisführung sollte man, wie dies geschieht, im Vorhinein alle künftigen Paarbeziehungen, in welchem Kontext sie auch immer stehen, zum Scheitern verurteilen?* Im Namen der zynischen Absichten einiger mehr oder weniger talentierter Angeber? Im Namen einer schlecht verdauten Romantik? Im Namen einer Ideologie des Misserfolgs? Im Namen des Experiments, das den perversen Diskurs geschickt anwendet? Im Namen der allgemeinen Meinung? Oder vielmehr im Namen von Meinungsumfragen und Statistiken?

Wie wunderbar sind doch Statistiken! Wie wunderbar, wenn die Zustimmung zum siegreichen Individualismus eindeutig aufzeigt, dass Menschen in ihrem Gefühlsleben nicht auf eine Norm zu reduzieren sind, auch wenn man sich bewusst anstrengt, das Besondere der Geschichten, in denen sie eingeschrieben sind, zu ignorieren! Das würde wieder einmal darauf hinauslaufen, beispielsweise alle Frauen einzusperren und zu leugnen, dass jede von ihnen einzigartig ist, sich als solche wahrnimmt und auf ihrer Einzigartigkeit besteht. Darf man dann nicht auch die Männer vereinheitlichen und sie alle zusammensperren, was Lacan erlaubt hätte, von *dem* Mann *(L'homme)* zu sprechen? Das wäre schon wieder falsch! Denn es kann keinen Mann geben, ohne dass es eine Frau gab oder gibt! Jeder Mann kommt durch eine Frau auf die Welt. Und wenn man sich der Bedeutung bewusst ist, die sie als ihn Gebärende für ihn hat[4], dann kann man nicht mehr so tun und ihn, aber auch sie nicht, auf ein eindeutiges und auswechselbares statistisches Sample zu reduzieren.

Muss man daher in der allgemeinen Verwirrung, die zur Zeit die Reflexion bestimmt, wieder einmal den Hang zum Fatalismus sehen, den ich als Ausdruck mürrischer Resignation anprangere und der unsere Epoche beherrscht, oder ist es eher Ausdruck von Verzweiflung oder einer gewissen Trägheit? Keiner dieser Faktoren ist zu vernachlässigen. Aber es ist nicht unmöglich, hier einen gewissen Umstand zu erkennen, der seinen Grund im Entwicklungsverlauf unserer Gesellschaft hat und der diese weitgehend, aber vor allem bewusst verdeckt manipuliert hat.

Tatsächlich hat die Ehe durch diese Manipulation eben die Richtung genommen, die wir in jüngster Zeit feststellen. Kein Paar besteht mehr darauf, gegen das Recht auf eine befreite Sexualität und eine diachronische Polygamie aufzutreten. Die Partner, mit der leicht betrübten Sympathie ihrer Umgebung im Hintergrund, richten sich mehr oder weniger rasch als Single ein. Und zu Gunsten der ökonomischen Maschinerie wird alles doppelt konsumiert, von der Wohnung – eine von zwei Wohnungen in Paris wird von einem Single bewohnt – bis zum Auto über Fernseher, Waschmaschine, Kühlschrank usw. *Man konsumiert doppelt, noch dazu, wenn man die Kompensationen in Betracht zieht! Dadurch werden natürlich nicht die Ursachen gelöst, denn sie gelten als integrativer und unvermeidlicher Bestandteil des Abenteuers Leben!*

Lösung(en)

Auf die Frage, ob eine Verschlechterung der sexuellen Beziehung die Ursache oder die Folge des Unbehagens zwischen den Paaren ist, gibt die klinische Sexualwissenschaft als medizinische Disziplin eine eindeutige Antwort. Für sie liegt die Ursache für alles in den sexuellen Problemen. Deshalb macht sie diese dafür verantwortlich und führt relativ vereinfachend als Grund die dynamische Asymmetrie der Sexualorgane an. Die Erregungsphase verlaufe beim Mann objektiv gesehen immer rascher als bei der Frau, kurz, die männliche Lust, die rasch und nicht verlängerbar den Höhepunkt erreicht, sei von einer geringeren Intensität als die weibliche Lust, die langsam, aber umfassend und vor allem leicht verlängerbar den Höhepunkt erreicht. Das reiche aus, um dazu zu führen, dass er müde werde, auf ihren Höhepunkt zu warten, und sie noch rascher verzweifle, weil sie regelmäßig enttäuscht werde!

Um den Betroffenen zu helfen, die sich einer solchen Beratung anvertrauen, wird der Sachverhalt ausgehend von diesem vorläufigen Ansatz analysiert. Mit großer, der Bandbreite menschlicher Beziehungen gebührenden Vorsicht werden allgemeine Ratschläge für Behandlungen nach Art der Verhaltenstherapeuten gegeben. Diese erscheinen regelmäßig im amerikanischen Fernsehen und sind von sehr hehren Absichten geleitet, indem beispielsweise den Frauen erklärt wird, dass Fellatio, Cunnilingus oder Sodomie zum Liebesakt durchaus dazugehören können; unter Anleitung wie bei einem Kochkurs wird gezeigt, wie man sich hingibt und gleichzeitig die dabei möglicherweise empfundene Abneigung überwindet. Das lässt beinahe den Schluss zu, dass das beabsichtigte Ziel zunächst und vor allem darin besteht, die Hemmung der Frauen gegenüber ihrer eigenen Sexualität zu verstärken und sich der männlichen sexuellen Dynamik anzupassen. Diese Symptombehandlung kann manchmal eine

Zeit lang hilfreich sein, und sei es auch nur durch die Fantasien, die durch diese Behandlung wiederbelebt werden. Sie erweist sich dennoch als enttäuschend und führt letztlich zu immer häufigeren Rückschlägen. Daran ist nichts Erstaunliches, denn sie behebt den Grund des Problems nicht, weil dieser nämlich ganz woanders liegt. Es ist wie mit schmerzstillenden Mitteln, die unbestritten ihre Nützlichkeit haben, weil sie die Schmerzempfindung unterdrücken. Aber wenn die Ursache des Problems nicht behandelt wird, werden die Schmerzen wiederkommen, sobald die Wirkung des Medikaments nachlässt. Und das geht so immer weiter.

Eine andere Annäherung[5] an diese objektiv betrachtete Situation geht an das Problem auf umgekehrte Weise heran. Sie erinnert an asiatische Kulturen, die sich seit Jahrhunderten mit diesen Problemen sehr umfassend beschäftigen. Die taoistischen Praktiken des Koitus zielen vor allem auf eine Vermeidung des Energieverlusts beim Mann ab – indem die Männer dazu angehalten werden, nicht zu ejakulieren – und führen, ohne es im Grunde zu beabsichtigen, tatsächlich dazu, den Frauen die Zeit zu gewähren, die sie brauchen, um ihre wahre Lust auszuleben. Dieser neue, vor allem asymmetrische Ansatz bleibt – ungeachtet der Schwierigkeit, dies in einem anderen kulturellen Kontext, der in keiner Weise dafür vorbereitet ist, umzusetzen, weil er überhaupt nicht auf die weibliche Sexualität eingeht –, in jedem Fall eine Symptombehandlung, die den Grund des Problems ganz und gar nicht löst.

Denn der Grund dieses Problems hat nichts mit den Organen und ihrer vermeintlichen Physiologie zu tun. *Sex vollzieht sich oder praktiziert sich nicht im oder durch das Geschlecht.* Die sexuelle Lust entsteht nicht in mehr oder weniger korrekt funktionierenden Sexualorganen im Dienste der Erreichung des Höhepunkts; sie hängt nicht von anatomischen Eigenschaften ab; sie geht nicht einmal aus ihnen hervor.[6] *Sex spielt sich im Kopf ab! Sex ist das Ergebnis vie-*

ler Faktoren – darunter der Liebe –, die in der Psyche akkumulieren und die immer wieder auftauchen und Gestalt annehmen, man weiß nie wie, eben genau dann, wenn man ihn praktiziert. Sex ist die Begegnung mit einem versteckten, ignorierten, äußerst ungreifbaren Teil des Selbst, den ein Partner für sich aufdecken kann oder nicht, mit allen Nuancen zwischen den beiden Extremen. Sex ist eine komplexe, subtile und noch nicht vollständig entzifferte Chemie, die aber im Gehirn beobachtbar ist[7]*, die besagtes Gehirn eng mit den Sexualorganen verbindet, welche von ihm Informationen und Anweisungen erhalten.*

Heißt das nun, dass niemand etwas darüber weiß und es nur diesen Imperativen zu folgen gilt und dessen Folgen in der Praxis nur erduldet werden müssen?

Ja und nein.

Ja, wenn es sich um ungeschliffene, minderbegabte Personen handelt – mit einem schwachen Über-Ich, würden die Psychoanalytiker sagen – oder wenn es um pathologisch geisteskranke Menschen geht (in verschiedenen Ländern wird eine chemische Kastration bei Pädophilen empfohlen, wenn diese ihre Triebe nicht unterdrücken können).

Nein, bei den meisten von uns und noch weniger bei Personen, die sehr dazu neigen, in sich zu gehen oder ihrem Seelenzustand mit erhöhter Aufmerksamkeit zu begegnen. Solche Menschen haben bereits sehr früh bestimmte Emotionen bei sich wahrgenommen, die sie erkennen, differenzieren, in Worte fassen können, auch wenn sie sie nicht immer einteilen können. Es fällt ihnen auch leicht, sich an ihre Ängste aus der Kindheit zu erinnern, aber auch an Zärtlichkeit, die sie erlebt oder empfangen haben, oder an Begegnungen, Momente der Freude, des Glücks, der Wut, der Traurigkeit. Sie erkannten, dass sie in gewisser Hinsicht Produkt einer gesamten Geschichte sind, auch wenn sie diese Geschichte nur im Rahmen ihrer eigenen Erlebnisse mit ihren Eltern betrachten. Dennoch können sie nicht immer zugeben, dass diese Geschichte sie geprägt hat. Für viele von ihnen sind die Erinnerungen nur Erinnerungen, über die sie manchmal sagen, dass sie ziemlich verspätet auftauchen. Und sie kommen nicht auf die Idee, dass eine Beziehung zwischen dieser Erinnerung und ihrer Lebensart existiert. Schützen sie sich, wollen sie über ihre Gefühle nichts wissen oder befürchten sie, von ihnen überwältigt zu werden? Diese drei Möglichkeiten sind nur wenige von vielen.

Wenn ich mich bei diesen ebenso verschiedenartigen wie unbedeutenden Punkten aufhalte, dann um auf jenen Platz hinzuweisen – der bedeutend ist, selbst wenn er nicht fassbar ist –, den jeder, ob man das nun zugibt oder nicht, den Gefühlen zuspricht, die er oder sie als Kind gegenüber seinen oder ihren Eltern während der ödipalen Phase in der Kindheit hatte.

Die Psychoanalyse lehrt uns in diesem Zusammenhang, dass der kleine Junge seine Mutter leidenschaftlich liebt und in Rivalität zu seinem Vater steht und dass das kleine Mädchen seine Liebe zur Mutter mit jener Liebe austauschen muss, die es zum Vater entwickelt, um ihn zu erobern. Weiter oben wies ich auf die Bedeutung dieser Phase hin. Ich erinnere daran, dass für den kleinen Jungen ebenso wie für das kleine Mädchen diese Periode vor allem eine wesentlich strategische Bedeutung hat, um die panische Angst, die beide vor der Mutter weiterhin haben, zu dämpfen. Aber sie ist auch zunächst für den Jungen die Gelegenheit, eine rein heterosexuelle Beziehung intensiv zu leben, und für das Mädchen, sie auszuprobieren, ohne dass es ihr immer gelingt, sofern sie damit beschäftigt ist, ihren Liebes-*Pool* zu retten, indem sie sehr geschickt das verteidigt, was sie aufgibt, aus Furcht, sich demgegenüber zu verlieren, das sie anvisiert, ohne im Vorhinein sicher zu sein, dass sie es bekommen würde. Man weiß auch, wie immer die Szenarien waren oder welche Einflüsse eine Rolle gespielt haben, dass diese

Phase mit dem Eintritt in das sogenannte »Alter der Vernunft« endet, das man auch mit »Latenzzeit« bezeichnet, die bis zur Pubertät andauert und in der die Beschäftigung mit Liebe und Sexualität zu Gunsten des Drangs nach Wissen, nach Kontakt mit anderen und nach Sozialisierung vernachlässigt wird.

Diese Ruhe ist eines Tages abrupt zu Ende: Die bekannten Gedanken an Liebe und Sexualität, die »auf Eis gelegt« waren, treten wieder ganz in den Vordergrund. Und mit ihnen entsteht – mit einer Kraft, die sehr charakteristisch für dieses Alter ist – eine Hoffnung, die ganz auf den Körper in der Begegnung mit dem anderen fixiert ist, als ob diese Begegnung unbedingt sein müsste, um im Rahmen der ödipalen Strategie den Kampf gegen die Angst vor der Mutter wieder aufzunehmen. Denn es wäre undenkbar, sich erneut ganz allein im Kampf gegen sie zu finden. Natürlich hat man verinnerlicht, dass der alte Versuch, die Verbindung zur Mutter oder zum Vater fortzusetzen, unmöglich ist. Man schämte sich sogar dafür, sie erlebt zu haben und flüchtet vor einem eventuellen Rückfall, der manchmal durch das Verhalten der Eltern hervorgerufen wird. Aber ist das ein Grund, eine andere Begegnung nicht in Erwägung zu ziehen? Man geht in Warteposition und ist überzeugt, dass es sie geben wird. Es wird die wichtigste Begegnung sein, die Begegnung, bei der man weiß, dass man darf, die Begegnung, die dazu führt, dass man das Leben nicht anzweifelt, und durch die ein neues willkommen geheißen wird, unter dem Zeichen der Ewigkeit; andernfalls wäre es unbegreiflich.

Worin liegt eine solche Gewissheit begründet? Die verzögerte Wirkung der Märchen aus der Kindheit? Das Aufkommen versteckter und verdrängter Gefühle? Oder vielmehr die Rückkehr des bekannten Objekts a (gesprochen »klein a«), von dem ich am Anfang dieses Buches geredet habe, als Vertreter dessen, was ich als »Ruf« bezeichnete?

Warum nicht? Warum nicht alle drei Gründe zugleich, und warum nicht auch noch andere?

Aber es kommt nicht auf die Erklärungen an, auf die man eingehen oder die man sich anhören muss. Das Interessanteste bei diesem Phänomen ist das Phänomen selbst. Weil es ebenso bei den Jugendlichen auftaucht, die es sich manchmal gegenseitig anvertrauen, wie auch bei eher reservierten und ängstlichen Jugendlichen, die es kaum vor sich selbst zugeben können. Weil es nicht nur bei diesen Jugendlichen und Jugendlichen in einträchtigen und strukturierten Familien auftaucht, sondern genauso bei denen, die in einer nicht funktionierenden oder ein- oder mehrfach zusammengesetzten Familie aufwachsen, oder bei Alleinerziehenden, ja sogar bei denen, die in gar keiner Familie aufgewachsen sind!

Die Begegnung mit dem anderen Geschlecht richtet sich immer auf das andere Geschlecht in seiner radikalen Differenz, auch wenn die Begegnung in diesem Stadium nicht so sehr mit der Realität des Geschlechts befasst ist – wenn das heute auch immer weniger stimmt! Für den Jungen ist das Mädchen notwendigerweise ganz Mädchen; für das Mädchen ist der Junge ganz Junge. Keiner von beiden differenziert diese Wahrnehmung. Das Befremdliche bei dem Ganzen wird für beide sehr bald die Entdeckung der Differenzierungen sein. Man wird immer sagen können, dass die Wahrnehmung der radikalen Differenz der Geschlechter durch eine mehr oder weniger bewegte Annäherung an das Neue und Verbotene entstanden ist und dass eben die Abschwächung der Gefühle im Laufe der Zeit eine viel realistischere Sicht dessen auslöst, was sich abspielt. Aber nichts hindert daran zu denken, dass durch die Konfrontation mit dem Verbotenen ganz einfach die Spur des Gesetzes der Art reaktiviert wird, von der jeder einzelne ausnahmslos Träger ist. Eine Spur, die, außer für Perverse, nie aufgehört hat, jeden einzelnen zur Ordnung zu rufen, und die sich in allen Lebensphasen manifestiert.

Wie kann man sich das Schlummern der ödipalen Phase vorstellen, wenn das Gesetz und die Aktivierung seiner Spur nicht eingreifen würden? Man beobachtet in der Tat, dass dies, wenn diese Phase übermäßig lange anhält, nie wegen des Kindes ist, sondern wegen eines inzestuösen Verhaltens der Mutter gegenüber dem Sohn (wie es der Fall war für den kleinen Jungen, zu dem seine Mutter gesagt hatte: »Aber da ist dein Vater«) oder des Vaters gegenüber der Tochter, wenn man ihn zum Beispiel nicht ohne dummen Stolz sagen hört: »Diese hier behalte ich mir vor, kein Mann darf sie berühren!«

Immer wieder greift in der Adoleszenz das Gesetz ein. Es genügt zu beobachten, wie sich in diesem Alter der Körper entwickelt, damit man versteht, wie er wohl vor langer Zeit in der Entwicklungsgeschichte des Menschen war. Das Gesetz musste wahrscheinlich den Körper des Jugendlichen so formen, wie er heute noch ist, damit er seinem Befehl gehorchen konnte. Der Jugendliche hat einen schmalen Oberkörper, und seine sehr langen und muskulösen Gliedmaßen sind leicht, so als ob in diesem für ihn geschmiedeten Plan mitbedacht ist, dass er über Mittel verfügen muss, um möglichst schnell laufen zu können. Diese Mittel tun ihm gut und ermutigen ihn, seinen ursprünglichen Kokon zu verlassen und sich, trotz der Feindseligkeit seiner Umgebung und der zahllosen Gefahren, auf die Suche nach einer Partnerin zu machen.

Die vorpubertäre Fettleibigkeit beim jungen Mädchen, welche an den gleichen langen Gliedmaßen wie bei ihrem Komparsen gleichsam aufgepfropft scheint, hat den gleichen Zweck, nämlich um im Fall von Nahrungsmangel eine energetische Reserve in Hinsicht auf eine eventuelle Schwangerschaft zu bilden.

Nur weil es keine dunklen Wälder und wilden Tiere mehr gibt und heute jeder Jugendliche seine Clique, sein Taschengeld, seine Webcam und seinen Blog hat, hat sich nicht alles grundlegend verändert. Warum hat das Gesetz, das sichtbar das Verhalten des prähistorischen Jugendlichen bestimmt hat und in jedem von ihnen eingeschrieben war, heute aufgehört zu existieren?

Meine Hypothese von einer Spur des Gesetzes, die einfach nur reaktiviert werden möchte, scheint mir noch mehr in den Hintergrund zu treten, wenn man bedenkt, was in den letzten Jahren in Bezug auf das Inzestverbot bei zahlreichen Tierarten, von den Vögeln bis zu den Affen, geschrieben worden ist. Man kann sich durchaus vorstellen, dass der einzige Unterschied zwischen Tier und Mensch darin besteht, dass das Inzestverbot sich beim Menschen durch den Besitz der Sprache verdoppelt. Es stimmt, dass die Autoren, die sich mit dem Inzestverbot bei Tieren befassen, weniger seinen Ursprung als seinen Bezug zum Verhalten der Menschen erklären wollten – um es zuweilen zu hinterfragen oder seine Relevanz zu belächeln.[8]

Das Paradox dieser Parallelität kommt daher, dass eben die Sprache – die den Menschen als Menschen ausmacht und die, da sie mit Wörtern arbeitet, sie das Inzestverbot, das vielleicht in die Gene eingeschrieben ist, formulieren soll –, letztlich der Grund dafür sein wird, dass mit diesem Gesetz schlecht umgegangen wird und dass vor allem seine eigentliche Notwendigkeit ignoriert wird.

Die einzige Erklärung für dieses Paradox liegt darin, dass die Sprache, von der ursprünglich erwartet wurde, den Trieb in Worte zu fassen, zu übersetzen und zu kontrollieren, sich als unzureichend entpuppte und im Verlauf ihrer Strukturierung gleichzeitig Fallstricke schuf. Wenn es so war, wie es im Evangelium heißt, dass »am Anfang das Wort war«, wäre es zweifellos nicht zu diesem Konflikt gekommen und wir wären nicht dort, wo wir jetzt sind; zumal uns, unserer mit Sprache ausgestatteten Spezies, in dieser Hinsicht eine großartige Leistung gelungen ist: jeder Generation die Errungenschaften der vorangegangenen in Form eines Gedächtnisses und einer Geschichte zu vererben, und das zweifellos seit dem Auftreten von Kultur.

Seit damals musste sich alles so sehr verkompliziert haben, dass sich der Kampf zwischen den Geschlechtern radikalisierte, nicht mehr aufhörte und dabei mit dem Gesetz schlecht umgegangen wurde, bis es heute ernsthaft in Frage gestellt wird. Die zahlreichen Fälle, die ich dargelegt und analysiert habe, geben meiner Ansicht nach bereits eine Vorstellung von diesem Krieg und den besorgniserregenden Folgen, die er mit sich brachte, ohne dass wir es bemerkt hätten. Aber warum, so fragt man sich, sind diese Abschweifungen und derartigen Anhäufungen an Beweisen nötig?

Weil durch das Verschwinden der Spur des Gesetzes unserer Art, nämlich des ihm gegenüber eingeräumten Respekts und des vorgesehenen Umgangs mit ihm, mehr oder weniger große Schwierigkeiten in der Beziehung zwischen Männern und Frauen und in der Bestimmung, die sie ihren gemeinsamen Kindern zuschreiben, entstehen.

Kommen wir, um die Sachdienlichkeit dieser Behauptung zu prüfen, noch einmal auf die Frage zurück, was sich in der ödipalen Phase abspielt. Was bedeutet es, wenn die Mutter, wie oben dargelegt, zu ihrem Sohn das bekannte: »Aber da ist dein Vater!« sagt. Sie tut nichts anderes als zuzugeben, dass sie von seinem Begehren und von seiner Hoffnung auf Befriedigung geschmeichelt ist; gäbe es da nicht die physische Inkongruenz, wäre sie versucht, darauf einzugehen! Und was der Vater sagt, den ich im gleichen Absatz zitierte – wenn das nicht eine inzestuöse Fantasie ist und wenn er es eines Tages bedauern wird, dass er sie nicht befriedigt hat? Wie kann man darauf hoffen, dass die eigenen Kinder jemals aus diesen Mechanismen herauskommen, die sie in Gang gesetzt haben, um ihre Angst zu bekämpfen, wenn diese Angst sich als so diabolisch erweist? Man sieht sie dazu eher verurteilt, in ihrem späteren Leben Sklaven von Botschaften zu bleiben, die sie als universelle Wahrheiten angenommen haben: *Der Junge wird sich zum Beispiel nur mit unstetigen oder viel älteren Frauen abgeben können und das Mädchen kann nur mit alten Männern umgehen, ohne dabei notwendigerweise eine sexuelle Befriedigung zu finden.* Ohne es weder zu wissen noch anders handeln zu können, werden sie darüber hinaus nicht anders können, als mit ihren eigenen Kindern genauso umzugehen, wie ihre Eltern mit ihnen umgegangen sind. Die Kinder wiederum ihrerseits usw. *Denn die Erfahrung zeigt, dass die Verzerrungen, die das Gesetz berühren, sich nie spontan von selbst beheben, sondern sich über Generationen immer weiter verschlimmern.* Dadurch wird verständlich, dass ich Mutter und Vater – deren Verhalten ich als Verantwortliche, aber nicht als Schuldige ablehne, obwohl sie es sicherlich waren –, selbst als Opfer ihrer eigenen Geschichte betrachten kann. Ich habe dies alles lang und breit an anderer Stelle[9] analysiert und gezeigt, dass ein Vater mit einem inzestuösen Verhalten selbst der Sohn einer Mutter war, die ein solches Verhalten an den Tag legte, während dagegen, je stärker eine Mutter von dem Wunsch getrieben wird, dass es ihrem Kind »an nichts fehle« (*incestus* = dem es an nichts fehlt), desto unmittelbarer eine inzestuöse Disposition erzeugt.

Was sich zwischen Männern und Frauen bis hinein in die – und vor allem in sie hinein, muss ich hinzufügen – sexuellen Beziehungen abspielt, steht auch unter dem Zeichen des Gesetzes und kann Verzerrungen von besorgniserregender Tragweite mit sich bringen.

Um das zu verstehen, muss man auf das adoleszente Verhalten und auf die Absicht der Begegnung zurückgreifen, wie sie sich heutzutage abspielt. Jedes Geschlecht erwartet vom anderen Geschlecht, dass es vollkommen ist, ohne Differenzierungen: Die jungen Mädchen werden von den jungen Männern für vollständige Frauen gehalten, die jungen Männer wiederum von den Mädchen für vollständige Männer, genauso wie es durch das Inkrafttreten des Gesetzes sein sollte, bevor die Emotionalität und die Ambiguität der Gefühle durch die Entwicklung der Kulturen geschmiedet wurden und den Rest an Animalität, die das Geschlecht verlangt, vollkommen ausgelagert haben. Heute bewirkt das Engagement der jungen Mädchen und jungen Männer in der Beziehung und die Konfrontation mit der Realität, dass eine wahrhaftige Formatierung ihrer Sexualität an die Oberfläche kommt, eine Formatierung, von der man weiß, dass sie in der Beziehung zur Mutter während der Kindheit genauso gewirkt hat.

Deshalb findet sich *der* Mann eben in das Gesetz eingeschrieben, weil er nach dem Modell einer heterosexuellen Beziehung auf Grund der Angst vor der Kastration durch den Vater geformt worden ist. Nachdem er so die Grenze von »allem« kennengelernt hat – das Verhalten seiner Mutter hat bei ihm den Glauben hinterlassen, er könne dieses von ihr erwarten, entwickelt er einen »Mangel«. An dem Tag, da er sich nach dem Bild seiner Mutter eine Frau suchen wird, erwartet er von dieser Frau, dass sie ihm das gibt, was ihm von dem Ganzen, das er von seiner Mutter bekommen hat, »fehlt«. Wenn er nicht findet, was ihm »fehlt« – die sexuelle Befriedigung, so wichtig sie auch ist, ist nur ein Indiz für das Gesamte –, dann glaubt er, seine berechtigten Erwartungen in einer außerehelichen Beziehung bestätigen zu können, in der das Verbotene ein noch viel anziehenderes Flair erhält.

Das weibliche Schicksal ist grundlegend anders als das männliche. Das Mädchen, das in der gleichen ursprünglichen Beziehung zu seiner Mutter steht wie der Junge, wird in der Tat aus dieser Beziehung im Glauben herausgehen, mit seinem Vater eine genauso exklusive heterosexuelle Beziehung zu knüpfen, wie die, von der der Junge profitiert hat. Die Weise, wie die Veränderung ihrer Liebe von den Eltern und von dem Mädchen selbst erlebt werden, wird viel mehr als bei seinem Bruder seine persönliche Gleichung schreiben: Je nach Platz, den es in der psychischen Ökonomie seiner Eltern einnimmt, vor allem in der seiner Mutter, riskiert es, lange Zeit in die heterosexuelle Beziehung nicht zu investieren. In dieser Hinsicht verharrt es lange im Zögern, bleibt unschlüssig in seiner Reaktion, die es erahnt. In dem Maß, dass jede Frau, auf Grund der Spur, die sie von der mehr oder weniger stürmischen Beziehung, die sie mit ihrer Mutter in den ersten Lebensjahren hatte, und der Homosexualität, die sie sich erhalten hat, an das andere Geschlecht in einer nicht immer vollkommen heterosexuellen Weise herangeht. Wodurch sie, ob sie es zugibt oder nicht, sich dem Gesetz widersetzt, in eben der ihr eigenen Weise. Dieser Widerstand bremst die Dynamik ihrer sexuellen Aktivität ebenso wie ihr Investieren darin. Das ist, um auf die Therapien zurückzukommen, genau das Problem, das in den Sexualtherapien zu lösen ist. Dort versucht man, durch Empfehlungen und Übungen, die regelrecht verschrieben werden, den Frauen quasi zu erlauben, das Gesetz auszuprobieren, damit sie es vollständig integrieren. Die wachsende Beliebtheit der taoistischen Praxis des Koitus ist im Gegenzug dazu gedacht, die Männer zu veranlassen, den weiblichen Widerstand *(rétivité)* zu akzeptieren und sich ihm anzupassen. Die gegenwärtig wachsende Beliebtheit dieser Praktiken liegt nicht, wie man glauben könnte, in einer unterschwelligen Allianz mit dem Gesetz, sondern um beide Partner an ihr wirkliches sexuelles Potential heranzuführen. Denn wenn eine Frau im Gesetz ist oder darin eingetreten ist, hat sie keine längere sexuelle Erregungsphase als *der* Mann – weit gefehlt. Beide entwickeln sich im gleichen Rhythmus und sie kann beliebig viele Orgasmen haben, sogar mit einem Partner, der nichts von einem wilden Hengst hat und durch Abschwellen des Penis gestraft ist.

Anaïs Nin, eine »große Liebhaberin«, antwortete einem Journalisten auf die Frage, warum man behaupten könne, die Liebe sei etwas »Schmutziges«: »Wenn ich es mir genau überlege, stimmt das. Vor allem, wenn sie gut ist!«

Die Regel vorhersehen

Was auch immer man über sie weiß – es liegt nicht an der radikalen Differenz der beiden Geschlechter, bei der ich mich so lange aufgehalten habe, dass sich die Menschen entweder gar nicht verbinden oder ihre Beziehungen sich mehr oder weniger zugunsten von Kompromissen entwickeln, die ihnen im Rahmen ihrer jeweiligen Biografie gelungen sind oder nicht. Die Palette der Entwicklungsmöglichkeiten reicht von der Gewöhnung aneinander, von der beide profitieren, bis zur kränkenden Ablehnung. Gewöhnung ist das A und O für die Haltbarkeit einer Paarbeziehung, kränkende Ablehnung treibt ihren Bruch voran. Ehebruch des Mannes oder der Frau gründet oft in regressiver Neugier und ist manchmal integrativer Bestandteil einer kompromissbereiten Logik, wenn er verschwiegen wird und nicht in Betrug mündet.

Es ist klar, dass für die meisten von uns, ganz abgesehen vom jeweiligen Geschlecht, diese Interpretation ein unangenehmes Gefühl erzeugt: Das Gesetz der Art so kompromisslos und entschlossen als allgegenwärtig darzulegen, das unbarmherzig seinen Preis je nach Schwere des begangenen Verstoßes fordert, und zwar nicht unbedingt von den Personen, die ihn direkt begangen haben, aber zumindest von deren Nachkommenschaft. Unter seiner Kontrolle steht in erster Linie die ödipale Phase und betrifft ausnahmslos alle Beteiligten.

Ich akzeptiere natürlich den möglichen Vorwurf, immer das ödipale Muster in der Analyse aller Situationen zu begünstigen. Ist das so, weil ich kein anderes Erklärungsmuster habe, weil mir bestimmte Informationen fehlen oder weil es mir an Vorstellungskraft mangelt oder weil die

Geschichten, die mir in den Jahren meiner Praxis als Kinderarzt erzählt wurden, nur durch dieses Muster gelesen und gelöst werden konnten, weil ich also ständig durch sie darauf zurückverwiesen wurde? Wie oft musste ich etwas erkennen, das so aussah, als wäre es der Wiederholung unterworfen, weil die Biografie des Kindes zu bestimmten Zeitpunkten Elemente einer der Biografien seiner Eltern oder auch beide zugleich auf ihre je eigene Weise widerspiegelte!

Aber ich glaube vor allem, dass ich mir nie vorstellen konnte und es mir auch weiterhin nicht vorstellen kann, dass es anders sein könnte – es sei denn, ich würde entscheiden – was aber für mich keine Lösung ist, dass das Unbewusste nicht existiert –, dass alles, was an die Oberfläche kommt, nur die Wirkung bestimmter Umstände oder auch eines simplen Zufalls ist, dass die Symptome ausnahmslos der Diagnostik des DSM entsprechen und medikamentös behandelt werden müssen. Ganze Jahrhunderte voller Erfindungen, Einfallsreichtum, Fortschritt, Eroberung und Öffnung, auch unser Zugang zur Demokratie scheinen viele von uns zu der Überzeugung gebracht zu haben, dass wir frei sind, dass unser Schicksal in unseren Händen liegt und dass alles möglich ist. Es stimmt leider, auch wenn man sich selbst in entgegengesetztem Sinn abmüht, dass die Vertreter dieser Meinung über alle Mittel verfügen und jede Denkarbeit als entbehrlichen Luxus abtun. Der Geist, der unsere Medien beherrscht – die gern die öffentliche Meinung bilden und die allgemeine Geisteshaltung beeinflussen –, privilegiert das Spektakuläre, das durch die Perversion[10] betont wird, um seine Sicht der Welt zu platzieren: eine Sicht, bei der das ganze Gesetz, und insbesondere das Gesetz der Art, nur dazu da ist, um unterlaufen oder vereitelt zu werden.

Die Arbeit, die ich seit langer Zeit unternommen habe, war immer darauf ausgerichtet, meinen kleinen Patienten die besten Bedingungen für eine ausgewogene Entwicklung ihrer Psyche zu ermöglichen. Ich war auch immer darauf aus, die geringste Verzerrung des Gesetzes zu erfassen, um den jungen Eltern zu zeigen, wie wichtig ihre Beziehung, ihre Komplementarität und ihr strenger Respekt in Bezug auf ihre jeweiligen Positionen in der Familie sind, damit ihre Kinder ebenso wie sie selbst vor einer unerwarteten Wiederkehr ihrer jeweiligen Biografien geschützt werden.

Wie ich schon öfter betont habe, wird in der Tat niemand von der Geschichte in Ruhe gelassen, denn sie schmarotzt von der sexuellen Beziehung sowie von deren Dynamik und den am weitesten zurückliegenden Bereichen unserer Psyche.

Auch glückliche Paare haben eine Geschichte

Ich öffnete die Tür zum Wartezimmer und sah sie vor mir! Sie stand im Raum mit ihrem Baby im Arm, schlank, groß, überirdisch, wunderbar entspannt, schön, sehr schön, von einer seltenen Eleganz, mit ihren schwarzen Hosen aus Crêpe Satin, die leicht auf ihre Lackschuhe fielen, ihrer kurzen taillierten Jacke mit großen rosa und lila Blumen. Große dunkle, lachende Augen beherrschten ihr Gesicht, das von glattem, fast blauschwarzem Haar umrandet war, zusammengebunden zu einem Haarknoten und damit gleichzeitig Zartheit und Energie ausdrückte. Ich kannte sie nicht. Einen Moment lang bedauerte ich – während ich noch überlegte, woher wohl ihre Schönheit kommt –, sie noch nie gesehen zu haben. Sie war die Patientin meines Kollegen. Ich vertrat ihn an diesem Samstagmorgen. Sie konsultierte mich wegen eines plötzlichen Fieberanfalls ihres kleinen Sohnes.

Ich bat sie, mir zu folgen. Sie betrat das Ordinationszimmer, und indem ich mir ihrer wunderbaren Schönheit bewusst wurde, konnte ich, noch bevor ich mich ihrem Kind zuwandte, nicht anders als zu sagen:

»Wie schön Sie sind! Ich habe mich immer dazu bekannt, dass Schönheit eine öffentliche Nützlichkeit ist. Erlauben Sie mir Ihnen zu danken, dass ich Sie anschauen darf. Dieser triste Morgen ist dadurch etwas weniger trist geworden. Sie müssen ein Mannequin sein! Nicht wahr? Oder irre ich mich?« – »Sie irren sich, Herr Doktor«, antwortete sie mit einem freundlichen Lächeln. »Ich bin Professorin für Molekularbiologie an der Universität.« Das weitere Gespräch hatte nichts Besonderes mehr an sich.

Sie rief mich Jahre später wieder an und sagte, dass ich – ich weiß nicht mehr, weshalb – damals nach dieser Antwort ihr einen Finger auf ihre Stirn gelegt und gesagt hätte: »Sie müssen Ihren Vater in meinem Namen beglückwünschen, dass er Sie dazu gebracht hat, genauso viel in Ihren Kopf wie in Ihr Aussehen zu investieren.« Ich erinnerte mich nicht mehr daran. Aber ich weiß, dass das eben meine Art war, diese Konsultation zu beginnen, von der mir nichts mehr im Gedächtnis geblieben war.

Ich sah sie das nächste Mal, als ich mit meinem Kollegen die Diagnose für ihren zweiten Sohn besprach. Meine Ansicht darüber sollte schließlich die maßgebende sein.

Als ich sie zum dritten Mal sah, war seit der letzten Begegnung noch mehr Zeit vergangen. Sie kam zu einer Einzelstunde, für die ich einen eigenen Zeitrahmen vorgesehen habe. Ich war erstaunt.

Sie war hochschwanger. Sie musste viel geweint haben, wie man noch an ihren geröteten Augen sehen konnte. Aber sie bemühte sich zu lächeln, vielleicht um nicht meinen Blick zu enttäuschen, den sie von mir kannte, und um den Faden des Dialogs zwischen uns wieder aufzunehmen. Sie hatte den Termin auf Empfehlung meines Kollegen ausgemacht, weil sie erfahren hatte, dass sie ein Mädchen erwartete und weil das ein »Horror« für sie sei. Sie war mit ihren beiden Söhnen sehr glücklich. Sie hoffte auf einen dritten und wusste immer schon, dass sie unter keinen Umständen die Mutter einer Tochter sein wollte. Während ich so tat, als blätterte ich in ihrer Krankenakte, dachte ich, dass es wirklich ein Jammer wäre, wenn sie ihre Schönheit nicht an ein Mädchen weitergäbe.

Ich machte sie zunächst darauf aufmerksam, sie solle den Einfluss des Unbewussten auf das Leben berücksichtigen: Man könnte die Hypothese aufstellen, dass sie zwar bewusst weiß, dass sie kein Mädchen will, dennoch sei der Wunsch nach einem Mädchen irgendwo in ihr vorhanden. Das kam ihr nicht sonderlich verrückt vor. Sie stimmte zu. Ich fuhr dann fort, die Angst zu analysieren, die sie zum Ausdruck brachte, und versuchte, sie mit ihrer eigenen Erfahrung als Mädchen in Verbindung zu bringen. Würde das, was sie schon im Voraus als einen möglichen »Horror« erlebte, nicht zur persönlichen Erfahrung eines anderen »Horrors« führen, den sie in ihrem eigenen Leben als Tochter ihrer Mutter vielleicht ausmachen wolle? Ich forderte sie auf, über ihr Leben als Mädchen zu sprechen. Sie hatte damit überhaupt keine Schwierigkeiten, und ich hörte ihrer Erzählung ein wenig zerstreut zu und wandte den Blick von ihr ab.

Sie war das einzige Mädchen von sechs Kindern. Zwei ihrer Brüder waren älter als sie und drei jünger. Sie teilte mir ihr Alter mit. Sie sprach sehr gewissenhaft über ihre Eltern, ihre Onkel, ihre Tanten, Cousins und Cousinen väterlicher- und mütterlicherseits, sodass ich ihren Stammbaum komplett nachzeichnen konnte. Sie erzählte weiter von ihrer Kindheit, den Familienzusammenkünften, ihren Beziehungen zu ihren Brüdern, zu ihren Lehrern, ihren Freunden. All das hörte sich sehr banal und beliebig an und ich wurde nach und nach etwas ratlos, denn ich konnte nichts Konsistentes herausfinden, als ich sie, etwas vom Thema abgekommen, plötzlich sagen hörte: »Ich mochte es nicht, wenn meine Mutter am Morgen in die Küche kam, noch im Nachthemd, während ich frühstückte, bevor ich zur Schule ging.« Ich musste zweifellos irgendwie reagiert haben, ohne zu wissen, warum und wie. Vielleicht richtete ich mich auf, vielleicht hob ich ganz einfach den Kopf, oder ich schaute sie mit einem fragenden, ja ermutigenden Blick an. Ich kann es nicht sagen. Sie fuhr fort: »Manchmal kam es vor, dass sie sich an den Tisch setzte und zu mir sagte: ›Entschuldige, mein Liebes, wenn ich nicht gut rieche. Dein Vater wollte diese Nacht mit mir schlafen, und sein Geschlecht riecht nicht gut.‹«

Ich schrie auf! Innerlich natürlich, aber mit ganzer Kraft! Noch nie sind die trostlose Dummheit und Unanständigkeit dieser immer zahlreicher werdenden Eltern, die im guten Glauben die heilsame Differenz zwischen den Generationen auslöschen wollen, mir gleichzeitig so mörderisch und selbstmörderisch vorgekommen. Sie illustrieren kaum besser, in welcher Weise sich der Widerstand gegen das Gesetz vollzieht. *Was tut denn eine Mutter anderes, wenn sie so vorgeht, als über ihre Tochter herzufallen, sie als ihre Verlängerung zu betrachten, keinen Unterschied zu ihr zu machen und einmal mehr das Entsetzen, das dieses Mädchen einst von ihr empfangen hat, gewalttätig wiederzubeleben, als ob sie es kultivieren wollte?* Es ist schon schwer genug für diese unglückliche Tochter, unter günstigsten Umständen ihre Identität zu finden, indem sie ihren Vater gebeten hatte, ihr zu helfen, die Angst vor ihrer Mutter zu bekämpfen! Wenn nun diese Mutter die nächste Gelegenheit ergreift, um diese Angst wieder zu verstärken, wird das für das Mädchen die reinste Hölle! Wenn man an die Gewalt denkt, die heute zum guten Ton gehört, wenn man das Inkraftttreten des Gesetzes kritisiert! Um den Austausch von Frauen und Männer voranzutreiben, wurde es den Frauen ungeachtet ihrer Meinung darüber von den Männern auferlegt, und heute, angesichts der besorgniserregenden Gleichheit an Rechten in unserer Gesellschaft, erscheint es als völlige Ungerechtigkeit. Männer wie Frauen treten es mit Füßen, und man richtet sich mehr und mehr dagegen! Da so leicht eine Verwirrung zwischen Differenzen und Ungleichheiten entstehen kann, macht sich niemand mehr die Mühe zu zeigen, dass dieses Gesetz unvermeidlich und unersetzbar den Anstoß bildet, den der weibliche Ödipus braucht, um seinen Dienst zu tun.

In diesem Zustand kam sie, um über ihre Mutter zu berichten, die ich heftig, ja aufbrausend kritisierte, auch um meine Patientin von dem Gewicht zu befreien, das auf ihr lastete. Ganz bewusst griff ich natürlich das Bild an, das diese junge Frau beschrieb, aber ich verteidigte noch heftiger das Mädchen, das sie gewesen war und das sich ganz sicher angegriffen gefühlt hatte, ohne sich gegen das große und unpassende Vertrauen, das die Mutter ihr schenkte, verteidigen zu können. Ich nahm die Gelegenheit wahr, um sie darauf hinzuweisen, dass sie nicht glauben solle, das Verhalten ihrer Mutter wiederholen zu müssen, weil sie ganz konkret zwischen der Mutter und sich den großartigen Ehemann stellte, den sie sich ausgesucht hatte. Zur Bestätigung erzählte ich ihr vom Schock meines Zusammentreffens mit ihm, von meinen Gefühlen und welche Gedanken mir im Anschluss daran kamen. Sie lächelte die ganze Zeit glücklich und stolz, während ich sprach. Ich tat damit nichts anderes, als unseren Dialog formal in den Geist – ziemlich veraltet, wenn man so will – des Gesetzes und den Austausch der Frauen zu stellen, den es in Gang setzt. Ich war der Vater für sie in der Gegenübertragung, und wahrscheinlich auch in der Übertragung, wenn man bedenkt, was sich in unseren bisherigen Sitzungen abgespielt hatte, und als Vater sagte ich ihr, dass sie seit langer Zeit einen Mann zur Verfügung hatte, um die Rettung durch ihren Vater zu sichern; einen Mann, den sie ohne zu zögern und auf jeden Fall zwischen ihre Mutter und sich selbst stellen konnte, zwischen dem, was sie vor der Rückkehr der Geschichte ihrer Mutter befürchtete und ihrer eigenen Geschichte, die sie gerade selbst konstruierte.

Ihre Züge entspannten sich. Sie lächelte, offensichtlich

erleichtert. Ich sprach weiter, nicht nur um ihr Problem zu lösen – das war es offensichtlich schon –, sondern um ihr präzise, detaillierte und konstruktive Informationen zu geben. Das ist meine Art, mich zu engagieren: Was sie davon verstehen und mitnehmen wird und in ihre Situation integriert, wird ihr ihrerseits erlauben, eines Tages, Kollegen oder Freunden in einer ähnlichen Situation zu helfen. Jedes Mal wenn ich so vorgehe, denke ich, dass all das, was ich geschrieben habe, wie ein Ölfleck in diesem stumpfsinnigen Diskurs ist, der sich unserer Medien bedient und so sehr unsere festen Bezugspunkte verschoben hat, dass wir nicht einmal mehr wissen, wo wir stehen. Ich erklärte ihr also die unterschiedlichen Formen der Wiederholung, die immer tödlich ist, und der Reproduktion, die immer belebend ist, weil die Wirklichkeit des anderen, die damit verbunden ist, mit eingezogen wird. Wir verblieben so, dass wir uns nur dann wiedersehen wollten, wenn sie es für nötig hielt. Sie ist nicht mehr zurückgekommen.

Einige Wochen später schickte sie mir eine E-Mail mit einer fröhlichen, glücklichen Nachricht zusammen mit wunderschönen Fotos von der kleinen Lucile, eines davon besonders bezaubernd: Sie lag in den Armen ihres Vaters und das Foto war wie ein Augenzwinkern unserer vorangegangenen Sitzung. Ich hatte den seltenen, aber immer sehr befriedigenden Eindruck, mit wenig Aufwand dazu beigetragen zu haben, eine Geschichte wieder in die richtige Bahn zu lenken, und das zweifellos dauerhaft. Ich antwortete ihr lange, ohne den Ausdruck meiner Freude wie auch der Zärtlichkeit zu verbergen.

Ich war sehr überrascht, als ich sie drei oder vier Monate später wiedersah, wieder an einem Donnerstagvormittag in meiner Praxis. Das Lächeln, das ich so gut kannte, war völlig aus ihrem Gesicht verschwunden. Sie war angespannt und schien eher wütend als beunruhigt zu sein.

»Ich bin gekommen, um Ihnen zu sagen, dass ich einen

Termin bei einem Anwalt habe, den ich am Samstag sehen werde. Ich werde mich scheiden lassen.«

Mangels weiterer Information reagierte ich nicht, und sie setzte in einem Ton fort, in dem die Wut sich regelrecht zur Rage steigerte:

»Bei der Durchsicht unserer E-Mails entdeckte ich bei denen meines Mannes eine Mail von einer Frau, die mit ihm ein Treffen in einem Hotel ausgemacht hatte, zu einem präzisen Zeitpunkt und exakter Uhrzeit. Das Ganze ebenso wie das Datum der von mir entdeckten E-Mail waren für mich absolut unerträglich. Ich denke, dass es sich um Ehebruch handelt, der schlimmste Betrug, den ich ertragen kann. Ich kann nicht akzeptieren, dass er mir das antut. Es ist abscheulich. Es ist einfach unfein. Ich betrachtete das Problem von allen Seiten, aber ich kann einfach nicht fassen, warum er das tun konnte. Und Sie können sich gut vorstellen, dass ich ihm nicht verzeihen werde!«

Ich war sprachlos.

»Ich berichtete ihm von meiner Entdeckung. Er hat nichts abgestritten. Er bat mich ganz ruhig, dass ich nicht so viel Aufhebens davon machen solle. Es handelte sich, wie er sagte, um eine sehr überdrehte Frau, die ihm seit Langem nachlaufe, und er wisse nicht, wie er sie loswerden könne. Er sagte mir, dass er noch mehr E-Mails von dieser Frau erhalten, sie aber gelöscht habe, ohne ihnen zu antworten. Er bedauerte wirklich, dass er diese eine übersehen habe. Meint er wirklich, dass ich ihm das alles glaube? Was für eine Frechheit! Er hält mich doch tatsächlich für dumm!«

Unsere Begegnung, die bis jetzt den Eindruck vermittelte, als versuchten wir ein banales und legitimes Glück zu retten, indem wir eine gewisse klare Sichtweise den gegenläufigen Strömungen in der Geschichte entgegensetzten, würde trotzdem die Tragikomödie nicht abwenden können. Ich dachte daran, wie stark mich ihr Mann beeindruckt hatte. Ich erzählte ihm, wie wir ihren »Horror« vor der

Erwartung eines kleinen Mädchens bewältigten, indem wir das Unbewusste mit einbezogen. Ich sagte ihr, dass wir auf die gleiche Weise weiterkommen würden. Aufmerksam und eine gute Schülerin, wie sie war, hielt sie dem nichts entgegen und schien sogar eine gewisse Entrüstung zu unterdrücken, die ihre Miene spiegelte.

Ich machte sie deshalb darauf aufmerksam, dass ihr Mann, wenn es sich allein um eine außereheliche Affäre gehandelt hätte, diesen Fehler sicherlich nicht zugegeben hätte und eine solch kompromittierende Nachricht in seiner Mailbox nicht zu finden gewesen wäre, er hätte sie einfach vorher gelöscht. Sie war darüber viel erstaunter, als ich erwartet hatte. Vielleicht überlegte sie, ob ich sie nicht ein wenig zu rasch durch meine Interpretation der Sachlage trösten wolle. Anstatt ihr das Wort zu überlassen und sie aufzumuntern, auf meine Interpretation zu reagieren, fügte ich hinzu, dass man, wenn die Nachricht, die sie in der Mailbox entdeckt hatte, vergessen wurde, das unbedingt so interpretieren muss, dass sie gelesen werden sollte, und zwar vor allem von ihr, und dann sollte man sich die Frage der Metabotschaft stellen, die darin enthalten ist. Sie schien mir nur zögerlich zu folgen und fragte sich zweifellos, ob meine Interpretation nicht Ausdruck einer sehr maskierten männlichen Solidarität sei. Trotz ihres Gesichtsausdrucks, der Vieles aussagte, wagte sie nicht, es mir ins Gesicht zu sagen, und ich nahm meine Argumente wieder auf und meinte, wenn man die Erklärung ihres Mannes bedenkt, dann muss man das beharrliche Verbleiben der Nachricht in der Mailbox unbedingt als eine reine Fehlleistung sehen. Ich konnte tatsächlich nicht wissen, warum ihr Mann ihr eine solche Nachricht übermittelte. Aber diese Nachricht schien ihr logischerweise etwas anderes sagen zu wollen als dieses Herz zerbrechende »Du sollst wissen, dass ich dich betrüge«, das sie darin las. Meine Logik ließ sie schließlich erschauern. Sie fasste sich ein wenig. Dann schien sie sich zu beruhigen. Schließlich konnte sie sogar wieder fast lächeln.

All das schien sehr kohärent in der Übertragung zu funktionieren. Der symbolische Vater, der ich für sie war, durfte und konnte aber gegenüber einem so großen Betrug in Bezug auf ihre Ehre doch nicht gleichgültig sein. Ich konnte das gut beurteilen. Ich habe ja ihren Mann getroffen. Und da ich nicht gleich höchst empört reagierte, gab ich ihr vermutlich eine gute Erklärung. Ich bat sie zu erzählen, wie sie sich denn kennengelernt hatten.

»Im Sommer nach meinem ersten Jahr an der Uni fand ich einen Job in einer großen Versicherung, um ein bisschen Geld zu verdienen. Er selbst arbeitete dort seit einem Monat. Ich wusste, wer er sein musste, denn seit ich dort arbeitete, sprachen sämtliche Mädchen ganz aufgeregt über ihn. Am folgenden Tag musste ich ins Archiv hinunter. Zwischen den Regalen stieß ich auf einen Mann, der jener Beschreibung nahe kam, die ich am Vortag gehört hatte. Als mir das einfiel, war er schon vorbeigegangen. Ich drehte mich automatisch um und bemerkte, dass auch er sich umgedreht hatte und mich anschaute. Am Nachmittag kam eine Kollegin und lud mich zu einer Abschiedsfeier einer anderen Kollegin ein. Sie sagte, wir seien drei Mädchen und drei Jungs, von denen einer sehr gut aussah. Ich nahm die Einladung an und auf dem Weg dorthin dachte ich, dass ich bald 19 Jahre alt sein würde und es an der Zeit wäre, meine ersten sexuellen Erfahrungen zu haben. Ich beschloss, eben diese Nacht mit dem Mann zu verbringen, den ich mir ausgesucht hatte. Als ich ankam, waren alle Mädchen da. Die drei Jungs hatten wieder abgesagt und stattdessen war nur der eine da, dem ich im Archiv begegnet war. Um Mitternacht ging ich mit ihm zusammen weg. Und seit damals sind wir zusammen.«

Eine Begegnung. Entscheidend. Eine dieser Begegnungen, von denen man nicht weiß, wann sie ist, dass sie in jenem Moment bestimmend ist sein wird, von der es aber gut ist zu wissen, dass sie jederzeit passieren und ein Leben vollständig verändern kann.

Ich beendete die Sitzung und schlug ihr vor, noch einmal zu kommen, wenn sie es für nötig hielt. An der Tür drehte sie sich um und sagte, sie werde den Termin mit dem Rechtsanwalt am Samstag absagen.

Einen Monat später kam sie wieder. Sie sah blendend aus und hatte jenen Blick, den ich seit unserer ersten Begegnung nicht mehr gesehen hatte. Sie sagte mir sogleich: »Dass ein solches Glück möglich ist, habe ich nie geglaubt«. Ihr Leben nahm eine ganz neue Wendung und war »so außergewöhnlich«, dass sie sich »manchmal in den Arm kneifen musste, um es zu glauben«. Sie kam also, um mir das zu sagen, um ihre Anerkennung auszudrücken und mich über die Entwicklung ihrer Situation auf dem Laufenden zu halten. Sie fuhr noch ein oder zwei Minuten in diesem Ton fort. Ich war zufrieden für sie, aber ich überlegte, weshalb sie das Bedürfnis empfunden hatte, zu mir zu kommen, obwohl sie mir auch eine E-Mail senden oder mich anrufen hätte können.

»Ich habe viel darüber nachgedacht, was Sie über die Bedeutung dieser besagten E-Mail gemeint haben. Es hat mich sehr erschüttert, ohne mich gleichzeitig zu überzeugen. Ich kam zu dem Schluss, dass es sich, auch wenn Sie nicht ganz Recht haben, dennoch auszahlen würde, diese Spur zu verfolgen. Wenn mein Mann, wie Sie sagten, nicht wollte, dass ich dahinter komme, dass er mich betrügt, dann sagte er mir damit, ich weiß nicht genau, was, aber er teilte mir damit etwas Bestimmtes mit. Ich dachte mir, dass das, was er mir sagen wollte, mit einer sexuellen Beziehung mit einer anderen Frau und wahrscheinlich mit unserer sexuellen Beziehung zu tun hat. Ich tat daher etwas Verrücktes, von dem ich nie geglaubt hätte, dazu fähig zu sein, und ich schäme mich fast, es Ihnen zu sagen, aber ich kaufte mir Reizwäsche! Ja!

Und ich wollte Ihnen sagen, dass Sie Recht hatten. Denn seitdem ist alles ein einziger Höhepunkt. Ich, die lange Zeit getanzt hatte und glaubte, meinen Körper zu kennen, hätte mir nie und nimmer vorstellen können, dass er so viele Fähigkeiten verheimlichen und mich so glücklich machen könnte. Ich habe ja nie einen anderen Mann gehabt als ihn. Er war mein Pygmalion. Er brachte mir alles bei. Ich wusste nicht einmal, dass es das, was er mir seit jener Erklärung beibrachte, überhaupt geben konnte!«

»Hmm! Jetzt sagen Sie mir nur eines: Wie kamen Sie auf die Idee mit der Reizwäsche?«

»Oh, das ist eine alte Geschichte. Als ich ungefähr 16 war, bekam ich einen Rappel und kaufte mir von meinem eigenen Geld hübsche Unterwäsche. Kaum war ich zu Hause, probierte ich sie an. Ich fand mich darin so attraktiv, dass ich mich in meiner Freude nicht zurückhalten konnte, mich in der Wäsche meinen Eltern zu zeigen, die im Wohnzimmer waren; meine Mutter war total verblüfft und hielt sich die Hand vor den Mund, um nicht aufzuschreien, aber mein Vater rief lachend: ›Der hier musst du später nicht gefallen!‹«

Die Absicht, die sie in die Worte ihres Vaters legte, hatte beinahe etwas Anstößiges. Entgegen der Reaktion ihrer Mutter musste er durch seine Brutalität den geäußerten Abscheu der Mutter in den vorangegangenen Jahren kompensieren, der zutage getreten war, als diese Frau eine Tochter erwartete. Er ist hier in den Austausch zurückgekehrt, der das Unterfangen illustriert, das dieser jungen Frau erlaubt hatte, den Blick des anderen Geschlechts auf sich zu ziehen, um in ihrem eigenen Geschlecht anerkannt zu werden. Wenn der Blick einer Mutter auf einen Sohn, der sich in seinem heterosexuellen Schicksal durch sein ödipales Abenteuer wohlfühlt, nicht immer unentbehrlich ist, so trägt der Blick des Vaters, unter der Bedingung, dass er eine ausreichende Distanz zu seiner Tochter hat, dazu bei, sie etwas mehr aus der Homosexualität herauszuholen, als ihr Schicksal es zulässt.

Denn »die Fortdauer einer gewissen Beziehung zur Mutter ist eines der stärksten Hindernisse für die weibliche Lust. Weiterhin das phallische Objekt des mütterlich Anderen sein zu wollen, während der Mann wie ein Mitmensch gewünscht werden kann, konstituiert oft das Hindernis. Mit dem Mann einen Orgasmus zu haben, platziert die Frau ins Sein und lässt sie als Waise des mütterlich Anderen zurück«.[11] Was in normale Sprache übersetzt heißt: Wirklich eine Frau für einen Mann zu sein bedeutet, sich als solche und nur als solche zu akzeptieren und nicht mehr als Tochter einer Mutter.

Alles in einem

Die einzelnen Sequenzen der Geschichte reihen sich aneinander wie Perlen. Als einzige Tochter und von der Mutter vergöttert – anders gesagt, wahrscheinlich ihr phallisches Objekt –, bleibt sie die Tochter bis zum Moment, in dem sie lernt, dass sie selbst Mutter einer Tochter wird – jene, die nicht mehr ist, wird den gleichen Rang haben wie sie. Als ich sie in unserer Sitzung ermunterte, den Vater ihrer Kinder zwischen sich und ihre Mutter zu stellen, gelang es ihr, ihre Ängste zu überwinden und zu vermeiden, in mechanischen Wiederholungszwang zu verfallen. Diesen Moment nutzte ihr Mann, um ihr eine Nachricht zu hinterlassen, die sie in der Folge so verstand: »Nicht alle Frauen sind so wie du, es gibt auch andere, die sich um mich bemühen. Tu was!« Zunächst reagierte sie blind narzisstisch: Man hatte ihr das Objekt gestohlen, ihr Objekt, das ihr gehörte, der Phallus ihrer Mutter, dem immer schon alles gehörte. Wie oft haben derartige Reaktionen des Partners oder der Partnerin den Bruch der Beziehung vorangetrieben! Anstatt in Mitleid und

Empörung über ihre Situation zu schwelgen, forderte ich sie auf, sie dialektisch zu betrachten. Sie erinnerte sich dann an die Unterwäsche und an die Worte ihres Vaters: »Der hier musst du später nicht gefallen!« Das waren Worte, die sie in ihrer eigenen Geschlechtlichkeit anerkannten und durch diese Anerkennung autorisierten, ohne Scham in die Heterosexualität einzutreten und sie ohne Zurückhaltung in all ihren Möglichkeiten auszukosten. Sie sagte, sie bedaure, dass ihr »Pygmalion« sie nicht schon früher auf den Weg geführt habe, den sie jetzt endlich entdeckte. Nicht von ungefähr kam sie auf diesen antiken Maler und Bildhauer von der Insel Zypern, dessen Kunst und Begehren bewirkten, dass Aphrodite der Statue Leben verlieh, die er von der Nymphe Galatea gestaltet hatte. Bekanntlich erzog im Bühnenstück von G.B. Shaw ein Professor der Linguistik ein Straßenmädchen und verliebte sich in sie, sobald sein Unternehmen Erfolg hatte. Wenn sich ein Mann, der sich hinter seiner Kunst verbirgt, für seine Werke einsetzt, fabriziert er ein Meisterstück, das ihn selbst übertrifft. Diese junge Frau sagt also ungefähr, sie habe immer erwartet, dass dieser Mann, der erste, mit dem sie je zusammen war, und der einzige, den sie kannte, sie zum Leben erweckte, indem er sie in seine Kunst einführte. Und das, obwohl er so zahlreiche Erfahrungen mit anderen Frauen hatte – waren seine Kolleginnen nicht über ihn ganz aufgeregt? Dieser Bezug zu Pygmalion und die Art, wie er in ihrem Diskurs erscheint, zeigen gleichzeitig, dass die größte Arbeit, die in ihr stattfand, in ihrem Unbewussten getan wurde. Denn es besteht kein Zweifel, dass ihr Mann in dieser Hinsicht bei ihr lange Zeit nur Hemmungen vorfand. »Sie hatte für mich die Schamhaftigkeit eines jungen Mädchens«, hätte er wie ein Dichter loben können. Aber hätte er sich seiner so schamhaften Partnerin nähern können, wenn ihre Scham der Beweis dafür gewesen wäre, von keinem anderen Mann in die Liebeskunst eingeführt worden zu sein? Hätte er ihre Scham dann nicht erhalten, sich dazu beglückwünscht und wäre er nicht stolz auf sie gewesen? Sicherlich, aber zu welchem Preis? Als seine Fehlleistung den Preis enthüllt, den er dafür zahlt, die Hemmungen seiner Partnerin aufrechtzuerhalten, und als sie befürchten muss, ihn zu verlieren, gibt sie diese Scham schließlich auf. Sie spricht auch von »Apotheose«, ein Wort, dessen einzige Bedeutung »Gipfel« sein kann, der die Vergottung des Menschen bezeichnet. Galatea ihrerseits vergöttert ihren Mann, weil er ihr Leben gegeben hat, indem er sie in die Fülle und die Komplexität der Liebeskunst einführte, zu der er Zugang hatte und in die sie sich noch nicht vorgewagt hatte, weil sie immer noch den geringen Enthusiasmus oder den Abscheu im Ohr hatte, den ihre Mutter gegenüber dem Geschlecht ihres eigenen Mannes äußerte. Sie sagt also – klarer und enthusiastischer kann sie ihre Entdeckung kaum ausdrücken –, dass sie sich von jeglicher Homosexualität in ihrer Sexualität lossagte und dass sie von nun an vorbehaltlos ihre Heterosexualität annimmt, dass sie, anders gesagt, voll und ganz in das Gesetz der Generationengrenze eingetreten ist.

Somit kann man nicht sagen, dass diese Ordnung der Dinge die Frauen von den Männern entfremdet. Der Vater dieser jungen Frau, der sich bei ihrem Anblick in der reizvollen Unterwäsche derartig ausgesprochen hatte, hinderte sie nicht daran, eine Universitätskarriere zu machen, auch nicht daran, dass ihr Mann jemals aufgehört hatte, sie zu lieben – auch wenn er versuchte, ihr zu signalisieren, dass sie in Bezug auf ihre gelebte Sexualität viel weiter gehen könne. All das stimmt mit dem überein, was eine Autorin über das Rätsel der Weiblichkeit schrieb:[12] »Je gekränkter sie ist, desto mehr braucht sie es, begehrt zu werden; je mehr sie gereizt wird, desto mehr verliert sie den Boden unter den Füßen; je tiefer sie abstürzt, desto machtvoller wird ihr Liebhaber; je mehr sie sich unterordnet, desto machtvoller ist sie gegenüber ihrem Liebhaber. Und je besiegter sie ist, desto größer wird ihre Lust und desto mehr wird sie geliebt.« Wird die Sexualität jedes Kindes nicht durch den Blick des gegengeschlechtlichen Elternteils, durch den sie anerkannt und gleichzeitig in ihrem Wesen geehrt wird, gefördert und angenommen? Und wäre es nicht wünschenswert, wenn das bei jedem so wäre?

Noch interessanter in dieser Entwicklung ist die Frage, warum dieses langjährige Paar dennoch in eine Krise geriet, die das Risiko einer Trennung in sich trug? Was brachte den Ehemann dazu, durch diese Fehlleistung seiner Frau mitzuteilen, wie es die Geschichte in der Folge zeigte, dass ihm die sexuelle Beziehung, mit der er sich bis dahin zufriedengab, nicht mehr genügte? Die Antwort auf diese Frage findet sich nirgendwo anders als in der Geburt der kleinen Lucile, seiner ersten Tochter.

Das wurde mir durch die Begegnung mit ihm bestätigt.

Sie selbst schickte mir eine E-Mail, in der sie schrieb, dass auch ihr Mann, da sie ihm im Überschwang ihres ganz neuartigen Austauschs von unseren Begegnungen erzählte hatte, mich kennenlernen wollte, sofern ich das nicht für vollkommen unangemessen hielte.

Er kam. Ich hatte nicht die leiseste Ahnung, was ihn herführte. Er ließ mich nicht lange im Unklaren, denn er sagte mir schon beim Hereinkommen, dass er diese Begegnung mit mir wünschte, um mir persönlich seine Anerkennung auszudrücken.

»Wissen Sie, ich dachte mir oft, dass wir von Glück sagen können, dass meine Frau Ihnen begegnet ist. Denn was wir nun erleben, Dank der Wendung, die unsere Beziehung in Folge der Gespräche mit Ihnen genommen hat, kann man sich gar nicht vorstellen. Ich liebe meine Frau seit unserer ersten Begegnung. Auf sie und auf keine andere habe ich gewartet. Ich wusste es sofort und weiß es immer noch, dass ich mein ganzes Leben mit ihr verbringen und es mit ihr beenden werde. Ich brauche meine Frau. Die Welt wäre bedeutungslos ohne sie. Aber, sehen Sie und entschuldigen Sie, wenn ich das in einer etwas ausfälligen Weise sage, ich brauchte auch immer die ›Huren‹, ich meine diese Frauen, die man als solche behandelt, weil sie einen besonderen Geschmack am Sex haben. Seit uns das nun passiert ist, habe ich alles in einem!«

Das große Thema Frau und Hure! Dieses Ewigmännliche, in seinen sämtlichen Formen, auch dem des Ehebruchs, wurde mir auf dem Tablett serviert!

Einerseits gibt es die Frau, die man sich aussucht, die von der Institution autorisiert ist, die eines Tages die Mutter der Kinder sein wird, denn die Liebe, die man ihr entgegenbringt, ist so ehrenhaft wie man sie für seine »heilige« Mutter hat. Von dieser Mutter kann man kaum glauben, dass sie eine sexuelle Beziehung hat. Andererseits – hermetisch abgetrennt wie durch eine Trennwand – gibt es den reinen Sex, den animalischen Sex, der die Fantasien anregt, den Sex als Mysterium, den Sex als Quelle sämtlicher Kuriositäten, den Sex, der sich besiegt, der sich über die Gewährung gewisser Eltern hinwegsetzt, den Sex, von dem man eines Tages schließlich, den Tod in der Seele, anerkennt, aus ihm herausgetreten zu sein, den Sex, in dem man, man weiß nicht warum, von neuem eintreten will, ohne es mit seiner ganzen Person zu können, zumindest mit diesem Penis, der nur das eine will, den Sex, den dic Huren praktizieren, ohne dass man ihn verlangen muss, diese Frauen, »die nur das eine wollen«, wie diese käuflichen, aber gleichzeitig generösen Frauen, weil sie fähig sind, »alles zu geben« und sogar noch mehr, um das Angebot noch zu erhöhen!

»Alles in einem« zu haben ist nicht so üblich, wie man glauben könnte. Für einen Mann ist es gar nicht so leicht, alles unter einen Hut zu bekommen. Denn »fast immer fühlt sich der Mann in seiner sexuellen Betätigung durch den Respekt vor dem Weibe beengt und entwickelt seine volle Potenz erst, wenn er ein erniedrigendes Sexualobjekt vor sich hat«, sagt Freud, der weiter unten noch hinzufügt: »Es klingt wenig anmutend und überdies paradox, aber es muss doch gesagt werden, dass, wer im Liebesleben wirklich frei und damit auch glücklich werden soll, den Respekt vor dem Weibe überwunden, sich mit der Vorstellung des Inzests mit der Mutter oder Schwester befreundet haben muss.«[13]

»Mutterficker!« ist die größte Beleidigung und Beschimpfung im mediterranen Raum. Sie macht die Undurchlässigkeit in diesem Bereich zunichte, wo die fantasierte Mutter für die Männer viel größere Bedeutung hat als sonstwo. Und dennoch! Gibt es in gewisser Hinsicht nicht eine viel größere Nähe zwischen Hure und Mutter, wenn *der* Mann, von der einen wie der anderen, erwartet, dass sie ihm »alles gibt«? Dieses »Alles« ist so groß, dass man glauben kann, Gleichwertiges zirkulieren lassen zu können oder es grenzenlos auszudehnen. Die Mutter ist durch das Gesetz gezwungen, den Sex aus diesem »Alles« auszuschließen. Die Hure, die »alles« im Sex erreicht, füllt den »Mangel« desjenigen, der von ihr diesen Dienst kauft, oder, sofern sie nicht an diesem Markt teilhat, weil sie das gern hat, sie ihm das Gefühl gibt, letztlich »alles« zu haben. Denn er erhält bei dieser Gelegenheit den Teil, der ihm vom »Ganzen« »fehlte«, von dem er lange Zeit geträumt hat. Man kann in dieser Hinsicht immer den entwerteten Begriff »Temperament« heranziehen. Es gibt in der Tat Männer mit einer sexuellen Aktivität, die man als »vernünftig« bezeichnen könnte, und andere, deren Bedürfnisse man »exzessiv« nennen kann. Was steht hinter diesen Ausdrücken, die doch so gängig sind? Nichts als eine Form der Ausrichtung an das berühmte »alles«, das einst durch die Mutter an das Kind gegeben wurde. Wenn dieses »alles« in übermäßiger Weise gegeben wurde, dann ist der »Mangel«, der sich im Sex einschreibt, proportional und die Nachfrage in dieser Hinsicht sehr groß. Von da her ist es begreiflich, dass ein anderes, modifiziertes Investieren der Mutter in ihren

Sohn aus ihm einen weniger anspruchsvollen Erwachsenen macht.

Zu diesem Punkt würde ich gern in Bezug auf das Unzureichende und die Ambiguität, die von ihr auf ihn durch die Formulierung selbst übertragen wird, den Schluss diskutieren, den Freud gezogen hat und der bestätigt, dass »selbst die Ehe nicht eher versichert (ist), als bis es der Frau gelungen ist, ihren Mann auch zu ihrem Kind zu machen«.[14] Denn nach seiner Argumentation sind Frauen darauf angewiesen, die Mütter ihrer Partner zu werden und ihnen alles zu geben, wie einem Kind, alles außer dem Sex, den keine Mutter ihrem Kind geben kann, außer wenn sie es gravierend schädigt. Nun tritt dieser Fall öfter auf, als man glauben würde, und zwar in einer weiblichen Strategie, die ich »Unterwerfung unter die Dienstleistung« nenne. »Was fehlt ihm?«, verteidigen sich diese Frauen gegenüber den kleinen Dienstleistungen für ihre Männer, durch die sie sich zu wahrhaftigen Sklavinnen machen. *Diesem Mann fehlt im Grunde nichts, außer das, was für ihn das Wesentliche ist und das sie ihm vorenthalten, indem sie ihn kastrieren, wenn sie es noch nicht durch eine bestimmte Haltung oder mit Worten, die viel schneidender sind als die allerschärfste Schere, ohnehin schon taten.* Sie flüchten in der Tat vor diesem Wesentlichen, um zurückzukehren und eben die primäre Homosexualität zu erhalten, durch die sie seit immer mehr oder weniger an ihre Mütter gebunden sind und die den Status einer geopferten, unausweichlichen Anständigkeit erreicht hat. An diesem Punkt schließt sich auch genauso das Verhalten der Frauen in einer normalen Ehe an, wie auch der Begriff Abnutzung, die man der sexuellen Beziehung zuschreibt.

Beim Verhalten der Frauen stößt man auf die große Thematik eines Genießens, die ihnen gegen ihren Willen entwunden werden muss. Das Genießen führt auf die Ambiguität der Beziehung in der Ödipusphase zurück: Ich liebte meine Mutter bis zu dem Tag, wo ich davon in Furcht und

Schrecken versetzt war, ich glaubte, dass es besser sei, mich meinem Vater zuzuwenden, um ihn zu einem Verbündeten gegen »meine Angst vor ihr« zu machen. Er tat, was er konnte – ziemlich wenig übrigens, denn er wird so oft selbst von meiner Mutter schlecht behandelt. Aber all das versetzte mich in eine noch größere Angst, denn meine Mutter wird mir böse sein, dass ich die Liebe, die ich ihr entgegengebracht hatte, weggeworfen habe, und wegen meines Verhaltens wird sie noch dazu denken, dass ich ihren Liebhaber »anbaggere«. Sie wird mich nicht mehr lieben, und bei meinem Vater besteht die Gefahr, dass er mich nicht so liebt, wie ich es will. Ich werde deshalb meinen schlechten Lebenswandel mäßigen, indem ich, auch mit dem Liebhaber, der ihr Ebenbild sein wird, mich davor zurückhalte, mich ihm völlig hinzugeben, mich ihm gegenüber völlig gehen zu lassen. Sie alle werden es vielleicht nicht wissen, aber ich, ich bestrafe mich durch diese Zurückhaltung, die mein gutes Gewissen bildet, denn dadurch erhalte ich im Gegenzug die Gewissheit, dass ich meine Mission erfüllt habe und anständig geblieben bin.

Wenn Tage, Monate, Jahre vergehen, ohne dass sich in dieser grundsätzlichen Haltung einer Frau etwas ändert, dann erschöpft sich das Begehren ihres Partners. Man darf nicht vergessen, dass er physiologisch »immer nur an das eine denkt«, dass sie weniger daran denkt, weil sie befürchtet, nicht geliebt zu werden. Wenn der Partner, der durch seine eigene ödipale Vergangenheit belastet ist, nichts tut, um sie zu überzeugen, zu ihm zurückzukehren, dann kommt es zur Rückläufigkeit der Entwicklung. Und diese Konflikte werden immer seltener als früher auf die sicherste Weise durch die sexuelle Beziehung entschärft, die normalerweise ihren potentiellen Zerstörer außer Kraft setzt. Darüber und nur darüber geht es, wenn man von der berühmten Abnutzung in der sexuellen Beziehung bei älter werdenden Paaren spricht.

Dies verdiente fast eine kurze Rückkehr zur Debatte, die ich über arrangierte Ehen und Liebesehen angestoßen habe, ohne sie zu beenden. Die Liebe, die im zweiten Fall dem Partner entgegengebracht wird, gibt es physiologisch nicht, ohne leider an jene zu erinnern, die der Mutter entgegengebracht worden war. Diese Mutter schmarotzt in gewisser Hinsicht vom Paar, und die Beziehung, die die Frau mit ihr aufrechterhält, bremst ihren vollen Zugang zum Gesetz der Generationsgrenzen und zur Heterosexualität. Im ersten Fall macht die Verbindung einer Frau mit einem ihr zugewiesenen Mann aus dem Mann einen radikalen Fremden. Man könnte daraus folgern, dass die Strategie, die hier eingesetzt wird, dazu dient, die Frau vor der parasitären mütterlichen Beziehung zu schützen und ihr zu erlauben, durch die Entdeckung dieses Mannes X einen leichteren Zugang zu ihrer Heterosexualität zu finden. Das kann funktionieren oder auch nicht.

Dieser Mann, auf den ich nun wieder zurückkomme, sagte, er habe seit dem »alles in einem«.

Die Sitzung mit ihm setzte sich auf gewöhnliche Weise fort. Ich nahm die Gelegenheit wahr, um meinen Stammbaum fertigzustellen. So erfuhr ich, dass dieser Mann, ein Ozeanforscher, der Jüngste von vier Brüdern war und als sogenannter »überraschender Nachzügler« nach 14 Jahren auf den bis dahin Jüngsten folgte. Er stand seiner Mutter immer sehr nahe – wodurch illustriert wird, was ich weiter oben unter dem Begriff »Temperament« beschrieben habe –, für die er, wie es oft bei Nachzüglern oder Überraschungskindern der Fall ist, mehr oder weniger der Phallus war. Seine Lebenserfahrung – die Kolleginnen seiner Frau, welche studierte, ich erinnere noch einmal daran, dass sie »begeistert« über ihn sprachen –, ohne ihn zu einem »Mann für Frauen« werden zu lassen, führte ihn dazu, es mit »Huren« zu tun, die er aufsuchte, um die häufige Wiederkehr der Bindung an seine Mutter zu lockern. Die Frage, der ferneren Zukunft seiner Jungen beschäftigte ihn offenbar nicht, sie würden zweifellos wie er zurechtkommen, musste er gedacht haben. Aber nun war ihm ein Mädchen geboren worden. Wie konnte er ihm ein Vater sein? Da er nie eine Schwester hatte, kann das Verhalten seines Vaters für ihn nicht beispielgebend sein.

Er kann sich nur von der Beziehung zwischen seinem Schwiegervater und dessen Frau inspirieren lassen. Es scheint, als ob er erst jetzt entdecken würde, wie viel schwieriger es für ein Mädchen im Vergleich zu einem Jungen ist, die Bindung an die Mutter zu lockern. Seine Fehlleistung wird alles in Gang bringen. Seine Frau hat schließlich verstanden. Sie begreift und akzeptiert es ganz und gar, wie das Vermitteln ihres Vaters damals. Sie, der eine und der andere, der eine mit dem anderen, sind von nun an in den Begriffen des Gesetzes der Art. Durch sie ist er noch mehr Vater seiner Jungen und ganz und gar Vater der kleinen Lucile, die natürlich nicht die Besitzergreifung durch ihre Mutter leben muss wie die Mehrheit der Mädchen heute.

Ihre Vorgehensweise ist ein wahrhaftes und definitives Auseinanderhalten ihrer beiden Mütter zugleich. Und das, weil es seiner Frau gelungen ist, ihm ohne geringsten Vorbehalt jenen aus »allem« ausgeschlossenen Sex zu geben, den er seiner Mutter geben wollte, seit er auf der Welt ist.

Zurück zur Regel

Was lehrt uns diese aufschlussreiche Geschichte?

Es gibt etwas, das man leisten kann, sogar heute, der greifbare Beweis, *Paare, über die man sagen kann, dass »sie glücklich sein und viele Kinder haben werden«.* Etwas, das auf die Aufhebung der Ideologie hinausläuft, die, unterschiedlich und unter Einfluss verschiedenster Faktoren, bewusst die Idee einer unvermeidbaren Uneinigkeit von Paaren verfolgt, die unbedingt zusammenbleiben wollen. Etwas, das uns auf die Wirksamkeit des Gesetzes der Art und auf die Sinnlosigkeit des sterilen Geschlechterkampfes zurückführt, der sich von den sozialen Ungleichheiten und schmeichelnden Narzissmen nährt.

In den vorangehenden Kapiteln habe ich mehrfach auf die Existenz einer Regel verwiesen, die ich vorschlagen möchte und die geeignet ist, jedem eine Einsicht in die eigene Geschichte, wie die der Menschen zu gewähren, für die er sich interessiert. Ich spreche von etwas, von dem ich in meiner Arbeit regelmäßig Gebrauch mache, und das erklärt auch, warum ich über meine klinischen Fälle mit solcher Genauigkeit berichten kann. Zumindest immer dann, wenn es möglich ist, um nicht das Berufsgeheimnis zu verletzen!

Diese Regel beruht auf einem Protokoll, das einfach zu erstellen ist. Dass nämlich alle Symptome, welcher Art auch immer, auf einen mehr oder weniger schweren Verstoß gegen das Gesetz der Art zurückgehen, die in einem oder anderen Moment in der Geschichte der Person passiert sind.

Dieser Verstoß, der alle möglichen Ausdrucksformen annehmen kann, überträgt sich von einer Generation auf die nächste und verbreitet auf seinem Weg Schäden, die mehr oder weniger gut ertragen werden, aber die, weil sie immer schlimmer werden, eines Tages zum Symptom werden.

Diese Regel läuft nicht im Geringsten dem Ansatz entgegen, das den psychoanalytischen Diskurs beherrscht. Sie wird von ihm vielmehr weitgehend inspiriert. Sie unterscheidet sich dennoch radikal darin, welchen Horizont sie eröffnen will. Der psychoanalytische Diskurs bestätigt nicht ohne Grund, und ich wäre der Letzte, der das bestreitet, dass ein Subjekt in einem engen Netz der Signifikanten (für die Lacanianer) oder der Affekte (für die anderen) gefangen ist, und dass es sich nur durch eine Arbeit mit den Worten, die dieses Netz erforschen und sich davon befreien, herausarbeiten kann. Das Postulat, das die Regel aufstellt, die ich vorschlage, besteht zunächst darin, ernsthaft den unantastbaren Charakter des Gesetzes der Art zur Kenntnis zu nehmen. Erst danach kann man auf seine Vernunft und sein Gedächtnis zurückgreifen und versuchen, den Punkt zu finden, der in der eigenen Geschichte einen Verstoß gegen das Gesetz der Art ausgelöst hat. Der erste Vorteil, und nicht der geringste, eines solchen Vorgehens liegt darin, dass man sich von jeglichem Versuch der Beurteilung distanzieren kann: *Ganz gleich, wie weit man in die Geschichte zurückgeht, es gibt keine Schuldigen, sondern nur Opfer, die meistens aus einem sozialen Diskurs kommen, dem es damals nicht gelang, die Erwartungen dieses Gesetzes zu integrieren und umzusetzen.*

Wo ist der schwache Punkt dieses Gesetzes, der bewirkte, dass mit ihm schlecht umgegangen wird?

Er liegt in der Beziehung zwischen der Mutter und ihrem Kind, ganz gleich welches Geschlecht das Kind hat. Denn wesenhaft ist diese Beziehung von der Möglichkeit des inzestuösen Abweges geprägt, wie ich verständlich machen wollte. Welche Mutter träumt nicht davon, dass es ihrem Kind »an nichts fehlen soll«. Von dem, »dem nichts fehlt«, ich habe darauf hingewiesen, sagt man auf Lateinisch, dass er *incestus* ist. Auch wenn eine derartige mütterliche Bereitschaft in den ersten Lebenswochen für das Kind unentbehrlich scheint, so wird sie sehr rasch schädlich, für die Mutter ebenso wie für das elterliche Paar. Denn keine Mutter kann spontan ihre Bereitschaft einbremsen. Sie kann es nur durch Eingreifen des Vaters des Kindes, was oft als willkürlich betrachtet und deshalb zurückgewiesen wird. Sie kann dieses Eingreifen nur auf Grund ihrer eigenen Geschichte annehmen, anders gesagt, je nach dem, welchen Status die eigene Mutter dem eigenen Vater zugesprochen hat. Die Weise, in der eine Mutter das Eingreifen des Vaters ihrer Kinder annehmen kann, ermöglicht es der Tochter oder auch nicht, die Intervention des Vaters anzunehmen, bzw. dem Sohn, diese im Hinblick auf die Mutter zu akzeptieren. Auf Grund der Gefahr des Wiederholungszwangs bei jedem Paar im Laufe der Generationen wurde bis vor Kurzem durch den sozialen Kontext bewusst die dem Vater in der familiären Konstellation zugewiesene Position unterstützt. Dass eine solche Unterstützung zu Machtmissbrauch und unerträglichen Ungleichheiten führt, rechtfertigt vielleicht dennoch nicht das totale Ausschalten der väterlichen Instanz und das dumme Propagieren einer *bi-(sexuellen)* Mutter.

Wenn man in dieses Netzwerk die Dynamik der affektiven Entwicklung des Kindes miteinbezieht, indem man vom frühreifen Schrecken ausgeht, den es, Mädchen oder Junge, von seiner Mutter erfährt, und die Strategien, die es während der ödipalen Phase umsetzt, um diesen zu annullieren, erhält man ein relativ effizientes Lesemuster der Logik, die in jeder Geschichte am Werk ist.

Ich habe in den Jahren meiner ärztlichen Tätigkeit ausführlich über diese schädlichen Verhaltensweisen geschrieben. Ich habe mehr Kritik und Hass geerntet, als Anhänger für meine Sichtweise zu gewinnen, mit Ausnahme der Patienten, die mir ihr Vertrauen schenkten und denen ich nie gebührend gedankt habe. Ich verbrachte meine Zeit damit, die Leidenschaft zu mäßigen, die die Eltern für ein überinvestiertes Kind entwickeln, das heutzutage gemacht wird, wann man es will und mit wem man es will. Indem ich dies sage, habe ich nie die Illusion genährt, dass meine Empfehlungen ausreichen würden, den Verlauf einer Geschichte zu bremsen, die der Ordnung entsprechend aufgeschoben werden sollte. Dies ist der Grund, weshalb ich den Rückzug der sozialen Instanzen bedauert habe, die man – ohne die Konsequenzen zu bedenken –, in erster Linie zum Schweigen bringen wollte. Hatte nicht Lacan als Theoretiker verkündet, dass »das Unbewusste das Soziale« sei?[15] Françoise Dolto, die Pionierin in Sachen Kinder, hat auf ihre Weise die Schwierigkeit aufgegriffen, in vernünftiger Zeit die großen

Fragen unserer Zeit zu lösen. Auch hat sie weitgehend die söldnerhafte Aufzucht von Kindern favorisiert, und hat bei mancher Gelegenheit zum Ausdruck gebracht, dass die Kinder nicht von ihren Eltern erzogen werden sollten. Sie hatte sicherlich Gründe für eine derartige Ansicht, indem sie in ihrer Analyse entdeckt hatte, dass sie selbst ein unbeschädigtes Leben hatte, weil sie von einer Kinderfrau erzogen wurde. Aber ihre Empfehlung zielt auch darauf ab, den Eltern zu erlauben, aus der Schwierigkeit herauszukommen, die ich für meinen Teil enthüllt habe. *Wie kann man in der Tat bei den Menschen hoffen, die Empfehlungen eines Diskurses, die an ihre Vernunft appellieren, in Einklang zu bringen mit der Macht der Triebe, deren Sklaven sie sind, wobei die Sprache sich als unzureichend erweist, einen solchen Konflikt zu lösen und unsere soziale Ideologie auf Ordnung bedacht vorgibt, alle Meinungen kritiklos zu respektieren?*

Ich dachte, die Kinderanbetung *(infantolâtrie)* aufkündigen zu können, um den Kindern zu ersparen, Kindtyrannen zu werden. Ich schlug eine einfache, souveräne und in keiner Weise schädliche Vorgangsweise in der frühzeitigen Entwicklung bei den ganz Kleinen vor, und zwar eine in Bezug auf Quantität und Zeit kontrollierte Ernährung.[16] Sie wurde nie angewandt und meine Kinderarzt-Kollegen fühlten sich davon nicht angesprochen, wenn sie mich nicht geradezu attackierten. Vielleicht kommt man darauf in 25 oder 30 Jahren zurück, wenn eine oder mehrere Generationen geopfert und die Schwierigkeiten nur größer geworden sind. Werde ich dreist genug sein, darauf zurückzukommen und zu signalisieren, dass *die Frustration, die so dem Baby auferlegt wird, hilft, mit der Zeit abzustumpfen und so zweifellos die Intensität seiner Angst mäßigen wird, die es weiterhin gegenüber seiner Mutter haben wird, indem es, so gerüstet, auch die ödipale Phase sicher überschreiten wird, wie später seine Adoleszenz, vielleicht in einer weniger ge-*

waltsamen Weise? Werde ich dreist genug sein, diese Weise zu unterstützen, die die Schuld der Mutter zum Schweigen bringt, sie in ihr Frausein bringt, um sich vor allem um ihren Partner zu kümmern und das Paar zu festigen?

Natürlich sind die erforderlichen Bedingungen, damit sich die Dinge mit Sicherheit verbessern, schwierig, ja unmöglich, zu versöhnen oder miteinander zu vereinen. Das streite ich nicht ab.

Die meisten Eltern bekommen heute aus narzisstischem Vergnügen Kinder. Kinder sind nur noch reine Produkte und so stark instrumentalisiert, dass sogar homosexuelle Paare, deren Sexualität bewusst gegen die Fortpflanzung gerichtet ist, das Recht erhalten, sie zu adoptieren! Unsere Vorfahren, bei denen wir ohne zu zögern ihre Rückständigkeit anprangerten, haben alle Kinder in dankbarer Freude empfangen, die ihnen geschenkt wurden, und dachten dabei an die vielen hilfreichen Hände, die sie für die Arbeit in den Feldern haben würden. Sie sperrten diese Kinder zwar gewissermaßen in ein geschlossenes Schicksal ein, aber sie hatten zumindest langfristig eine Aufgabe. Heute ist das nicht mehr der Fall, heute *wird das Kind sofort aus persönlichen narzisstischen Absichten eingesetzt, um wieder etwas gutzumachen, sodass ihm gegenüber eine kannibalische Beziehung entsteht. Man nährt sich von ihm und durch es. Und die Angewohnheit, die man ihm auferlegt, beraubt es jeglicher Mittel, eines Tages, auch als Erwachsener oder Elternteil, das Recht zu reklamieren, selbst zu denken, für sich selbst zu leben und seine Kinder so zu erziehen, wie es das möchte.*

Ist es eine Spinnerei, den Eltern durch öffentliche Meinungsbildung klarzumachen, dass man ein Kind nicht für sich persönlich hat und es für sich nicht unbegrenzt konserviert, sondern dass man die Aufgabe hat, es um seiner selbst Willen aufzuziehen, damit es eines Tages davongehen kann?

Wodurch die Verantwortung angesprochen ist, es auf seine Zukunft in einem Umfeld vorzubereiten, wo es einfach den Boden unter den Füßen verlöre, wollte man es nur wie ein sanftes Lämmlein erziehen, und wo es auch nicht alt würde, wenn man es wie einen Schuft erziehen würde.

Man könnte entgegnen, dass die Verhaltensweisen der Eltern, die dem Sinn und dem Interesse der Kinder zuwiderlaufen, ihren Ursprung in der Angst vor dem Tod haben, die noch nie so intensiv war; wobei die Todesrate bei Kindern, die in Naturgesellschaften aufwachsen, bei 400 von 1000 liegt, gegenüber bei uns heute 6 von 1000.

Auch hier muss man an das Gesetz der Art erinnern, denn es setzte die Differenz der Generationen um, es setzte Mittel ein, um die Vektorisierung einer Zeit zu erkennen, die immer in der gleichen Bedeutung und im selben Kreislauf abläuft, in dem der Tod ein Ereignis ist, das über das Leben regiert. Sich in diesem Leben zu platzieren und zu akzeptieren, dass es einst auch ohne uns weitergeht, mit oder ohne Kinder, die man in die Welt setzt, bedeutet mehr oder weniger sich dem Unvermeidlichen anzunähern, das heißt voll und ganz sich der erwachsenen Dimension unserer Existenz zu nähern, jener Dimension, zu der jeder aufgerufen ist und von der wir gesehen haben, wie oft der Ehebruch sie zum Schweigen bringen will.

Es bleibt keine Zeit mehr, dieses neue Kapitel zu beginnen, das ich nicht schreiben werde. Ich begnüge mich damit, hier zwei Überlegungen zum Nachdenken anzufügen, um die Brutalität, die man mit diesem Thema in Zusammenhang bringt, zu relativieren.

Die erste stammt aus dem lyrischen Gedicht *Lazarus* von Emil Zola.[17] Lazarus, dem Jesus den Befehl gab, von den Toten aufzuerstehen, ruft aus: »Wieder leben, oh weh! Spüren, wie man täglich in seinem Fleische ein wenig stirbt (…). Ich habe die Grenze zum Tod überschritten, dieser zweite, so schrecklich, dass er ausreicht, das ganze Leben zu vergiften.«

Die zweite stammt vom Saxophonisten Paul Desmond, über den Alain Gerber geschrieben hat:[18] »All der Kummer des Sterbenden (…) stammt von der Fantasie von der Ewigkeit, die der absurdeste unter den menschlichen Träumen ist. Welcher klarsichtige Mensch, der darüber auch nur zwei Sekunden nachgedacht hat, will unsterblich sein? Wer legt sich eine derartige Schinderei auf? Wir tun nur so, als ob wir das anstreben, denn wir haben das Glück, eine leicht verderbliche Ware zu sein.«

Anhang

Anmerkungen

Vorwort

1 Lucien Israël, *Marguerite D. au risque de la psychanalyse*, Straßburg/Ramonville-Sainte-Agne 2003, S. 173.
2 Matthäus, 19,9.
3 Maurice Maeterlinck, *Pelléas und Mélisande*, Berlin 1897.

Nichts ist so nah wie das Ferne und … umgekehrt!

1 Sigmund Freud, *Die Traumdeutung*, Frankfurt 1899/1900.
2 Orson Welles, *Citizen Kane*, USA 1941.
3 Matthäus, 19,9.
4 129. Wenn die Ehefrau eines Mannes mit einem anderen Mann beim Beischlaf ergriffen wird, bindet man beide und wirft sie ins Wasser. Wenn jedoch der Herr der Ehefrau seine Ehefrau am Leben lässt, dann wird auch der König seinen Diener am Leben lassen.
130. Wenn ein Mann die Ehefrau eines (anderen) Mannes, die noch keinen Beischlaf mit einem männlichen Wesen hatte und im Hause ihres Vaters wohnt, knebelt und in ihrem Schoss liegt, und (wenn) man ihn (dabei) ergreift, dann wird man ihn töten. Die Frau aber wird freigelassen.
131. Wenn ein Ehemann seine Ehefrau des Ehebruchs bezichtigt, sie aber nicht beim Beischlaf ergriffen wurde, soll sie bei Gott schwören und zu ihrem Elternhaus zurückkehren.
134. Wenn ein Mann Kriegsgefangener ist und in seinem Haus keine Vorräte sind, und [wenn] seine Frau sich in ein anderes Haus begibt, wird sie nicht als schuldig betrachtet.
135. Wenn ein Mann Kriegsgefangener ist und in seinem Haus keine Vorräte sind, und [wenn] seine Frau sich in ein anderes Haus begibt und Kinder bekommt; wenn ihr Mann später zu ihr zurückkommt, soll sie zu ihrem Mann zurückkehren, die Kinder aber bleiben bei ihrem Vater.
136. Wenn jemand sein Haus verlässt, flieht und seine Frau in ein anderes Haus gehen lässt, wenn er zurückkehrt und seine Frau wiederhaben möchte: weil er sein Haus verlassen und geflohen ist, wird die Frau dieses Flüchtlings nicht zu ihrem Mann zurückkehren.

5 Sabine Melchior-Bonnet und Aude de Tocqueville, *In Flagranti. Ehebrecherinnen von der Antike bis heute*, Hildesheim 2000.

6 Robert Ranke-Graves, *Griechische Mythologie*, Reinbek bei Hamburg 1960.

7 Dieser Begriff klärt das Missverständnis bezüglich der Vorstellung vom »auserwählten Volk«, das in Wirklichkeit nur, ohne es zu wollen, mit einer Mission betraut wurde: als erstes Volk unter den Völkern mit gutem Beispiel voranzugehen und die Wahrheit der Botschaft durch deren Umsetzung zu beweisen.

8 1. Ich bin der Herr dein Gott. 2. Du sollst keine anderen Götter haben neben mir. 3. Du sollst den Namen des Herrn, deines Gottes, nicht missbrauchen. 4. Gedenke des Sabbattages, dass du ihn heiligst. 5. Du sollst deinen Vater und deine Mutter ehren.

9 6. Du sollst nicht töten. 7. Du sollst nicht ehebrechen. 8. Du sollst nicht stehlen. 9. Du sollst nicht falsch Zeugnis reden wider deinen Nächsten. 10. Du sollst nicht begehren deines Nächsten Hab und Gut.

10 Daher leitet sich im Übrigen auch das hebräische Glaubensbekenntnis ab, das mit lauter Stimme und den Händen vor Augen zur Betonung des Inhalts wiedergegeben wird: »Höre, Israel, der Ewige ist Gott, der Ewige ist einzig.«

11 Das Gebot, das im Laufe der Geschichte mehrfach die Rangstufe gewechselt hat, steht heute an sechster Stelle der Gebote des Katechismus der katholischen Kirche, Stand 2004.

12 Isaac Morali, *Dissertation homilétique de R. Saadia Gaon sur le Décalogue*, Paris 1965.

13 Dessen noch immer nicht abgeschlossene anthropologische Durchleuchtung erweist sich übrigens als höchst spannend. Dazu Mary Douglas, *Reinheit und Gefährdung*, Berlin 1985.

14 Lucy Vincent, *Petits Arrangements avec l'amour*, Paris 2005. Als Neurobiologin kommt die Autorin zu dem Schluss, die Tolerierung der Polygamie bei Männern sei die Folge biologischer Voraussetzungen. Im Rahmen ihrer evolutionären Anpassungsfähigkeit hätten Männer das ununterdrückbare Bedürfnis, ihre hohe Produktion an Samenzellen auf möglichst viele Frauen zu verteilen.

15 Exodus, 34,7.

16 Françoise Héritier, *Masculin/Féminin I, la pensée de la différence*, Paris 1996, und *Masculin/Féminin II, dissoudre la hiérarchie*, Paris 2002.

17 Näheres dazu bei Aldo Naouri, *Les Pères et les Mères*, Paris 2004.

18 Der Meister von Kone, ins Französische übersetzt aus dem A'jië, in MWÀ VÉÉ, *Revue culturelle kanak* Nr. 44, S. 60, Nouméa 2004.

19 Levitikus 19,1.

20 Levitikus 18,1.

21 Näheres dazu bei Naouri, *Les Pères et les Mères*.

22 Lucien Israël, *Marguerite D. au risque de la psychanalyse*, S. 173.

23 Dieser Text, mit dem das Ritual des Kippur eröffnet wird, berücksichtigt implizit die Schwierigkeit, seine Triebhaftigkeit zu beherrschen, sowie die Vergeblichkeit der Gelübde. In seinem Buch *Probleme der Religionspsychologie. 1. Ritual*, Leipzig 1919, liefert Theodor Reik eine kluge Analyse dazu. Die NS-Ideologie hat dieses Ritual unter Pervertierung seines Inhalts dazu herangezogen, den Hass auf die Juden zu schüren und den geplanten Genozid zu rechtfertigen.

Zwei-Sein

1 Sarah Blaffer Hrdy, *Mutter Natur. Die weibliche Seite der Evolution*, Berlin 2000.

2 Winnicott Donald W., *Von der Kinderheilkunde zur Psychoanalyse*, Gießen 2007.

3 Die Verwandtschaftssysteme, die in der Anthropologie untersucht werden und von denen es sechs gibt, liefern eine strenge Definition der Verbindungen, die ein Individuum eingehen darf. Damit habe ich mich in meinem Buch *Les Pères et les Mères* eingehender beschäftigt.

4 Françoise Zonabend, *Histoire de la famille 1*, Paris 1986.

5 Das Unternehmensmarketing hat sich Phänomene dieser Art im Übrigen immer zunutze gemacht.

6 Würde dies allein nicht schon ausreichen, um zu erklären, mit welcher Geschwindigkeit sich das Christentum verbreitet hat, ohne dass Gewalt angewendet wurde? Vor dem Hintergrund der Sehnsucht nach einem Glauben, auf den zu verzichten so schwer fiel, ist es durchaus nicht abwegig, dass einer Religion, deren Begründer die ungeschlechtliche Empfängnis durch die Mutter garantiert, massenhaft und unmittelbar Zulauf beschieden war.

7 Genesis, 24. Im Übrigen ist es interessant, darauf hinzuweisen, dass allein schon die Art und Weise, wie sich die Eheschließungsmodalitäten dieser drei Patriarchen entwickeln, eine eindrucksvolle Metapher darstellt, denn in ihnen zeigt sich eine allmähliche Öffnung auf die Welt: Abraham vermählt sich innerhalb seines Clans mit seiner Halbschwester Sara; für seinen Sohn Isaak wählt er zwar eine Verwandte aus, die jedoch an einem anderen Ort lebt und zu ihm gebracht wird. Jakob ist der Erste, der seinen Herkunftsort verlässt, um sich eine Frau zu nehmen, womit das räumliche Abenteuer beginnt.

8 Françoise Zonabend, *Histoire de la famille 1.*

9 Dort treten sie allerdings nicht immer in der Form in Erscheinung: Es gibt einen grundlegenden Unterschied zwischen den arrangierten Verbindungen, in denen die Partner ein Einspruchsrecht haben, und denen, die angebahnt werden und bei denen die Partner sich im Hochzeitsgemach gegenseitig entdecken.

10 Idrissa Ouedraogo, *Tilaï*, Burkina Faso 1989.
11 Aus einem ganz anderen Kulturkreis heraus behandelt Hou Hsiao-Hsien die Problematik in zwei Filmen: *Blumen aus Shanghai* und *Three Times*.
12 Marcel Jouhandeau, *Chroniques maritales*, Paris 1938.
13 Interview im *Figaro littéraire* vom 25. November 2004.
14 Die Bemerkung mag lächerlich erscheinen, doch ist sie es insofern nicht, als es männliche Prostitution heute in etlichen Ländern gibt und die Nachfrage bei Frauen durchaus vorhanden ist.
15 In Frankreich die Collection Harlequin, deren Bedeutung und Stellenwert Annick Houel in ihrem Buch *Le Roman d'amour et sa lectrice. Une si longue passion. L'exemple Harlequin*, Paris 1997, genauestens untersucht.
16 Jean-Claude Kaufmann, *Schmutzige Wäsche. Zur ehelichen Konstruktion von Alltag*, Konstanz 1994.
17 Um Stammkunden zu gewinnen, werben in den Vereinigten Staaten manche Rechtsanwälte damit, dass sie, wenn sie mit zwei aufeinanderfolgenden Scheidungen beauftragt werden, die dritte kostenlos betreuen.
18 *Le Figaro Madame* vom 21. Mai 2005, S. 106 ff.
19 Was ich auf den provokanten Nenner gebracht habe, dass, »gleich ob Mann oder Frau, jeder immer nur seine Mutter heiratet«. Näheres dazu bei Aldo Naouri, *Les Filles et leurs mères*.

Immer wieder »Zwei-Sein«

1 Aldo Naouri, *L'Enfant porté*, Paris 1982, und Points-Seuil, Nr. 479.
2 Michel Foucault, *Die Geburt der Klinik*, München 1973, zit. Ausg. 1978, S. 122 u. 123.
3 André Leroi-Gourhan, *Höhlenkunst in Frankreich*, Bergisch Gladbach 1981.
4 Gérard Bonnet, *Voir et être vu*, Bd. 1 u. 2, Paris 1981.
5 Wie die Furcht vor dem »bösen Blick« beweist, die im gesamten Mittelmeerraum gilt.
6 Isaac Bashevis Singer, *Schatten über dem Hudson*, München 2000. Der Autor, ein großer Kenner der weiblichen Seele, schreibt dort über »das Selbst einer Frau, die sich von Männern begehrt weiß« (S. 48).
7 Überaus aufschlussreich ist, was Gérard Bonnet in *Voir et être vu* zu dieser Thematik schreibt, die ich hier nur anschneide.
8 Michel Imbert, »La vision aujourd'hui«, in *La Lumière au siècle des Lumières*, hrsg. von J.-P. Changeux, Paris 2005.
9 Olivier Bloch, »Le matérialisme éclairé de Diderot«, in *La Lumière au siècle des Lumières*.
10 Michel Foucault, *Die Geburt der Klinik*.

11 Moustapha Safouan, *L'Échec du principe de plaisir*, Paris 1979.

12 Näheres dazu bei Alain Ehrenberg, *Das erschöpfte Selbst*, Frankfurt 2004.

13 »N'avez-vous donc jamais / appelé de vos vœux / l'amourette qui passe / qui vous prend aux cheveux / qui vous conte la bagatelle / qui met la marguerite au jardin potager / la pomme défendue aux branches du verger / et le désordre à vos dentelles?«

14 Ein Beispiel dafür: Am 22. April 2006 berichtete der Moderator der 13-Uhr-Nachrichten in France-Inter, es sei in Belgien homosexuellen Paaren nun gesetzlich erlaubt, Kinder zu adoptieren. Um diese Neuigkeit zu kommentieren, hatte er eine Soziologin ausgewählt, die diese Entscheidung natürlich befürwortete und bedauerte, dass die Gesetzgeber in Frankreich in dieser Frage ihre Entscheidung auch weiterhin auf »Prinzipien« gründen!

15 Abkürzung des Handbuchs *Diagnostic and Statistical Manual of Mental Disorders*, herausgegeben von der *American Psychiatric Association* und regelmäßig neu aufgelegt. Für sie existiert die Psychoanalyse natürlich nicht.

16 *Trolös* (Die Treulosen), Schweden, Film von Liv Ullmann, nach einem Drehbuch von Ingmar Bergman.

17 Das Zitat stammt von dem Dramatiker und Schriftsteller Botho Strauss, worauf der Übersetzer des Buches von Ingmar Bergman, *Une affaire d'âme*, hinweist. Paris 2002.

18 Aldo Naouri, *Das Drama der perfekten Mutter*, Düsseldorf 1999, und *Les Pères et les Méres*, bereits zitiert.

19 Sigmund Freud, *Die Weiblichkeit*, in *Neue Konferenzen über die Psychoanalyse*, GW, 15, Frankfurt 1973, S. 119–145.

20 Françoise Héritier, *Les Deux Sœurs et leur mère*, bereits zitiert.

21 Moustapha Safouan, *La Sexualité féminine*, Paris 1976, S. 29.

22 Théo Lesoualc'h, *Érotique du Japan*, Paris 1968, S. 14f.

23 Eine Macht, die, so imaginär sie auch ist, ganz ungemein demjenigen hilft, der sie ausübt, um sich damit ans Leben zu klammern. Um sich davon zu überzeugen, genügt es, sich das außergewöhnlich lange Überleben – von 14 Jahren – zu vergegenwärtigen, das diese Macht François Mitterrand ermöglichte, der schon zu dem Zeitpunkt, als er zum Präsidenten gewählt wurde, an Prostata-Krebs litt.

24 Gisèle Chaboudez, *Rapport sexuel et rapport des sexes*, Paris 2004.

25 Annick Houel, *L'Adultère féminin et son roman*, Paris 1999, S. 147.

26 Jacqueline Schaeffer, *Le Refus du féminin*, Paris 1981, S. 142.

Ist das Ziel Sex?

1 Diese Bücher finden sich in der Nationalbibliothek Frankreichs unter der Abteilung »Enfer« (dt.: Hölle), die lange Zeit nur schwer zugänglich war.

2 William N. Masters, Virginia, E. Johnson, Robert Kolodny, *Liebe und Sexualität*, Berlin 1987.

3 In seinem Buch *Wendekreis des Krebses* erzählt der Schriftsteller Henry Miller, dass er eines Morgens, von einer plötzlichen Angst vor der Leidenschaft erfasst, die er für das weibliche Geschlecht und insbesondere für die Vagina hatte, beschloss, nachzusehen, was wohl in dieser Vagina drin sein mochte, die ihn in solche Zustände versetzte. Mit einer Taschenlampe machte er sich daran, in die Vagina seiner derzeitigen Geliebten zu schauen, und stellte verblüfft und schmerzlich fest: »Aber in einer Vagina ist ja gar nichts drin!«

4 Diese Figur aus der Mythologie, die sieben Jahre lang in eine Frau verwandelt worden sein soll, wurde eines Tages gebeten, als Richter einen Streit zu schlichten, bei dem es darum ging, wer von den beiden, Zeus oder Hera, mehr Genuss beim Geschlechtsverkehr empfand. Der Richter kam zu dem Schluss, dass der Genuss der Frau neun Mal größer sei als der des Mannes.

5 Shere Hite, *Das sexuelle Erleben der Frau*, München 1977.

6 J. Perry und B. Wipple, *Journal of Sex Research*, Nr. 17 (1981), S. 22–39.

7 Marie-Claude Benattar, *Medica judaica*, Nr. 93 (2004), S. 14.

8 M. Zaviavic u. a., *La prostate féminine* in: *Sexologie* (2002), S. 11–39, 53–60.

9 Was zur Entwicklung der Moleküle führte, dazu bestimmt, Erektionsschwächen zu behandeln; zu nennen wäre hier besonders das bekannte Medikament *Viagra*®.

10 Philippe Brenot, *Le Sexe et l'Amour*, Paris 2003, S. 189.

11 Diese Werbekampagne verglich in humorvoller und keinesfalls geschmackloser Weise den eher exorbitanten »Selbstkostenpreis/Gestehungskosten« (prix de revient – in diesem Zusammenhang nicht übersetzbar), den verschiedene Männertypen kosteten, mit dem niedrigen »reellen Preis« des Geräts, das dazu diente, den Genuss zu verschaffen, den die Frauen eigentlich von ihren Männern erwarteten.

12 Catherine Millet, *Das Sexualleben der Catherine M.*, München 2001.

13 Um den gewaltigen sexuellen Unterschied zwischen den Geschlechtern zu betonen, erklärt Lacan, es »gibt keinen sexuellen Verkehr/Verhältnis« (in »Radiophonie«, *Scilicet* 2–3, Paris 1970, S. 65.) Diese Formulierung, die er da provozierend vorbringt und die wie alle seine Aussprüche verschieden ausgelegt werden können, fordert den Leser auf, einzusehen, dass man zwar zwei Zahlen in ein mathematisches

Verhältnis zueinander bringen kann, hingegen keinesfalls von den Merkmalen, Eigenheiten und Möglichkeiten des einen Geschlechts auf die des anderen schließen kann.

Das Männliche

1 Lacan war der Meinung, dass die Heilige Schrift aus Scham von einer Rippe spricht. In Wirklichkeit sei von dem Knochen die Rede gewesen, der dem Penis fehlt, weil das Abschwellen verhindert, dass beide Orgasmen gleichzeitig auftreten.

2 Was Lacan folgendermaßen kommentiert: »Der Mann ex-sistiert« (von *ex* nach außen und *sistere* sich halten), wohingegen »die Frau nicht ex-sistiert« – eine Formulierung, die ich erläutern muss und die, wie man sich gut vorstellen kann, kontroverse Debatten entfachte.

3 1. Mose, 3, 7–15

4 Piera Aulagnier, in: *Le Désir et la Perversion*, Sammelband, Paris 1967, S. 60.

5 Nachzulesen bei Jean-Didier Vincent, *Biologie des Begehrens*, Reinbek 1990; sowie Lucy Vincent, *Comment devient-on amoureux*?, Paris 2004.

6 Albert Cohen, *Das Buch meiner Mutter*, Stuttgart 1984.

7 Albert Cohen, *Die Schöne des Herrn*, München 1989.

8 Albert Camus, *Der erste Mensch,* Rowohlt 1995.

9 Romain Gary, *Erste Liebe – letzte Liebe.* Ein autobiografischer Roman, München 1986.

10 Michel Schneider, *Maman*, Paris 1999.

11 Jean Delay, *La jeunesse d'André Gide* (Bd. 2), Paris 1956 und Jacques Lacan: *Écrits*, Paris 1966, S. 739–764.

12 Pier Paolo Pasolini, *Supplica a mia madre*, aus *Poesia in forma de rosa* (1961–1964), in *La Poesia*, Mailand 1975.

13 Der Komponist und Dirigent Leonard Bernstein, verheiratet und Vater mehrerer Kinder, hatte sowohl weibliche als auch männliche Geliebte in großer Anzahl, siehe dazu: www.8notes.com/bibliographies/bernstein.asp.

14 Da dies hier nicht zu meinem Thema gehört, führe ich die interessante Überlegung nicht aus, anhand derer man eine Parallele ziehen könnte zwischen dem antiken Griechenland mit seinen Olympischen Göttern und der Homosexualität, die in manchen Gesellschaftsschichten üblich war und zum normalen männlichen Verhalten gehörte, und dem hebräischen Monotheismus, der dem Vater eine fundamentale Rolle zuschrieb und die Homosexualität als Abscheulichkeit betrachtete.

15 *Don Giovanni*, Oper von Mozart, nach einem Libretto von Lorenzo Da Ponte, 2. Akt, 1. Szene.

16 Ein Klient meiner Praxis, der Vater war und sich einen regelrechten Harem zugelegt hatte, in dem die Frauen jeweils voneinander Kennt-

nis hatten, sagte zu mir: »Ich bin kein Schürzenjäger. Ich laufe den Frauen nicht nach. Vielmehr kommen sie zu mir. Es muss etwas an mir dran sein, das sie anzieht. Aber was wohl?«

17 Mehr Einzelheiten dazu in: Aldo Naouri, *Les Pères et les Mères*, bereits zitiert.

18 Wladimir Granoff, *Le Désir d'analyse*, Paris 2004, S. 259.

19 Ich habe alle das in einigen meiner Bücher beschrieben, aber ganz detailliert in *L'Enfant bien portant*, Paris 2004, S. 355–362. Ich habe gezeigt, wie diese wichtige Entwicklungsphase zudem in der Psyche die Anlage für das Bewusstsein eines Zeitgefühls schafft.

20 Aldo Naouri, *Les Pères et les Mères*, bereits zitiert.

21 Man kann die Entwicklung dieses Aspekts der Dinge in folgendem Buch nachlesen: Jean Cournut, *Pourquoi les hommes ont peur des femmes*, Paris 2001.

22 Goliarda Sapienza, *In den Himmel stürzen*, Berlin 2005.

23 Wie in dem von mir angeführten Fall, in dem ein Junge hinter seiner Mutter herlief und zu ihr sagte, er wolle mit ihr »Liebe machen«.

24 Ich werde an späterer Stelle die ödipale Phase des Mädchens thematisieren, deren Strategie gefährlicher ist als beim Jungen.

25 Jacobsohn-Organ, Atavismus, phylogenetisch älteres Riechorgan (»Blindsack«), beim Menschen gelegentlich vorkommend. Es ist interessant, dazu hier anzumerken, dass das Gebot (Zehn Gebote), in dem es um das Verbot des Ehebruchs geht, im Hebräischen von *lo tinhaf* spricht, was auch heißt »rieche nicht«.

26 Die Mutter des Erzählers im Roman von Hervé Bazin, *Viper im Würgegriff* (*Die Familie Rezeau*, Erster Teil), Berlin 1948.

Das Weibliche

1 *Aragon* gesungen von Jean Ferrat im Jahre 1961.

2 Ich tat das umfassend in früheren Werken, darunter *Les Pères et les Mères*. In meiner Praxis erkläre ich das den Eltern und sage ihnen bildhaft, dass ein Kind ein Flüstern seiner Mutter hört, auch wenn sie sich am anderen Ende eines kilometerlangen Tunnels befindet, während es praktisch nichts hört von dem, was sein Vater sagt, auch wenn dieser es durch einen Lautsprecher von 300 Watt in sein Ohr brüllt.

3 Françoise Dolto, *Der Fall Dominique*, Frankfurt 1967.

4 Jacques Lacan, *Das Seminar*, Buch XX, *Encore*, Berlin 1991.

5 Desmond Morris, *Magie du corps*, Paris 1986.

6 Sigmund Freud, *Drei Abhandlungen zur Sexualtheorie*, in: *Sexualleben*, Studienausgabe Band V, Frankfurt 1982, S. 97.

7 Jean-François de Sauverzac, Françoise Dolto, *Itinéraire d'une psychanalyste*, Paris 1993, S. 239.

8 Jacques Lacan, *Das Seminar*, Buch XX, *Encore*, Berlin 1991, S. 81f.

9 Jacqueline Schaeffer, *Le Refus du féminin*, Paris 1997.
10 Moustapha Safouan, *La Sexualité féminine*, Paris 1976, S. 118 f.
11 Moustapha Safouan, S. 116.
12 *Don Giovanni*, 2. Akt, 6. Szene.
13 Goliarda Sapienza.
14 Jørn Riel, *La Faille.*
15 Sigmund Freud, *Die Weiblichkeit*, in: Vorlesungen zur Einführung in die Psychoanalyse und Neue Folge, Studienausgabe Band 1, Frankfurt 1969, S. 564.
16 Sigmund Freud, *Totem und Tabu*, Frankfurt 1961.
17 Hite Shere.
18 Elisabeth Lloyd.
19 A. Spira, N. Bajos, *Les Comportements sexuels en France*, Paris 1993.
20 Jacqueline Schaeffer, *Le Refus du féminin*.
21 Siehe Jean Cournut.
22 Vgl. *Les Pères et les Mères*.
23 Vgl. meinen Beitrag: »Un inceste sans passage à l'acte: la relation mère-enfant«, in: Françoise Héritier, Boris Cyrulnik, Aldo Naouri, *De l'inceste*, Paris 1994/2001.
24 In *Das Drama der perfekten Mutter* und *Les Pères et les Mères*.
25 Diane Wook Middlebrook, *Zwischen Therapie und Tod. Das Leben der Dichterin Anne Sexton*, Hamburg 1993, S. 215. Die Bibliografie bringt diese Worte von Anne Sexton nach Tonbandaufnahmen von Sitzungen mit ihrem Psychiater, die dieser für die Biografie zur Verfügung stellte.
26 Alle Fälle der Figur können sich sehen: Ihre Mutter kann es massiv investieren, indem sie ihren eigenen Phallus macht, während ihr Vater sich dafür nicht interessiert; ihre Mutter kann es nicht investieren und sie ihrem Vater übergeben, der auf sie die Liebe übertragen wird, die er für ihre Mutter hat; beide können es überinvestieren oder sich dafür nicht interessieren; ohne die Unendlichkeit der Nuancen zu zählen, die sich in den Intervallen dieses Schemas einschreibt. Das Ganze steht immer in der persönlichen Geschichte der jeweiligen Eltern, in die das Weibliche und das Männliche eingeschrieben sind.
27 Annick Houel, S. 166.
28 F. Péréa, J. Morénon, »Les manifestations vocales et verbales pendant l'acte sexuel: une désactivation de la chaîne signifiante«, *Synapse*, Nr. 223, März 2006, S. 31.
29 Diese hier konstituiert im Auftreten den typischen Fall, der erlaubt, die Aussage von Freud zu relativieren, hier auf Seite 216 angeführt. Denn niemals wird sie sich von einem »geschickten Verführer« verführen lassen, und noch weniger lässt sie sich durch die geringste »Perversion« überwältigen, die ihr angeboten wird.

30 Siehe Catherine Millet.

31 Das schreibt in eigenen Worten G. Chaboudez, S. 133, wenn sie schreibt, dass »während des sexuellen Akts, wo man *eins* sein will, ist die Bezugnahme zur Beziehung zur Mutter gegenwärtig, auch unbewusst«.

32 Jacqueline Schaeffer, S. 148.

33 Klammerausdruck von mir.

34 Aldo Naouri, *Une place pour le père*, Paris 1985 und Points-Seuil 1992. *A.d.Ü.:* »Pères-dus« klingt wie wie »perdu« = verloren.

Eine Regel gegen die Ratschläge von anderen

1 Pierre Louÿs, *Die Abenteuer des Königs Pausolos. Erotischer Roman*, Berlin 1964.

2 Didier Anzieu, *Freuds Selbstanalyse und die Entdeckung der Psychoanalyse*, München-Wien 1990.

3 Roger Vailland, *Drôle de jeu*, Paris 1996.

4 An den Tagen vor dem Muttertag im Jahr 2006 war an den Werbeflächen eine Abbildung zu sehen, die das Gesicht eines etwa zweieinhalbjährigen Jungen zeigte, das sich an den Bauch seiner hochschwangeren Mutter schmiegte. Dazu der Text: »Denken Sie daran, der wichtigsten Frau Ihres Lebens ›Ich liebe dich‹ zu sagen.«

5 Gisèle Chaboudez.

6 Als bemerkenswerte Erkenntnis der Sexologie anerkenne ich, dass sie bewiesen hat, dass die Frauen, denen kolische Henkelpfropfen anstatt einer Vagina, die sie nicht haben, zugeschrieben wurden, Orgasmen haben können, die ganz genau denen anderer Frauen gleichen.

7 Vgl. Jean-Didier Vincent und Lucy Vincent.

8 Boris Cyrulnik, *Das Drehbuch menschlichen Verhaltens: was Tiere uns voraus haben*, München 1996.

9 Françoise Héritier, Boris Cyrulnik, Aldo Naouri, *De l'inceste*. Siehe darin meinen Beitrag: »Un inceste sans passage à l'acte: la relation mère-enfant«.

10 Am 22. April 2006, in den 13-Uhr-Nachrichten auf France-Inter, ging es darum, ob die belgische Regierung homosexuellen Paaren erlaubt, Kinder zu adoptieren. Die Soziologin, die eingeladen wurde, um die Frage zu beantworten, warum Frankreich immer noch zögert und in diesem Bereich keine Gesetze macht, bedauerte, ohne offenbar den Journalisten zu schockieren, dass unser Land weiterhin Gesetze »nach Prinzipien« macht. Eine derartige Geisteshaltung begrüßt es, nicht die Grundlagen von NUD, der pädophilien Politik in den Niederlanden, anzuzweifeln (*Le Figaro Magazine*, 24. Juni 2006, S. 24).

11 Gisèle Chaboudez, S. 238.

12 Jacqueline Schaeffer, S. 73.
13 Sigmund Freud, *Das Sexualleben*, Studienausgabe Band V, Frankfurt 1982, S. 204 f.
14 Sigmund Freud, *Die Weiblichkeit*, in: *Neue Folge der Vorlesungen zu Einführung in die Psychoanalyse*, Frankfurt 1980, S. 109.
15 Jacques Lacan, *Télévision*.
16 In: *Les pères et les mères*.
17 Alfred Bruneau, *Lazare*, Gedicht von Emile Zola, CD Adès, unter der Leitung von Jaques Mercier.
18 Alain Gerber, *Le jazz est un roman*. Sendung von France-Musique vom 20 September 2005. Der Text dazu erschien im Oktober 2006 bei der Édition Fayard, Paris.

Bibliografie

Anzieu Didier, *Freuds Selbstanalyse und die Entdeckung der Psychoanalyse*, 2 Bände: 1895–1898, 1898–1902, Verlag für Internationale Psychologie, München-Wien 1990

Atlan Henri, *L'Utérus artificiel*, Seuil, Paris 2005

Aulagnier Piera, *Le Désir de la Perversion, ouvrage collectif*, Seuil, Paris 1967

Bazin Hervé, *Viper im Würgegriff* (Die Familie Rezeau, Erster Teil), Berlin 1948

Bergman Ingmar, *Une affaire d'âme*, Cahiers du cinéma, Paris 2002

Bibel, Einheitsübersetzung, Herder Verlag, Freiburg-Basel-Wien 1980

Blaffer Hrdy Sarah, *Les Instincts maternels*, Payot, Paris 2002

Bonnet Gérard, *Voir et être vu*, 1 et 2, PUF, Paris 1981

Brenot Philippe, *Le Sexe et l'Amour*, Odile Jacob, Paris 2003, S. 189

Camus Albert, *Der erste Mensch*, Rowohlt, Reinbek bei Hamburg 1997

Chaboudez Gisèle, *Rapport sexuel et rapport des sexes*, Denoël, Paris 2004

Changeux Jean-Pierre (unter der Leitung von), *La Lumière au siècle des Lumières*, Odile Jacob, Paris 2005

Code Hammourabi: http://perso.wanadoo.fr/jdtr/Hamourabi.htm

Cohen Albert, *Das Buch meiner Mutter*, Klett-Cotta, Stuttgart 1984

Cohen Albert, *Die Schöne des Herrn*, Klett-Cotta, Stuttgart 1987

Cohen Albert, *Solal*, Klett-Cotta, Stuttgart 1986

Cournut Jean, *Pourqoui les hommes et les femmes ont peur des femmes?* PUF, Paris 2001

Cyrulnik Boris, *Das Drehbuch menschlichen Verhaltens: was Tiere uns voraushaben*, Deutscher Taschenbuch Verlag, München 1996

Delay Jean, *La jeunesse d'André Gide* (2 Bände), Gallimard, Paris 1956

Dolto Françoise, *Der Fall Dominique*, Suhrkamp, Frankfurt 1973

Douglas Mary, *L'Anthropologie et la Bible*, Lecture du Lévitique, Bayard, Paris 2005

Ehrenberger Alain, *La Fatigue d'être soi*, Odile Jacob 1998, Poches Odile Jacob, Paris 2000

Foucault Michel, *Die Geburt der Klinik*, Fischer-Taschenbuch-Verlag, Frankfurt 1993

Freud Sigmund, *Das Sexualleben*, Studienausgabe Band V, Fischer Wissenschaft, Frankfurt 1982

Freud Sigmund, *Die Traumdeutung*, Fischer-Taschenbuch-Verlag, Frankfurt 1961

Freud Sigmund, *Die Weiblichkeit*, in: Neue Folge der Vorlesungen zur Einführung in die Psychoanalyse, Fischer-Taschenbuch-Verlag, Frankfurt 1980

Freud Sigmund, Drei Abhandlungen zur Sexualtheorie, in: *Sexualleben*, Studienausgabe Band V, Fischer-Taschenbuch-Verlag, Frankfurt 1982
Freud Sigmund, *Totem und Tabu*, Fischer-Taschenbuch-Verlag, Frankfurt 1956
Gary Romain, *Erste Liebe – letzte Liebe.* Ein autobiografischer Roman, dtv, München 1986
Granof Wladimir, *Le Désir d'analyse*, Aubier, Paris 2004
Here Hite, *Le Rapport Hite* (sur les femmes), Robert Laffont, Paris 1977
Héritier Françoise, Cyrulnik Boris, Naouri Aldo, *De l'inceste*, Odile Jacob, »Opus« 1994, und »Poches Odile Jacob«, Paris 2001
Héritier Françoise, *Les Deux Sœurs et leur mère*, Odile Jacob 1994, Opus Odile Jacob, Paris 1997
Héritier Françoise, *Masculin/féminin I, La Pensée de la différence*, Odile Jacob, Paris 1996
Héritier Françoise, *Masculin/féminin II, Dissoudre la hiérarchie*, Odile Jacob, Paris 2002
Houel Annick, *L'Adultère au féminin et son roman*, Armand Colin, Paris 1999
Houel Annick, *Le Roman d'amour et sa lectrice*. Une si longue passion. L'example Harlequin, L'Harmattan, Paris 1997
Israël Lucien, *Marguerite D. au risque de la psychanalyse*; Arcanes, Erès, Strasbourg, Ramonville-Sainte-Agne 2002
Kaufmann Jean-Claude, *La Trame conjugale*, Nathan, Paris 1992
La Ville de Mirmont Jean de, *L'horizon chimérique*, la Table Ronde, Paris 1998
Lacan Jacques, *Das Seminar von Jacques Lacan*, Quadriga, Berlin 1987
Lacan Jacques, Encore, *Das Seminar Buch XX*, Textherstellung durch Jacques Alain Miller, Quadriga, Berlin 1991
Lacan Jacques, *L'Angoisse*, Séminaire Livre X, Seuil, Paris 2004
Lacan Jacques, *Schriften I–III*, herausgegeben von Norbert Haas und Hans-Joachim Metzger, Quadriga, Berlin 1973–1980
Lacan Jacques, *Télévision*, Seuil, Paris 1973
Leroi-Gourhan André, *L'Art pariétal, langage de la Préhistoire*, J. Million, Grenoble 1992
Lévi-Strauss Claude, In: *Histoire de la famille 1* (unter der Leitung von Zonabend F.), Armand Colin, Paris 1986
Lloyd Elisabeth, *The Case of Female Orgasm* – Bias in the Science of Evolution, Harvard University Press 2005
Maeterlinck Maurice, *Pelléas und Mélisande*, Diederichs Verlag, Leipzig 1902
Masters William H. und Johnson Virginia E., *Die sexuelle Reaktion*, Rowohlt, Reinbek bei Hamburg 1985

Miller Henry, *Wendekreis des Krebses*, Rowohlt, Reinbek bei Hamburg 1979
Millet Catherine, *Das sexuelle Leben der Catherine M.*, Goldmann Verlag, München 2003
Mwà Véé, *Revue culturelle kanak*, Nr. 44, p. 60, »Le maître de Koné«, übersetzt aus dem a'jië, Nouméa, 2004
Naouri Aldo, *Das Drama der perfekten Mutter*, Walter Verlag, Düsseldorf 1999
Naouri Aldo, *L'Enfant bien portant*, Seuil, Paris 2004
Naouri Aldo, *L'Enfant porté*, Seuil 1982, und Points-Seuil Nr. 479, Paris
Naouri Aldo, *Les pères et les mères*, Odile Jacob, Paris 2004
Naouri Aldo, *Une placepour le père*, Seuil 1985, und Points-Seuil, Paris 1992
Pasolini Pier Paolo, *Poesia in forma di rosa* (1961–1964), Garzanti, Mailand 2006
Ranke-Graves Robert, *Griechische Mythologie*, Rowohlt, Reinbek bei Hamburg 1989
Reik Theodor, Ritual: *Psycho-Analytic Studies*, International Universities Press 1970
Riel Jørn, *La Faille*, 10/18, Nr. 3669, Paris
Safouan Moustapha, *L'Echec du principe de plaisir*, Seuil, Paris 1979
Safouan Moustapha, *La Sexualité féminine*, Seuil, Paris 1976
Sapienza Goliarda, *In den Himmel stürzen*, Aufbau-Verlag, Berlin 2005
Sauverzac Jean-François de, *Françoise Dolto, itinéraire d'une psychanalyste*, Aubier, Paris 1993
Schaeffer Jacqueline, *Le Refus du féminin*, PUF, Paris 1997
Schneider Monique, *Le Paradigme féminin*, Aubier-Flammarion, Paris 2004
Schnitzler Arthur, *Traumnovelle und andere Erzählungen*, S. Fischer Verlag, Frankfurt 2006
Singer Isaac Bashevis, *Schatten über dem Hudson*, Hanser Verlag, München-Wien 2000
Spira A., Bajos N., *Les Comportements sexuels en France*, La Documentation française, Paris 1993
Vincent Didier, *Biologie des Begehrens*, Rowohlt, Reinbek bei Hamburg 1990
Vincent Lucy, *Comment devient-on amoureux*? Odile Jacob, Paris 2004
Vincent Lucy, *Petits Arrangements avec l'amour*, Odile Jacob, Paris 2005
Winnicott Donald W., *Von der Kinderheilkunde zur Psychoanalyse*, Psychosozial-Verlag, Gießen 2007
Wood Middlebrook Diane, *Zwischen Therapie und Tod. Das Leben der Dichterin Anne Sexton*, Arche-Verlag, Hamburg 1993
Zaviavic M. u. a., La prostate féminine, in: *Sexologie*, 2002. 11–39. 53–60

Diskografie

Bruneau Alfred, *Lazare*, lyrisches Gedicht von Emile Zola, CD Adès, Leitung Jacques Mercier

Débussy Claude, *Pelléas et Mélisande*, Dichtung von Maurice Maeterlinck, 3 CD, Naïve, 2001, Leitung Bernard Haitnik

Fauré Gabriel, *Songs*, CD Résonance

Mozart Wolfgang Amadeus, *Don Giovanni*, Oper, Libretto von Lorenzo Da Ponte, CD EMI, Leitung C.M. Giulini

Filmografie

Hou Hsiao Hsien, *Flowers of Shanghai*, China 1998

Hou Hsiao Hsien, *Three Times*, China 2004

Imamura Shohei, *Warm Water under a Red Bridge*, Japan 2001

Kubrick Stanley, *Eyes Wide Shut*, USA 1999

Ouedraogo Idrissa, *Tilaï*, Burkina Fasso 1989

Truffaut François, *La Peau Douce* (The Soft Skin), Frankreich 1964

Ullman Liv, *Die Treulosen*, Schweden 2000

Welles Orson, *Citizen Kane*, USA 1941

Danksagung

Ich möchte mich bei meinen beiden allerersten Lesern bedanken und ihnen mitteilen, wie wichtig es für mich war, dass sie dies für mich taten.

Zunächst geht mein Dank an den ersten der beiden, die ich darum bat, an meinen Sohn Laurent, hoch talentierter Lyriker und sehr gebildet. Könnte ich einen besseren Kritiker finden als ihn, der so oft und immer mit so viel Talent und Gefühl Golaud und Don Juan singt? Er erfüllte mich, ohne etwas auszulassen, auch was den Aufbau und die Entwicklung meiner Argumentation, ihre Klarheit und ihr Ausdruck, betrifft. Ich habe ihm immer vertraut, indem ich der einzigartigen Verbindung, die er durch seine wissenschaftliche Ausbildung und seine künstlerische Sensibilität zum Ausdruck bringt, so gut ich konnte Rechnung trug.

Dann danke ich Jeanne, meiner Ehefrau, über all die Jahre. Ich ergreife die Gelegenheit, um ihr in ihren eigenen Worten zu sagen, dass wir gut daran taten, uns nicht »die 200 Mal scheiden zu lassen, als wir Lust dazu hatten«, und dass wir, so hoffe ich, 200 andere Gelegenheiten haben werden, es nicht zu tun.

Titel der französischen Originalausgabe:
Adultéres

Zur Übersetzung:
Karola Bartsch übersetzte S. 1–101 dieses Buches,
Maria Buchwald S. 101–205, Karin Schreiner S. 207–297.

Bibliografische Information der Deutschen Bibliothek
Die Deutsche Bibliothek verzeichnet diese Publikation in der Deutschen Nationalbibliografie; detaillierte bibliografische Daten sind im Internet über http://dnb.ddb.de abrufbar.

Postfach 80 06 69, 70506 Stuttgart

www.kreuzverlag.de

Umschlaggestaltung: P.S. Petry & Schwamb,
Agentur für Marketing und Verlagsdienstleistungen, Freiburg
Umschlagbild: © Lenora Gim/Getty Images
Autorenfoto: © DRFP Odile Jacob
Satz: de·te·pe, Aalen
Druck: GGP Media GmbH, Pößneck

ISBN 978-3-7831-2984-7